AF569340

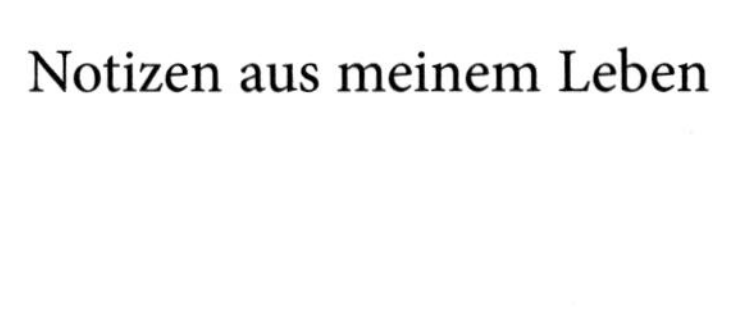

Notizen aus meinem Leben

ERICH VON DÄNIKEN

Notizen aus meinem Leben

Mit einem Beitrag von Ramon Zürcher

KOPP VERLAG

1. Auflage November 2024

Satz und Layout: Martina Kimmerle
Umschlaggestaltung: Nicole Lechner

ISBN: 978-3-98992-058-3

Gerne senden wir Ihnen unser Verlagsverzeichnis
Kopp Verlag
Bertha-Benz-Straße 10
D-72108 Rottenburg
E-Mail: info@kopp-verlag.de
Tel.: (0 74 72) 98 06-10
Fax: (0 74 72) 98 06-11

Unser Buchprogramm finden Sie auch im Internet unter:
www.kopp-verlag.de

Inhaltsverzeichnis

Einleitung

Liebe Leserin, lieber Leser,

dieses Buch ist anders als meine bisherigen. Wo liegt der Unterschied? In früheren Werken behandelte ich bestimmte Themen, beispielsweise in *Im Namen von Zeus* das alte Griechenland. Dort ging es ausschließlich um griechische Überlieferungen, um die olympischen Götter sowie um griechische Tempel und Kultorte.

Jetzt hingegen, bei *Notizen aus meinem Leben*, geht es um Gedankensplitter, um Begegnungen, um spontane Einfälle und »unfrisierte Überlegungen«. Hinter dem Buch steht kein Plan. Es liefert einen Einblick in meine Welt.

Bei dieser Gelegenheit danke ich meiner Gattin Elisabeth für die Geduld, mit der sie mich erträgt. Wir sind schon über 60 Jahre verheiratet.

Und meinem langjährigen Mitarbeiter Ramon Zürcher, meiner »rechten Hand«, gebührt mein Dank für sein Wirken. Ramon ist nicht nur Zuträger und Informationsbeschaffer. Er führt längst eigene Forschungen durch – beispielsweise unter Wasser. Ich bat Ramon deshalb, für dieses Buch einen Beitrag zu liefern.

Interlaken, im August 2024

Erich von Däniken

Kapitel 1

Nichts als Ärger …

Ich wuchs in einem Gastronomiebetrieb auf und arbeitete einige Jahre als Direktor eines Fünf-Sterne-Hotels in der Schweiz. Einer wie ich darf behaupten, dass er die Hotellerie in- und auswendig kennt. Selbstverständlich ärgert man sich deshalb immer wieder über Dinge, die in diesem Bereich anders ablaufen könnten. Ärger? Nun, inzwischen nehme ich's mit einem Schmunzeln.

Es beginnt beim Einchecken. Vor dem Tresen stehen drei Gäste, die geduldig warten, bis sie an die Reihe kommen. Der Rezeptionist beziehungsweise die Rezeptionistin ist freundlich, doch dann läutet das Telefon. Von dem Moment an existieren die wartenden Gäste nicht mehr. Vortritt hat nun nur noch die Person am anderen Ende der Leitung. Bla, bla, bla. Wozu gibt es eigentlich Anrufbeantworter? Genauso unhöflich ist die Quatscherei zwischen den Angestellten. Bla, bla, bla im Quadrat.

Dann: Die Aufzüge für die Gäste sind über Minuten hinweg besetzt, weil die Hotelmitarbeiter diese für ihre Zwecke benutzen: Staubsauger raus, Matratzen rein. Von Eimern über Schrubber bis hin zu defekten Möbeln wird alles im Gästelift transportiert. Selbstverständlich verfügt das Hotel über eigene Aufzüge für die Mitarbeiter, doch die liegen in einem anderen Korridor – eine Zumutung für das Personal. Als Nächstes funktioniert die elektronische Zimmerkarte nicht. Also wieder runter an die Rezeption. Gepriesen seien die alten Schlüssel!

Endlich bin ich im Zimmer. Es duftet nach verbrauchter Luft. Doch kein Fenster ist zu öffnen. Dies wegen der Aircondition. Das kleine Tischchen (oder Pult) im Zimmer ist mit Broschüren und Prospekten übersät. (Ich schmeiße sie immer gleich unter ein Möbel.) Dann sucht man nach einem Tresor, um die eigenen Ausweise und Kreditkarten zu verwahren. Der Tresor ist in einem Schrankboden montiert. Also runter auf die Knie. Die Bedienungsanleitung für den Tresor klebt irgendwo im Dunkeln und ist derart mikroskopisch klein gedruckt, dass sie ohne Taschenlampe nicht entzifferbar ist. Wer hat schon eine Taschenlampe bei sich? Und warum – bei allen Planeten – soooo kompliziert? Zuerst solle irgendwo »hinten« ein Knöpfchen gedrückt werden, dann erscheine ein rotes Licht. Anschließend solle die Rautetaste bestätigt und der persönliche Code eingegeben werden. Unweigerlich fällt einem Mike Krügers Blödellied ein, in dem er singt: »Sie müssen erst den Nippel durch die Lasche zieh'n …«

Lust auf einen Schluck Mineralwasser? Die Minibar ist leer. Auf dem Bett liegt ein einziges Kissen und im Badezimmer nur ein Handtuch. Vielleicht kommen Kinder damit klar – ich nicht. Im Badezimmer findet sich kein Glas. Ein Hoteldirektor ließ mich einst wissen, die Gäste würden die Gläser fallen lassen, und man könne nicht tagtäglich neue Gläser bereitstellen. Wie wär's mit Bechern aus Kunststoff? Selbstverständlich liegt in jeder Hoteltoilette eine Reserverolle Klopapier, aber *nie* ein zweites Pack mit Kleenex-Tüchlein. Die würden gestohlen, belehrte man mich. Und die Toilettenrollen nicht?

Noch toller: Vom Bett aus ist kein Lichtschalter erreichbar. Wohl oder übel muss man sich nachts gespenstisch an den Wänden entlangtasten, um die Toilette zu finden. War der Innenarchitekt bei der Planung betrunken?

Sie wollen ungestört sein? Verzweifelt durchstöbern Sie die Schränke und Schubladen nach einem »Please don't disturb«-Schildchen, und da keines aufzutreiben ist, möchten Sie »Bitte nicht stören« mit einem Filzstift auf ein Blatt Papier schreiben. Doch im Zimmer liegt nur Werbung und nichts, worauf man etwas schreiben könnte. Also reißen sie ein Blatt Toilettenpapier ab, kritzeln »Bitte nicht stören« darauf und stülpen das Ganze über die äußere Türklinke. Das hindert keinen Mitarbeiter daran, am nächsten Tag um 10:00 Uhr anzuklopfen und zuckersüß zu fragen: »Wann werden Sie auschecken?«

Im Restaurant wird man von freundlichen Serviceangestellten begrüßt, von denen keiner weiß, welche Tagessuppe gerade auf dem Menüplan steht. Niemand kennt den Unterschied zwischen Kalb- und Rindfleisch, und die Teller sind eiskalt. Kräuterbutter auf einem Stück Fleisch ist immer steinhart – die kommt direkt aus dem Tiefkühler. Die Pfeffermühlen sind leer und der grüne Salat mit Brotkrümeln oder – noch schlimmer! – mit Schimmelkäse angereichert. Eine Unsitte aus den USA. Oft wird auch der Salat auf demselben Teller serviert wie das Fleisch. Fürchterlich! Das Steak ist von Salatsauce durchzogen und schmeckt dementsprechend. Dann: In jedem Koch dämmert ein Künstler vor sich hin – deshalb werden die

Tellerränder mit einem süßen Balsamicoherzchen verziert. Kommt die Schmiere mit Fleisch in Berührung, verwandelt sich die Mahlzeit in ein süßsaures asiatisches Gemampfe. Brokkoli wird weltweit nur noch mit Mandelsplittern aufgetischt, und der Selleriesalat darf nicht mehr seinen einzigartigen, erfrischenden Geschmack haben – er wird durch Ananasstücke, Apfelschnitzchen und Käsesplitter »verbessert«.

Elegant und mit einem kleinen Bückling präsentiert der Weinkellner die Flasche und bringt mich mit den nächsten Bewegungen zur Verzweiflung. Was läuft falsch? Ein roter Bordeauxwein altert im Keller mit dem Etikett nach *oben*. Schließlich muss der Kellermeister die Etiketten ablesen können. Der »Satz« (die kleinen Unreinheiten im Wein) sammelte sich über Jahre hinweg an der Unterseite der Flasche. Doch nach der Präsentation dreht der Kellner die Flasche mit eleganten Bewegungen, damit er den Korkenzieher besser ansetzen kann. Dadurch gerät der jahrelang gelagerte »Satz« in Bewegung und trübt den Wein. Richtig wäre es, die Weinflasche niemals zu drehen, sondern nur den Korkenzieher!

Die vergangenen Jahrzehnte machte ich mir immer wieder Notizen, die zu Hause in einer Schublade landeten. Jetzt – im Alter von 89 Jahren – läuft diese Schublade über. Nachfolgend einige dieser Gedankensplitter.

Kapitel 2

Eine unheimliche Begegnung

28. Oktober 1989

Vortrag in Bremen. Damals arbeiteten wir noch mit den alten Kodak-Diaprojektoren: zwei schweren Apparaten, die im sogenannten Überlappungsverfahren geschaltet waren. Ein Bild, erzeugt vom ersten Projektor, blendete aus, und auf der Leinwand entstand das nächste, erzeugt durch den zweiten. Bei der Diskussion nach dem Vortrag fragte mich ein Besucher, ob ich glaube, Außerirdische seien unter uns. Leibhaftig. Ich lächelte etwas sauer und meinte, nein, das sei Unsinn. Nach der Veranstaltung packte Bernd, mein damaliger Mitarbeiter, die Projektoren in ihre Kisten, und wir trotteten in der Tiefgarage zu meinem Auto. Da kreuzte ein Fremder unseren Weg und hielt mir seine Hand entgegen. Er sah gut aus. Saubere Erscheinung mit weißen Zähnen und großen dunklen Augen. Automatisch ergriff ich die dargebotene Hand in der Annahme, es handle sich um einen Fan. Wohlwollend blickte er mir in die Augen und meinte: »Sie glauben also, Außerirdische seien *nicht* auf der Erde?« – »Ja«, antwortete ich. Noch während seine Hand in meiner rechten lag, wurde diese plötzlich unsichtbar. Dabei drückte ich sie doch fest. Was geschah da? Ich war verwirrt und starrte wieder und wieder auf unsere Hände. Bernd, der hinter mir stand, sah dasselbe und ließ vor lauter Verblüffung beide Transportkoffer fallen. Dabei zerbrachen bei einem der Projektoren die teuren Projektionslampen. Der Fremde lächelte freundlich, zog die Mundwinkel nach oben und zuckte mit den Schultern, als wolle er ausdrücken: »Ich kann auch nichts dafür.« Dann ließ er meine Hand los, drehte sich weg und verschwand zwischen den parkenden Autos. »Bernd«, fragte ich, »was hast du eben gesehen?« Er bestätigte meine Wahrnehmung und meinte, wir sollten dem Fremden nachrennen. Doch der blieb verschwunden.

17. September 2009

Brachte es gerade einmal auf 3 Stunden Schlaf.

18. September 2009

Vortrag in der Aula des Gymnasiums von Linz (Österreich). Anschließend führte ich eine geistreiche Diskussion mit dem Studiendirektor, der gar nichts von Außerirdischen hielt.

19. September 2009

Bin heute zum ersten Mal über den Brennerpass (Österreich) gefahren. Der Vortrag in Bozen (Südtirol) war mit 550 Personen ausverkauft.

20. September 2009

Innerhalb von 24 Stunden 578 Kilometer gefahren, 3 Stunden geschlafen und zwei Vorträge gehalten. Wie lange mache ich das noch?

24. September 2009

Daheim angekommen, muss ich erneut Koffer packen für die nächste Reise nach Ägypten.

26. September 2009

Ramon und ich sind in der Hitze von Luxor (Ägypten) gelandet. Quartier im Hotel *Mövenpick* bezogen.

27. September 2009

Mit zwei bärtigen Bootsführern gondelten wir auf einer Feluke (einem ägyptischen Segelboot) gemächlich den Nil hinauf und hinunter – vorbei an Tempeln und Ruinen bei Luxor. Dabei fiel mir der griechische Historiker Herodot ein, der vor 2500 Jahren ebenfalls hier weilte und schrieb, es seien 11 200 Jahre vergangen, seit die Götter vom Firmament herabgestiegen seien und die Erde besucht hätten. Seither kamen sie nicht mehr. (Nachzulesen in Band 2 der *Historien*, in dem Herodot über die ägyptische Geschichte schreibt [Kapitel 141/142]). Selbstverständlich widerspricht Herodots Aussage der Lehrmeinung. Die will wissen, Ägyptens Geschichte beginne bestenfalls 3000 v. Chr.

29. September 2009

Kairo, die von Abgasen stinkende Stadt, hat uns wieder. Ich schätze, dass es wohl mein dreißigster Besuch ist. Zum ersten Mal war ich im Jahr 1954 da – als 19-jähriges Bürschchen.

30. September 2009

Ich unterhielt mich lange mit Machmud, einem der Grabräuber aus der Rasul-Sippe. Gegen ein Entgelt von 500 Dollar will er uns morgen in einige Gräber führen, die der Öffentlichkeit nicht zugänglich seien.

1. Oktober 2009

Machmud hielt Wort. Mit Taschenlampen bewaffnet, krochen Machmud, Ramon und ich durch Gänge und leuchteten auf Sarkophage und Mumien. Das alles sei viel älter als die offizielle Geschichtsschreibung, behauptete Machmud. Und natürlich wollte er uns irgendwelche »echten« Antiquitäten andrehen. Ramon und ich verzichteten darauf – uns graut vor einem ägyptischen Gefängnis.

2. Oktober 2009

Nochmals ein Tag mit Machmud. Diesmal unter Sakkara. Machmud versicherte, hier würden kilometerlange Gänge existieren, die bis zu den Pyramiden von Gizeh reichten. Ich erinnerte mich an die Aussagen des britischen Archäologen Bryan Emery, der bereits 1954 von einem ausgedehnten Tunnelsystem unter Sakkara geschrieben hatte.

3. Oktober 2009

Bruno Göbel, ein 14-jähriger Bursche aus unserer Reisegruppe, kroch in einen Schacht unter dem Pyramidenplateau. Er kam 16 Meter weit, dann mündete der Stollen im Grundwasser.

4. Oktober 2009

Wieder daheim. Im Büro wartet viel Arbeit. Ohne den unermüdlichen Ramon nicht zu bewältigen.

5. Oktober 2009

Krankenhausbesuch. Ich habe mir aus Ägypten einen angeschlagenen Knöchel mitgebracht. Dazu fällt mir das Lied eines früher sehr bekannten Schlagersängers, Paul Kuhn, ein: *Ich hab' dir aus Ägypten einen Kaktus mitgebracht.*

6. Oktober 2009

Heute erschien mein Buch *Götterdämmerung*. Es ist jedes Mal ein angenehmes Gefühl, das erste Exemplar einer neuen Arbeit durchblättern zu dürfen.

10. Oktober 2009

Wieder so ein Theater wegen eines TV-Interviews im Büro. Tische und Stühle werden umgestellt, Büchergestelle verschoben. Scheinwerfer werden aufgestellt. Ich gehöre nicht gerade zu den Geduldigsten und herrschte den verdutzten Regisseur an, er solle mich filmen, wie und wo ich gerade sitze. Selbstverständlich setzte er seinen Willen durch. Und wie üblich: ein Pfund Schminke im Gesicht – und so soll ich »normal« rüberkommen?

10.–14. Oktober 2009

Bürotage. Die Computer verdanken es Ramon, dass ich sie nicht längst mit einem Knüppel bearbeitet und in Schrott verwandelt habe. Diese »Elektronengehirne« scheinen mich nicht zu mögen. Die Hassliebe ist allerdings gegenseitiger Natur.

16. Oktober 2009

Der chinesische Staatsverlag kaufte die Rechte an meinen sämtlichen Titeln. Doch zuerst mussten wir alle Bücher per Post nach China versenden. Kosten: 570 Franken, Chapeau!

Ich hatte mehrmals über die chinesischen Urkaiser berichtet, die einst mit »fliegenden Drachen« vom Firmament gekommen sein sollen. Nun baut China selbst eine Weltraumstation, und die trägt den Namen *Tiangong*. Auf Deutsch: himmlischer Palast. Da darf Däniken wohl nicht fehlen.

17. Oktober 2009

In Deutschland und der Schweiz wird das neue Raucherverbot mit einer geradezu sektiererischen Sturheit durchgezogen. Keine öffentlichen Stimmen zugunsten der Raucher. Wir brauchen keine Diktatoren – wir duckmäusern auch so …

18. Oktober 2009

Vortrag in der Stadthalle von Gießen (Deutschland). Vor dem Saal zwei Jünglinge, die farbig bedruckte Blätter verteilen. Absender ist irgendeine Sekte, die vor mir warnt. Ich unterhalte mich freundlich mit den Burschen, die nicht den blassesten Schimmer haben, worum es in meinem Vortrag überhaupt geht.

19. Oktober 2009

Unter der Morgendusche fließt plötzlich kein Wasser mehr. Natürlich gerade in dem Moment, in dem meine Haare voll schamponiert sind. Also weiter mit zwei Flaschen Mineralwasser ...

20. Oktober 2009

Nach dem Vortrag stellte sich mir ein Ex-NASA-Professor vor, der maßgeblich am Apollo-Programm mitgewirkt hatte. Er lobte meine Arbeitsweise und meinte, es sei gut, dass es mich gebe. Danke für das Kompliment!

21. und 22. Oktober 2009

Die letzten beiden Vorträge waren ausnahmslos schlecht besucht. Dann stellte sich heraus, dass die Lokalzeitungen falsche Daten und Zeiten publiziert hatten. Die Plakate waren von Unbekannten abgerissen worden. Irgendwem missfällt meine Arbeit.

25. Oktober 2009

Freier Tag in Magdeburg. Wir schauten uns den Film *G-Force* an. Ein grauenhafter Mist. Die Gäste meines A.A.S.-Meetings trafen ein. (Die A.A.S. ist unsere Gesellschaft für **A**rchäologie, **A**stronautik und **SETI**. Dabei stehen die Buchstaben SETI international für **S**earch for **E**xtra**t**errestrial **I**ntelligence, was auf Deutsch Suche nach außerirdischer Intelligenz bedeutet.)

26. Oktober 2009

Bei einer Signierstunde in Magdeburg erklären mir die im Osten Deutschlands aufgewachsenen Menschen, dass meine Bücher in der früheren DDR rigoros verboten gewesen seien. Däniken sei sowohl in den Printmedien wie auch in Radio und Fernsehen als Scharlatan niedergemacht worden. (Dasselbe galt in allen osteuropäischen Ländern bis zur sogenannten Wende – der Öffnung der Grenzen.)

27. Oktober 2009

Ein liebenswürdiger Professor für deutsche Geschichte klärte mich auf, weshalb Däniken in sämtlichen kommunistischen (und sozialistischen) Ländern verpönt war: Seit dem von Karl Marx verfassten *Manifest der Kommunistischen Partei* habe man es fertiggebracht, Gott abzuschaffen. »Gott ist tot.« Endlich waren die Menschen weg von all diesen frommen Träumen. Doch dann tauchte so ein »verrückter Schweizer« auf und erfand neue Götter. Unmöglich! Fürchterlich! Ob ich jetzt verstünde, weshalb es Däniken im sozialistischen Osten nicht geben durfte? Ich verstand es – aber auch, dass jeder kommunistische oder sozialistische Staat in der Diktatur endet. Ausnahmslos. Es darf nur eine Meinung geben.

28. Oktober 2009

Vortrag in Bad Langensalza. Das liegt nicht am Hindukusch, sondern in Thüringen. Gerade weil Däniken im Osten verpönt war, sind alle meine Vorträge ausverkauft. Das Informationsbedürfnis ist gewaltig.

29. Oktober 2009

Gochsheim ist ein Vorort von Schweinfurt – der Vortrag fand hier in einer Schule statt. Ich mag Schulen. Neben den Schülern sind immer einige Lehrpersonen dabei, von denen selbstverständlich nie eine ein Buch von mir gelesen hat. Deshalb reizt es mich stets, sie »umzupolen«. Denke nie, gedacht zu haben, denn das Denken der Gedanken ist gedankenloses Denken. Wenn du denkst, du denkst, dann denkst du nur, du denkst – aber du dachtest nie!

30. Oktober 2009

Vortrag mit Diskussion im katholischen Bamberg. Da ich als Jugendlicher selbst 5 Jahre in einer katholischen Internatsschule aufgezogen wurde, ist mir das »Klima« vertraut. Die Geistlichen sind offen – insbesondere die Klügsten unter ihnen: die Jesuiten.

31. Oktober 2009

Ramon und ich haben eine Heimfahrt von 764 Kilometern vor uns. Das schaffen wir auf der linken Arschbacke.

1. November 2009

Eine Gruppe von Frauen demonstrierte für oder gegen irgendetwas. Da fragte mich doch jemand, ob ich gegen Frauenbewegungen sei. Nein! Solange sie rhythmisch sind.

1.–5. November 2009

3 Tage Büroarbeit am heimischen Pult. Alle Welt scheint etwas von mir zu wollen. Ramon, der Unermüdliche, informiert mich, dass wir täglich rund 200 Anfragen erhalten würden – die meisten per Mail und einige mit der guten alten Post. 200 pro Tag sind 2000 in 10 Tagen oder 20 000 in 100 Tagen. Aufs Jahr hochgerechnet rund 75 000. Würden wir diese Post beantworten wollen, so könnten Ramon und ich nichts anderes mehr tun. Tag für Tag. Also wird aussortiert, und die vernünftigsten Briefschreiber kriegen eine vorgedruckte Antwort. Die interessantesten Zuschriften landen auf meinem Schreibtisch. Oft werde ich auf Rätsel in fernen Ländern aufmerksam gemacht, von denen ich nichts weiß. Dann entsteht eine Korrespondenz. Ich möchte erfahren, was die lokale Archäologie dazu sagt und ob es Publikationen dazu gibt. Und nicht selten besteigen Ramon und ich dann ein Flugzeug und besuchen den Ort des Interesses. Ich habe es mir lange schon zur Angewohnheit gemacht, mich nur noch für archäologische Rätsel einzusetzen, die mir aus persönlicher Anschauung vertraut sind. Ich muss vor Ort gewesen sein, die lokalen Fachleute gesprochen und ihre Veröffentlichungen gelesen haben. Erst dann kann ich mitreden.

7. November 2009

Eine volle Stunde kurvten wir herum, um den Vortragssaal in Wildau zu finden. Er lag versteckt in einem gigantischen Einkaufszentrum am Stadtrand von Berlin.

8. November 2009

Gestern ausverkauftes Haus – heute halb leerer Saal in Wolfen. Weshalb? Gleichzeitig fand die Wahl des lokalen Bürgermeisters statt – und dies auch noch im selben Gebäude wie mein Vortrag.

9. November 2009

Lange Fahrt von Berlin in die Schweiz. Der Tag vergeht – Johnnie Walker kommt.

10. November 2009

In der Schweiz ist ein Streit um die Minarette entbrannt. Schließlich wird darüber abgestimmt. Die Schweiz ist wohl noch die einzig wirklich funktionierende Volksdemokratie. Eine Mehrheit der Stimmberechtigten lehnt die Minarette ab. Seither gibt's keine Minarette in meiner Heimat – außer dem einen, das bereits *vor* der Volksabstimmung stand. Im Übrigen gilt: Seid tolerant! Inzwischen gibt es Leute, die Toleranz mit zwei »l« schreiben. Keine Toleranz der Intoleranz.

11.–20. November 2009

Büroarbeit. Ein Leser aus Rumänien informiert mich über rätselhafte Ruinen in seinem Land. Ich war noch nie in Rumänien. Irgendwann wird es wohl so weit sein.

21. November 2009

Dresden. 2 Stunden lang Bücher signiert und gleich zwei Vorträge hintereinander gehalten. Mit jeweils 700 Personen stets ausverkauft. Das geht an die Substanz.

22. November 2009

Noch ein Zusatzvortrag in Dresden – und auch dieser ist ausverkauft. Däniken scheint begehrt zu sein.

23. November 2009

Wir haben uns den Film *2012* angesehen. Filmtechnisch phänomenal, aber der Streifen strotzt vor Logikfehlern.

24. November 2009

Normalerweise wird in der Alten Oper von Erfurt gesungen. Damit konnte ich nicht dienen, aber die Zuhörer waren trotzdem mitgerissen. In meinen Vorträgen werden nicht nur Bilder gezeigt, sondern auch hervorragend produzierte Animationen auf die Leinwand gezaubert.

25. November 2009

Nach einer langen Fahrt endlich am schönsten Ort der Welt angekommen: daheim auf dem Beatenberg. Der Ort liegt im Berner Oberland (Schweiz). Meine Frau und ich leben in einem Chalet, also einem Holzhaus, am Berghang in 1200 Metern Höhe. Grandiose Aussicht auf den Thunersee unter uns – und gegenüber erstrecken sich die Gletscher der Hochalpen.

26.–30. November 2009

Ein Leser fragte, woran man Außerirdische erkenne. An ihrer Schwingung. Ein anderer wollte wissen, weshalb ich ständig ein blaues Jackett trage und wie viele ich davon besitze. In meinem Schrank hängen zwölf. Und Blau ist bei mir kein Zustand, sondern die Lieblingsfarbe. Selbst die Wände in meinem Schlafzimmer sind blau tapeziert. Weshalb blau? Das ist wohl mein »Tick«.

1. Dezember 2009

Gemeinsam mit einigen Gleichgesinnten deponierte ich heute mehrere vollgepackte Kartonschachteln vor dem Bundeshaus in Bern. (Das ist der Sitz der Schweizer Regierung.) Darin 65 000 Unterschriften von Bürgern, die sich gegen die sturen Rauchverbote wehren. Wir respektieren und verstehen die berechtigten Anliegen der Nichtraucher. Doch die Militanten unter ihnen wollen sogar die kleinsten »Raucherstübli« verbieten. Unserer Meinung nach soll jeder Gastwirt selbst entscheiden, ob in seinem Betrieb in einem getrennten Raum geraucht werden darf.

2.–23. Dezember 2009

Ich habe mich entschlossen, eine Bildbandserie zu produzieren. In meinem Fachbereich – dem der großen Rätsel dieser Welt – gibt es hervorragende Bilddokumente: unerklärliche Ruinen in 4000 Metern Höhe in den peruanischen Anden, Steinkreise weltweit und megalithische Monsterbauten aus einer jahrtausendealten Vergangenheit, über die wir nichts wissen. Irgendetwas stimmt mit unserer Vergangenheit nicht. Die phänomenalen Bauwerke beweisen es.

24. Dezember 2009

Weihnachten. Vor rund 2000 Jahren – so wird berichtet – soll ein Stern am Himmel aufgetaucht sein und eine Stimme dem

Hirten Joseph und seiner Geliebten Maria zugerufen haben: »Fürchtet euch nicht.« Anschließend verkündete die Stimme, ein Kind – der Erlöser – würde ihr geboren. Die Christen wissen nicht, dass dieselbe Geschichte schon lange vor dem Christentum herumgeisterte, beispielsweise bei der Geburt von Sargon I. (2334–2279 v. Chr.). Wovon soll die Menschheit eigentlich »erlöst« werden? Von einer sogenannten »Erbsünde«. Eine vererbbare Sünde? Woher kommt sie? Die Theologie erklärt, einst habe Gott die Urmenschen Adam und Eva geschaffen und sie schließlich aus dem Paradies vertrieben, weil sie dort »gesündigt« hätten. Mag sein, doch dann ließ »der Herr« eine Flut über die Erde kommen, die alle Menschen mit Ausnahme von Noah und seiner Familie vernichtete. Also war die »Erbsünde« getilgt. Wozu Jahrtausende später noch ein »Erlöser«? In der »Erlöser«-Story wimmelt es ohnehin von Widersprüchen. Man stelle sich vor, ein gutmütiger Patriarch sendet seinen Sohn auf einen Planeten, um den Bewohnern beizubringen, wie man friedfertig nebeneinanderher leben könne. Der Sohn ist sanft, liebenswürdig, redegewandt, und er predigt den Menschen das Gebot der Liebe. Doch die Menschen mögen seine Worte nicht. Sie verhaften den Sohn, verhöhnen und foltern ihn und lassen ihn qualvoll an einem Kreuz sterben. Doch als Dank für diese Gräueltaten »erlöst« der Patriarch die Übeltäter von ihrer »Erbsünde«. Himmel hilf!

25. Dezember 2009

Friede den Menschen, die eines guten Willens sind. So die Weihnachtsbotschaft. Leise darf gefragt werden: ein »guter Wille« in Bezug auf *was*? In Bezug auf welche Einstellung? Übrigens bin ich ein Morgenmuffel. Früh aufstehen macht mich grantig. Die deutschen Sprichwörter sagen zwar »Morgenstund hat Gold im Mund« und »Müßiggang ist aller Laster Anfang«, doch ich hab's abgeändert in »Morgenstund ist aller Laster Anfang«.

26. Dezember 2009

Gestern sah ich den x-ten TV-Film über die Wüste von Nazca in Peru und erlebte zum wiederholten Male dasselbe: Lug und Trug durch das Weglassen von Bildern. Da läuft ein Mann über die Wüste und scharrt mit seinen Schuhen den Sand und die kleinen Steine von der Oberfläche weg. Ein hellerer Untergrund kommt zum Vorschein. Dann wird erklärt, damit sei demonstriert, wie einfach es doch sei, Figuren in die Wüste zu scharren. Tatsächlich gibt es in der Wüstenfläche von Nazca (rund 500 Kilometer südlich von Lima in Peru) sogenannte »Scharrzeichnungen« von Fischen, Vögeln, Affen, Spinnen und Menschen. Diese sind durch das Wegkratzen der Oberflächenstruktur entstanden. Doch das Rätsel von Nazca ist etwas ganz anderes: die schnurgeraden, pistenähnlichen Linien. Sie beginnen abrupt, enden abrupt und kein einziger Trampelpfad führt auf sie zu. Dabei meine ich nicht die schmalen, bis zu 1 Meter breiten Linien, sondern die wirklich bis zu 40 Meter breiten und bis zu 3,8 Kilometer langen »pistas« (»Pisten«). Diese werden *nie* gezeigt. Genauso wenig wie der künstlich abgetragene Berg mit einer »Piste« auf der Bruchstelle. Unter der »Piste« befindet sich eine Zickzacklinie. Wie sollen Steinzeitmenschen einen Berg abgetragen haben? Mit Hühnerknochen, Steinfäustlingen? Und wozu? (Bild Nr. 1) Diese Bilder werden dem weltweiten Publikum nicht präsentiert. Lug und Trug, so weit das Auge reicht. Ich zeigte die eindrücklichsten Aufnahmen in meinen Büchern *Zeichen für die Ewigkeit* und *Erich von Dänikens Buch der Antworten* (ab Seite 105). Wer

Bild Nr. 1

diese Bilder betrachtet, erkennt sofort: Das wirkliche Rätsel von Nazca sollen die Menschen nicht sehen.

27.–30. Dezember 2009

Die Post bringt Berge von Glückwünschen für das kommende Jahr. Ich bin dankbar dafür und beantworte trotzdem keine der Karten und keinen der Briefe. Ich *kann* diesen Berg an Post nicht abtragen, und mir fehlt die Gabe der Bilokation. (Die angebliche Fähigkeit einer Person, an zwei Orten gleichzeitig zu sein.)

31. Dezember 2009

Heute wäre eigentlich die Nacht zum Feiern. Das alte Jahr verabschieden und das neue willkommen heißen. Meine Frau und ich bleiben daheim. Einladungen sind für »Promis« kein Urlaub. Immer freundlich bleiben – nie ausrasten, auch dann nicht, wenn man aus der Haut fahren könnte. Selbstverständlich lächelnd alle Autogrammwünsche erfüllen und – seit es Handys gibt – ein Selfie nach dem anderen fertigen. Trunkenheit ist ein No-Go. Tags darauf würden Fotos davon zirkulieren, und man würde rasch bereuen, mit dieser oder jener Person auf das Du angestoßen zu haben.

1. Januar 2010

Ich habe mir Gedanken gemacht über den Sinn und Zweck des Lebens. Alles nur Evolution? Zufall und Notwendigkeit (Charles Darwin)? Wir Menschen argumentieren immer, ein Leben könne doch nicht einfach »für nichts« gewesen sein. Die Zeugung und die Geburt mögen Zufälle sein, aber nachdem ich mich zu einem denkenden Wesen entwickelt hatte, wuchs eine Bestie in mir, gegen die weder ich noch irgendeine andere Intelligenz etwas tun konnte. Diese Bestie heißt Neugierde. Und diese Neugierde wiederum zwingt jede intelligente Spezies früher oder später zur Raumfahrt. Wie kommt man darauf?

Niemand weiß, wie das Universum begann. Die Religion verkündet: »Am Anfang war Gott, und Gott war das Wort.« *Wer* oder *was* aber schuf Gott? Die Wissenschaft sieht es anders: Am Anfang war der Urknall – der Big Bang. Aber auch ein »Uratom« entsteht nicht aus dem Nichts. Andere kluge Menschen meinen, das Universum habe immer existiert – vergleichbar mit einem Kreis ohne Anfang und Ende. Doch auch der »ewigste« Kreis müsste sich zu Beginn einmal gebildet haben etc. (In meinem Buch *Wozu sind wir auf der Erde?* habe ich das Thema ausführlich behandelt.) Tatsache bleibt, es *gibt* uns, und wir *sind* neugierig. Nun besteht das Universum aus Millionen von Galaxien und Trillionen von Planeten. Die Neugierde zwingt uns, zu fragen: Sind wir allein, oder gibt es andere Lebensformen dort draußen? Durchaus denkbar, dass Lebensformen existieren, die wir uns nicht einmal vorstellen können. Haben sie sich ausgebreitet? Wenn ja – wohin? Jede Lebensform lässt sich nur dort nieder, wo sie überleben kann. So würden wir Menschen niemals auf dem Merkur eine Kolonie gründen. Merkur ist ein Glutplanet. Dieselbe Überlegung gilt für die Fremden. Wohin also soll man sich ausbreiten? In einer ersten Phase wird ein Sektor der Galaxie mit den eigenen »Lebensbausteinen« infiziert. Trillionen von DNS-Molekülen werden ausgeschüttet. Die verglühen in Sonnen oder verderben auf ungeeigneten Planeten. Aber ein winziger Bruchteil davon landet auf Welten, die ähnlich sind wie diejenige des Startplaneten. Dort beginnt nun eine Evolution. Heute schreiben berühmte Wissenschaftler, darunter der Nobelpreisträger Sir Francis Crick, das Leben habe nicht auf der Erde begonnen. Die Bausteine dazu kamen aus dem Universum. Nun bringt die Evolution die verschiedensten Formen hervor, darunter auch solche, die Kunst und Wissenschaft entwickeln. (Ein Delfin – beispielsweise – könnte keinen Computer erfinden. Weshalb nicht? Weil Elektrizität im Wasser nicht funktioniert.)

Die »Urväter«, diejenigen, welche mit der Ausbreitung des Lebens begannen, wussten selbstverständlich, in welchen Sonnensystemen sich eine Evolution entwickelte. (Unsere heutigen Astronomen können auch feststellen, in welchen Sonnensystemen sich bewohnbare Planeten befinden.) Irgendwann wird ein solches System aufgesucht. Wie erwartet finden sie dort eine Fülle von Leben – darunter eine fortgeschrittene Art. In unserem Falle eine Primatenspezies. Man schnappt sich ein Exemplar, verändert die DNS in der Zelle (etwas, was heute jeder Biologiestudent realisieren könnte) und pflanzt die Zelle in die Gebärmutter eines Weibchens. Nach 9 Monaten wird ein Kind geboren. Doch um eine neue Art entstehen zu lassen, sind mindestens ein Männchen und ein Weibchen notwendig. Und genau so und nicht anders steht es in den heiligen Büchern der

Menschheit. Es ist die Geschichte von Adam und Eva, wie sie in vielen antiken Überlieferungen festgehalten ist.

Der Beweis für meine Sichtweise ist offenkundig. Alle unsere Verwandten, die Gorillas, Orang-Utans oder Schimpansen, existieren neben uns – aber keiner von ihnen entwickelte Kunst, Werkzeuge oder gar Wissenschaft. Obschon wir zur selben Familie gehören, gelang dies nur den Menschen. Weshalb? Weil wir durch eine künstliche Mutation vom Urstamm abgesplittert wurden. Die Götter schufen den Menschen nach ihrem Ebenbild. Das kann doch nicht *soooo* schwer zu verstehen sein!

2.–5. Januar 2010

Fantastisch, was in meinem Archiv an Dokumenten aller Art lagert. Ramon versichert, wir hätten über 250 000 Bilder gespeichert und dazu eine Fülle von Interviews, wissenschaftlichen Artikeln und Büchern.

6. Januar 2010

Wir haben uns den Film *Avatar* angesehen. Das ist der geistreichste, großartigste und technisch phänomenalste Streifen der bisherigen Filmgeschichte. Gratulation, Herr Cameron!

7. Januar 2010

In *Wikipedia* steht ein unglaublicher Quatsch über mich. Dieses *Wikipedia* ist kein Onlinelexikon der Information, sondern eines der Verdrehungen. Weshalb nur hat mich nie, wirklich nie irgendwer von der Redaktion von *Wikipedia* angerufen? Nie um Stellung gebeten, nie gefragt, ob diese oder jene Information zutreffe? Einer schreibt vom anderen ab – keiner recherchiert mehr selbst. Pingpong. Unter anderem wird mir

»Pseudowissenschaftlichkeit« vorgeworfen – was immer zuverlässig abschreckend wirkt. Oder man behauptet, ich hätte von anderen Autoren abgeschrieben. Zur Information: Ab 1958 verfasste ich regelmäßig Beiträge zu den Außerirdischen in der deutschsprachigen Zeitschrift *Neues Europa* (diese erschien in Baden-Baden). Am 8. Dezember 1964 füllte die kanadische Zeitung *Der Nordwesten* eine ganze Seite mit einem Artikel von mir. Sein Titel: »Erhielten unsere Vorfahren Besuch aus dem Weltall?« Damals existierte keine einzige Publikation meiner (späteren) Mitstreiter. Mit Robert Charroux – den ich angeblich plagiiert haben sollte – führte ich eine langjährige Korrespondenz. Er distanzierte sich vehement von den absurden Plagiatsvorwürfen. Ich persönlich hatte meinen Verleger gebeten, die Bücher von Robert Charroux in Deutschland herauszubringen, und ich lud ihn als Referenten zum ersten Kongress der A.A.S. in Zürich ein. Dasselbe gilt für die französischen Autoren Louis Pauwels und Jacques Bergier. 1968 erschien mein Erstlingswerk *Erinnerungen an die Zukunft* beim Econ Verlag in Düsseldorf. Das Manuskript dazu lag bereits 1966 fixfertig vor – doch dauerte es 2 Jahre, bis sich ein Verlag zur Veröffentlichung entschloss. In den darauffolgenden Monaten erhielt ich mehrere Schreiben wunderbarer Menschen, die mich wissen ließen, sie hätten ähnliche Gedanken gehabt wie ich, aber keine Verleger gefunden. Darunter die Naturwissenschaftlerin Prof. Dr. Irene Sänger-Bredt – Gattin des NASA-Pioniers Erwin Sänger. Der hatte mir schon anno 1975 gesagt: »Natürlich könnten wir zum Mars fliegen – wenn man uns machen ließe …« Wenn der Zeitgeist reif ist, blühen ähnliche Gedanken. Im Herbst fallen die Früchte.

Und selbstverständlich verbreitet *Wikipedia* denselben Unsinn wie die anderen Medien. Däniken habe zum Beispiel geschrieben, die Große Pyramide von Gizeh sei von Außerirdischen gebaut worden. Das ist nichts anderes als eine dumme Unterstellung, denn es steht so nirgendwo bei mir. Die *Wikipedia*-Nachplapperer sollten einmal Däniken genau lesen.

8.–12. Januar 2010

Ich war in Moskau und traf dort den russischen Schriftsteller Alexander Kasanzew. Er veröffentlichte ähnliche Bücher wie ich und war in Russland sehr bekannt. Er informierte mich, wie die damalige Sowjetunion es fertiggebracht hatte, in Deutschland eine Antikernkraftstimmung zu schaffen. Dem russischen Geheimdienst sei immer klar gewesen, dass die Deutschen ein fleißiges Volk seien und dass »diese Germanen« auch in industrieller Hinsicht Europa bald beherrschen könnten. Also musste man die von ihnen angewandte Methode der Energieerzeugung mithilfe von Kernkraft diskreditieren. So hätten die Russen die Kernkraft als schlecht und sehr gefährlich propagiert und eifrig geschrieben, dass die radioaktiven Rückstände nirgendwo sicher zu lagern seien. Sie erfanden damit die »Atomkraft? Nein danke«-Bewegung. Die Deutschen, aber auch die Österreicher hätten das Ganze gründlich gefressen und sich selbst von der Kernkraft abgeschnitten. (Heute, im Jahr 2024, importiert Deutschland Kernenergie aus Frankreich.) Und sowohl in Deutschland als auch in Österreich blüht die ideologisierte Antiatomkraftsekte weiter.

Anschließend hatte ich ein längeres Gespräch mit Professor Josef Shklowski vom Sternberg-Institut. Er erklärte mir unmissverständlich, dass die beiden Marsmonde Phobos und Deimos hohl und damit künstlich seien. Wie kam er darauf? Beide Monde umlaufen den Mars auf der Höhe seines Äquators, wobei sie sich schneller bewegen als der Mars selbst.

»Das ist definitiv unnatürlich«, belehrte mich Professor Shklowski, »und beweist ihre Künstlichkeit«. Was kommt da noch auf uns zu?

13. Januar 2010

Das deutsche Magazin *Focus* stellt auf der Titelseite die Frage, ob die Klimakatastrophe abzuwenden sei. Fürchterlich, diese Klimahysterie mitsamt ihren Befürwortern! Selbstverständlich stecken wir mitten im Klimawandel – aber den gibt es seit Jahrmillionen. Heute ein Geschrei, Gejammer und Gezeter, wenn die Gletscher schmelzen. Sorry, vor 2000 Jahren war die Schweiz eisfrei. Alle 20 000 Jahre wird die Sahara zur Wüste und dann wieder zum fruchtbaren Land. Nichts da mit »vom Menschen gemacht« …

15. Januar 2010

Die Medien berichten, seit dem resoluten Rauchverbot sei die Quote der Herzinfarkte um ein Viertel gesunken. »Alles Quatsch«, behauptet dagegen der Immunologe Prof. Dr. Beda Stadler in der aktuellen Ausgabe der *Weltwoche*.

16. Januar 2010

Kerzenlichtabend daheim. Einige Freunde und auch meine Tochter Cornelia und Ramon Zürcher sind dabei.

18. Januar 2010

In einem Leserbrief betitelte mich jemand als »Nazi«. Wie kommt man auf diese widerliche Idee? Nun, in meinem Buch *Götterdämmerung* hatte ich unter anderem eine Arbeit des österreichischen Ingenieurs Hanns Hörbiger erwähnt, und der sei ein Nationalsozialist gewesen. Mir war das seinerzeit unbekannt. Zudem stammte das Buch, das ich mit Bezug »Hörbiger« erwähnte, aus der Zeit *vor* dem Zweiten Weltkrieg.

19. Januar 2010

An der Bar des Hotels Dorint auf dem Beatenberg nannte mich ein Gast einen »Spinner«. Wie üblich stellte sich heraus, dass er nie etwas von mir gelesen hatte. Ich schenkte ihm mein Buch *Götterdämmerung.* 2 Tage später bat er um eine Signatur und entschuldigte sich. Geht doch!

22. Januar 2010

Das deutsche Grundgesetz Artikel 5 Absatz 1 hält ausdrücklich fest: »Jeder hat das Recht, seine Meinung in Wort, Schrift und Bild frei zu äußern und zu verbreiten [...]. Eine Zensur findet nicht statt.« Ähnliches formuliert die Schweizerische Bundesverfassung Artikel 16 Absatz 2: »Jede Person hat das Recht, ihre Meinung frei zu bilden und ungehindert zu äußern und zu verbreiten.« Nun aber stehen 80 Prozent der Journalisten politisch links. Sie schreiben den Sozialismus herbei und verschweigen, dass jeder sozialistische Staat in einer Diktatur endete. Ausnahmslos. Ein Mittel, den Sozialismus zu errichten, sind gleichgeschaltete Medien, die schließlich zu gleichgeschalteten (Menschen-)Massen führen.

24. Januar 2010

Ich halte den Vortrag *Geheimnisvolles Ägypten* in der Stadthalle von Neustadt. Die ägyptische Geschichte ist viel älter, als es uns die Archäologie weismacht. Das lässt sich nicht nur anhand von Namenslisten der Pharaonen belegen, sondern auch anhand von Aussagen der alten Ägypter selbst. Mir ist schleierhaft, weshalb die Ägyptologen weiterhin hinter ihren falschen Daten stehen – schließlich kennen sie die Fakten genauso gut wie ich.

25. Januar 2010

Weshalb nur sind die Menschen vorwiegend rechthaberisch und eigensinnig? Weil jeder von uns einzigartig ist. Zwar sind wir alle Menschen, unabhängig von der Hautfarbe, dem Geschlecht oder der jeweiligen Kultur. Wir können viele Gemeinsamkeiten erleben, etwa im selben Sportverein sein, dieselbe Reise unternehmen oder denselben Film schauen. Doch jeder hat andere Gedanken als sein Nachbar – wir sind keine Roboter.

26.–29. Januar 2010

Reisetage in Deutschland. Eis, Schnee, Dreck und Staus. Der Winter hat uns eingeholt.

30. Januar 2010

Vortrag in Dippoldiswalde (Ostdeutschland). Mit dabei ein Team des Tschechischen Fernsehens. Intelligente Fragen. Bleibt zu hoffen, alles werde ungefiltert gesendet. Ich erlebe es immer wieder, dass irgendein Schlaumeier von einem angeblichen (oder echten) Professor meine Aussagen zerzaust. Und später stellt sich jedes Mal heraus, dass der Kritiker nie ein Buch von mir gelesen hat. Klugscheißer.

1. Februar 2010

900-Kilometer-Fahrt nach Hause.

1. und 3. Februar 2010

Ruhige Tage und Abende an der weltberühmten Bar des Hotels *Dorint* auf dem Beatenberg. Hier saß ich auch schon mit dem russischen Kosmonauten Georgi Gretschko und den amerikanischen Astronauten Buzz Aldrin und Edgar Mitchell.

3. Februar 2010

Im Internet schrieb ein Physiker, mein Buch *Götterdämmerung* sei Dynamit für die Gesellschaft. So soll es auch sein.

4. Februar 2010

Die Straße zu meinem Wohnort Beatenberg ist vereist. Auf der Strecke mehrere Fahrzeuge – vorwiegend mit ausländischen Kennzeichen –, die stecken blieben, sich drehten oder gar von der Fahrbahn abkamen. Lebensgefährlich. Ich kann gut ausweichen – ich lernte das feinfühlige Fahren in der Schweizer Armee. Dort war ich Panzerfahrer.

5. Februar bis 5. März 2010

Ich bringe einen vollen Monat im Büro zu. Ich habe sogar 3 Tage das Handy abgeschaltet. Jetzt arbeite ich an einem neuen Buch über die Kultur der Maya in Zentralamerika. Die kennen fantastische Überlieferungen über ihre Götter, welche ursprünglich aus dem Weltall kamen – woher sonst? Darüber schrieben sie mehrere Bücher. Wo sind diese Mayabücher? Am 12. Juli 1562 ließ der spanische Bischof Diego de Landa sämtliche Mayaschriften verbrennen. Kaltblütig notierte er in seinem Tagebuch: »Wir fanden eine große Anzahl von Büchern. Da sie aber nur Lügen und Teufelswerk enthielten, ließ ich alle verbrennen, was die Maya zutiefst bedrückte und ihnen Kummer bereitete.«

6. März 2010

Der letzte Abend daheim. Morgen beginnt die Reiserei nach Deutschland, Tschechien und Österreich. Und dann nach Mexiko.

7. März 2010

Vortrag vor 900 Menschen in Offenburg (Deutschland).

8. März 2010

Erneut ausverkaufter Saal mit 800 Personen in der alten Kaiserstadt Trier (Deutschland).

9. März 2010

Karlsruhe. Rund Tausend Leute. Anschließend nächtliche Fahrt nach Hause. Ramon managt die Abende und organisiert den Büchertisch. Ohne seine Hilfe wäre ich verloren.

10. März 2010

Wir sind im Hotel *Hilton* in Basel. Gespräche mit einer US-Filmgesellschaft. Sie möchten mein Leben verfilmen – ich bin dagegen.

11. März 2010

Ausverkaufter Vortrag in Chemnitz – anschließend eine nächtliche Fahrt ins Hotel *Marriott* in Leipzig. Diese *Marriott*-Hotelkette ist grandios. Dort hatte ich noch nie eine Beschwerde.

12. März 2010

Live-Interview mit dem TV-Sender des Mitteldeutschen Rundfunks in Leipzig.

13. März 2010

Vortrag im (wie üblich ausverkauften) *Capitol* in Zeitz. Und ich würde mir endlich Frühling wünschen.

14. März 2010

Um 17:00 Uhr Sonntagsvortrag in Reichenbach (Ostdeutschland). Anschließend 700 Kilometer nächtliche Heimfahrt.

15. März 2010

Die Bar des Hotels *Dorint* auf dem Beatenberg entwickelt sich zum »Däniken-Treff«. Täglich kommen Gäste von irgendwoher, um ungezwungen mit mir plaudern zu können. Das Dorf Beatenberg schuf einen eigenen »Erich-von-Däniken-Wanderweg«. Alle paar Hundert Meter eine Station. Dort wird irgendein Ereignis aus meinem Leben vorgestellt. In Wort und Bild. Die Gäste genießen es.

16. März 2010

Übernachtung im *Sheraton*-Airport-Hotel von Frankfurt. Ramon und ich genießen die Hotelbar. Aber keiner weiß, woher der Name »Sheraton« kommt. Die *Hilton*-Kette geht auf Conrad Hilton zurück, die *Ritz-Carlton*-Gruppe auf einen Herrn Ritz. Bei Sheraton hat niemand eine Ahnung, auch die Hoteldirektoren nicht. Gab es irgendwann eine Familie Sheraton?

17. und 18. März 2010

12-Stunden-Flug nach Mexiko. Dort 2 Stunden an der Airport Immigration und 1 Stunde Taxifahrt ins Hotel *Camino Real.*

18. März 2010

Eine mexikanische TV-Station kommt ins Hotel. Zudem gibt es ein Radiointerview. Man möchte wissen, was mich nach Mexiko treibt, und ist sehr zufrieden mit meinem Besuch. Schließlich berichte ich in meinen Büchern über rätselhafte Orte im Land – und das bringt Touristen. Zudem behandle ich in meinen Reportagen keine lokale Politik. Auf den damit verbundenen Ärger kann ich verzichten.

19. März 2010

Rund dreißig Medienleute und 2500 Besucher beim Kongress im *World Trade Center Mexico City*. Eine gigantische Anlage mit einem großen Saal, der über eine Kapazität von 2500 Besuchern verfügt. Die Veranstaltung ist ausverkauft.

20.–22. März 2010

Hunderte Menschen möchten ein Autogramm von mir. Die meisten auch noch ein Selfie. Und etliche zudem ein Küsschen. Mühsam und ärgerlich!

23. März 2010

Rückflug nach Frankfurt/Main und Weiterfahrt per Bahn nach Hause. Bin ziemlich kaputt und dankbar für die kommende Pause.

24.–27. März 2010

Bin in der Endredaktion meines neuen Buches. Konnte bislang immer alle Abgabetermine einhalten, weiß aber von diversen Verlegern, dass sie diesbezüglich oft Ärger mit Autoren haben, die ihre Daten um Wochen oder gar Monate verschieben. Ein

Lektor des Bertelsmann-Verlages sagte mir einst, auf Dänikens Wort sei Verlass. Danke!

28. März 2010

Manuskript abgeliefert. Halleluja!

29. März 2010

Das Wetter hat auf »warm« geschaltet. Eine Ameisenstraße läuft quer durch meinen Wohnraum. Mit einer Zuckerlösung präpariere ich eine neue Route ins Freie. Es klappt. Die Tierchen haben ihre Richtung geändert.

30. und 31. März 2010

Ich habe Schmerzen im Knie. Humpel, humpel. Nachdem die geistige Anspannung wegen des Manuskripts nachließ, meldete sich der Körper.

1. April 2010

Am Abend bin ich mit Ramon und der Führungscrew der A.A.S. im *Dorint*-Hotel auf dem Beatenberg. Es geht um die Redaktion und die Inhalte unseres Magazins *Sagenhafte Zeiten*. Dieses erscheint im 2-Monats-Rhythmus, und wir bestätigten uns gegenseitig wieder einmal, weder Politik noch Esoterik im Magazin zu behandeln. Nur Fakten zählen. Und die dazugehörenden exakten Quellenangaben.

2. April 2010

Eröffnung der Sommersaison des *Mystery Parks* in Interlaken. Viel begeistertes Publikum und zahlreiche Presse. Alle Shows in den sieben Themenpavillons funktionieren tadellos. Ich hatte die Texte dazu verfasst und penibel darauf geachtet, dass der Park kein Ort der Rechthaberei wird. Jede Beschreibung zu irgendeinem Rätsel auf dieser Welt endet mit einem Fragezeichen.

3. und 4. April 2010

Ich verbringe die Tage im *Mystery Park* und begleite Journalisten und prominente Besucher.

5. April 2010

Wir sind auf dem Weg nach Bratislava in der Slowakei. Geht nur mit dem Auto, weil wir die gesamte Technik für meine Vorträge dabeihaben müssen.

6. April 2010

Das Hotel *Devín* in Bratislava liegt direkt an der Donau. Die Direktion hat mich in der Präsidentensuite einquartiert.

7. April 2010

Ein Vortrag und eine Pressekonferenz in Bratislava. Es werden, so meine ich, immer dieselben Fragen gestellt. Weshalb sollen Außerirdische menschenähnlich aussehen? Warum sind die hergekommen? Wie konnten sie die Distanzen von Stern zu Stern überbrücken? Und so weiter. Berechtigte Fragen – und für alle gibt es eine überzeugende Antwort.

8. April 2010

Heimfahrt. Rund 1200 Kilometer im Auto.

9. April bis 19. Mai 2010

Tagtäglich TV-Aufnahmen für den US-amerikanischen History Channel. Die wollten ursprünglich zwei Folgen zu je 45 Minuten mit mir drehen. Inzwischen planen sie eine Serie mit achtzig Fortsetzungen. *Ancient Aliens* soll sie heißen und weltweit ausgestrahlt werden.

20. Mai 2010

Sitzung des Stiftungsrates der Erich von Däniken-Stiftung. Wir beschließen, ein wissenschaftliches Team von Physikern und Geologen anzuheuern, welche geodätische Untersuchungen auf der Ebene von Nazca (Peru) durchführen soll. Prädestiniert ist die Technische Hochschule Dresden, weil Frau Maria Reiche, eine Pionierin der Untersuchungen von Nazca, aus Dresden kam.

21. Mai 2010

Aus den Autolautsprechern klang das Lied: *All You Need Is Love*. Schön wär's, und die Kriege wären vorüber. Weshalb nur hassen sich die Menschen? Wegen ihrer Rechthaberei.

22. Mai 2010

Endlich ist der Frühling angekommen. Ich sitze einige Stunden auf der Terrasse des Hotels *Victoria-Jungfrau* in Interlaken. Ein fabelhaftes Haus, in dem alles klappt. Zudem klimpert hier Abend für Abend – auch in der Zwischensaison – ein Pianist an der Bar.

23. Mai 2010

Die Medien melden, der Genetiker Dr. Craig Venter aus den USA habe eine DNA-Spirale geschaffen und damit künstliches

Leben erzeugt. Die Presse fragte, ob wir jetzt anfangen, Gott zu spielen. Ja! Wir sind ohnehin bereits das Produkt einer künstlichen Mutation. Nie vergessen: Die Götter schufen die Menschen nach ihrem Ebenbild.

24. Mai 2010

Mein Verleger informiert mich, dass mein Buch *Falsch informiert!* bislang in sechzehn Länder verkauft worden sei. Darunter auch nach China und Russland.

25.–30. Mai 2010

Ich arbeite zu Hause. Einiges bleibt unbeantwortet. Erledigt durch Nichterledigen.

31. Mai 2010

Der deutsche Bundespräsident trat zurück, und die Pressestelle vermeldete, er fühle sich zu Unrecht kritisiert. Da hätte ich schon Hunderte Male zurücktreten müssen.

1. Juni 2010

Interview mit dem Lokalfernsehen der Kantone Aargau und Solothurn. Ein Journalist fragte mich tatsächlich, ob ich nicht ein verkappter Außerirdischer sei. Ich antwortete, alle meine Glieder seien jeden Tag unter der Dusche vorhanden. Irdisch.

2. Juni 2010

Die von Dänikens sind eine wunderbare Verwandtschaft. Keinerlei Streit unter Onkeln, Tanten oder Geschwistern. Heute trafen sich fünfzehn von uns zu einem Abendessen in meinem Haus.

3. und 4. Juni 2010

Längeres Live-Interview im »Alpenparlament«, einer kleinen politischen Organisation. Anschließend ein Abendessen mit zwei Ehepaaren, die mich als »Preis« gewonnen haben. Seltsame Verpflichtung!

10. Juni 2010

War endlich bei einem Spezialarzt wegen meiner schmerzenden Knie. Der meinte, ich könnte mir gleich zwei neue Kniescheiben bestellen. Ich löse das Problem anders. Ich bitte den grandiosen Geist der Schöpfung, die Knie mögen wieder gesund werden. 3 Tage später waren alle Schmerzen weg. Wie funktioniert das mit diesem »grandiosen Geist der Schöpfung«? Wir alle sind Bestandteil dieser Schöpfung, sozusagen mikroskopische Teile des Universums – vergleichbar mit einem Atom in meinem Körper. Ich habe gelernt, mit diesem »Geist« zu kommunizieren.

11. Juni 2010

Das Wappen meines Heimatortes – dem Dorf Beatenberg im Berner Oberland – zeigt einen Drachen. Wie kommt das Drachenmotiv vom fernen China in ein kleines Bergdorf in der Schweiz? Die lokale Legende will wissen, einst seien die Bewohner des Berner Oberlandes von einem Drachen drangsaliert worden. Das Ungeheuer habe Felder verwüstet, Kleinkinder und Greise getötet. Doch eines Tages sei ein Mönch des Namens Beatus aufgetaucht (Beatus ist lateinisch und heißt »der Glückliche«). Die Einwohner schilderten ihm ihren Kampf mit dem Drachen, und der Fremde habe das Monstrum bekämpft und besiegt und es die steile Felswand hinunter in den Thunersee geworfen. Dort sollen seine Knochen heute noch liegen. Falls der »Drache« ein außerirdisches Fahrzeug war, könnte ich also direkt vor meiner Haustür im Thunersee die Überreste einer fremden Technologie aufstöbern. War dies der Grund, weshalb es mich auf den Beatenberg zog?

12. Juni 2010

Gemeinsam mit einigen anderen Gelehrten weilt Prof. Dr. Reppchen von der TU Dresden auf dem Beatenberg. Wir diskutieren über die Rätsel auf der Ebene von Nazca in Peru. Ich habe eine Liste von Fragen zusammengestellt, wie: Existiert auf der Wüstenfläche irgendein Mineral, das von geologischer Seite her betrachtet nicht dort sein dürfte? Wie verhält es sich mit der Leitfähigkeit des anstehenden Materials? Im Wüstensand fließt der Strom nicht – Sand ist ein Isolator. Doch wie sieht es damit auf den berühmten, pistenähnlichen Linien aus? Fließt dort der Strom? Woraus bestehen diese Linien überhaupt? Weshalb heben sie sich vom der Wüstenfläche ab? Was ist mit der Zickzacklinie auf dem künstlich abgeflachten Berg? Erzeugt sie Besonderheiten im Magnetfeld? Weshalb findet man keinen Abraum des Gesteins in der Gegend? Irgendwohin müssen die Steine und die Erde schließlich gelangt sein. Oder wurden sie wegen der Rohstoffe ins Weltall abtransportiert? Tatsächlich ist das Gebiet um Nazca sehr mineralhaltig. Ich schließe gar nichts aus. Auch außerirdische Raumschiffe müssen von Zeit zu Zeit irgendetwas »auftanken« – und seien es nur Mineralien zur weiteren Bearbeitung.

13. Juni 2010

Seit Wochen herrscht scheußliches Wetter. Da fällt einem das Lied *Wann wird's mal wieder richtig Sommer?* ein. Die eindeutig poppigste Version davon bringen »Die Toten Hosen«.

14. Juni 2010

Alles wiederholt sich nur im Leben. Ewig jung bleibt nur die Fantasie. Was sich nie und nirgendwo begeben, das allein veraltet nie.

15. und 16. Juni 2010

Wie leicht doch die Menschen in einen Freudentaumel zu versetzen sind. Ein Tor im Fußball gegen Spanien reicht.

17. Juni bis 1. Juli 2010

Bürotage. Jemand wollte wissen, wann ich Ferien mache. *Nie!* Ich bin auch an den Wochenenden im Büro und genieße die Arbeit. Nichts ist fürchterlicher als Urlaub. Grauenhaft so ein Liegestuhl!

2. Juli 2010

Abendessen mit meiner neuen Agentin, Sabine Nass aus Wesel in Deutschland. Sie übernahm den Job von ihrem überraschend verstorbenen Chef Toni Overdick.

3. Juli 2010

Mein Buch *Tomy und der Planet der Lüge* ist zwar in Romanform geschrieben – doch 70 Prozent seines Inhalts haben mit einer wahren Begegnung zu tun. Eben brachte der Kopp Verlag die 3. Auflage auf den Markt.

4. Juli 2010

Der »Zeitgeist« existierte zu jeder Zeit. Er blockierte den Fortschritt, das freie Denken. Ich gehöre zu denen, die mithelfen, den Zeitgeist zu verändern.

5. Juli 2010

Der heutige Vortrag fand in einem Kloster in der Nähe von Frauenfeld (Schweiz) statt. Anschließend gab es eine geistreiche Diskussion mit den Mönchen und ihrem Abt.

6. Juli 2010

Ein Abend mit dem österreichischen Cartoonisten Reinhard Habeck. Der Mann hat Humor und zeichnet hervorragend. Er erfand die Figur des »Rüsselmops« und ist ein engagierter Ägyptenkenner. In seinen Cartoons nahm er auch mich schon auf die Schippe. Ich ertrage es mit Humor.

7. Juli 2010

Privates Abendessen mit einem Manager der Firma Adidas.

8. Juli 2010

Ein Abend im Freundeskreis. Alle sind da: Ramon, Luc, Mathias, Peter, Reinhard, Tatjana und Dave.

9. Juli 2010

Über ganz Europa ziehen sich sogenannte »heilige Linien«. Das sind schnurgerade Strecken, die sich über Tausende von Kilometern hinziehen und unter denen stets ehemalige antike Heiligtümer liegen. Man nennt sie auch Ley-Linien. Ich schrieb in mehreren Büchern darüber (zum Beispiel in *Der Mittelmeerraum und seine mysteriöse Vorzeit*). Weshalb nur befasst sich kein wissenschaftliches Gremium mit dieser leicht überprüfbaren Tatsache? Irgendwer muss vor Jahrtausenden unseren steinzeitlichen Vorfahren befohlen haben: Baut eure Tempel zu unseren Ehren nur dort … und dort … und dort!

Weshalb? Die Befehlenden wussten, dass die Menschheit Jahrtausende später ihren Planeten vermessen und kartografieren würde. Dann müssten ihr die schnurgeraden Linien auffallen und sie zwingen, dazu Fragen zu stellen. Heute heißt es im Zusammenhang mit jedem Tempel: Kult für die Götter. Aber niemand fragt, *welche* Götter das gewesen sein sollen. Die Götter der Natur – wie etwa Sonne, Mond und Sterne – erklären nur die halbe Wahrheit. Weshalb? Weil die Götter *sprachen*. Sie gaben unseren Vorfahren Instruktionen aller Art. Sonne oder Mond diktieren keine Wissenschaften über die Sterne oder Informationen zum Ingenieurwesen. Das taten die lebendigen »Götter«. Unsere Archäologie ist träge geworden. Keiner befasst sich mit dem Rätsel dieser schnurgeraden Linien aus der Steinzeit.

11. Juli 2010

Bei all meinen Unternehmungen ist Ramon immer dabei. Der Typ hat ein Gedächtnis wie ein Computer und den Fleiß eines Bienenschwarms. Zudem betreibt Ramon längst eigene Forschungen, beispielsweise über Ruinen, die sich unter Wasser befinden.

12. bis 17. Juli 2010

Ich arbeitete an der Schlussredaktion des Buches *Grüße aus der Steinzeit*.

18. Juli 2010

Ich fuhr mit meiner Gattin Elisabeth in einer Pferdekutsche von Andermatt nach Airolo über den Gotthardpass. Genau wie seinerzeit Johann Wolfgang von Goethe. Eine köstliche

Fahrt. Hoch auf dem gelben Wagen. Am Straßenrand winkten immer wieder Touristen. Der Papa einer Familie fragte, ob sein 6-jähriger Junge kurz mitfahren dürfe. Er durfte.

19.–25. Juli 2010

Heimarbeit. Ramon und ich machen wohl einige Menschen glücklich, weil sie – endlich! – eine Antwort auf ihre Fragen bekommen.

26. Juli 2010

Live-Interview im Schweizer Radio. Zuhörer konnten direkt anrufen. Einer wollte wissen, ob jene Außerirdischen, die vor Jahrtausenden die Erde besuchten, irgendwann wiederkommen. Selbstverständlich. Die Christen warten auf die Wiederkehr von Jesus, die Muslime auf diejenige des Mahdi und die jüdische Weltgemeinde auf jene des Messias. Als der Spanier Francisco Pizarro vor rund 4 Jahrhunderten im heutigen Peru landete, glaubten die Inka anfänglich, er sei der längst erwartete, wiedergekehrte Gott Viracocha. Nicht anders verhielt es sich in Zentralamerika. Dort meinten die Maya, Hernán Cortés sei der sehnlichst erwartete Quetzalcoatl – die gefiederte Schlange. Oder im fernen Hawaii, abgeschnitten durch Tausende von Kilometern vom Rest der Zivilisation: Als der Brite James Cook landete, fielen die Eingeborenen ehrfürchtig zu Boden. Sie dachten, ihr mythologischer Gott namens Lono sei endlich zurückgekehrt. Der Wiederkunftsgedanke ist seit Jahrtausenden Bestandteil aller Kulturen und Religionen. Weshalb wohl? Weil jene außerirdischen Besucher beim Abschied unseren Vorfahren versprachen, in einer fernen Zukunft zurückzukehren.

27. Juli 2010

Am Abend saß ich 1 Stunde auf meinem Balkon und starrte zu den Hochalpen und hinaus ins Universum. Ich wünschte mir, ein UFO möge auftauchen. Bis heute geschah das nicht. Eigentlich paradox: Da befasst sich einer wie ich intensiv mit Außerirdischen und schreibt gleich mehrere Bücher darüber. Geduldig hört er den Menschen zu, die versichern, ein UFO gesehen oder sogar an Bord eines solchen gewesen zu sein. Zudem verwahren wir im Archiv Tausende von UFO-Reportagen. Er selbst aber sah nie so ein Ding. Obschon ich bislang kein UFO zu Gesicht bekam, begegnete ich vor einigen Jahren höchst persönlich einem Außerirdischen (siehe Eingang dieses Kapitels).

28. Juli 2010

Die US-Ausgabe von *Götterdämmerung* ist erschienen. Der Titel: *Twilight of the Gods.* Daraufhin folgen gleich mehrere Anfragen für Interviews im amerikanischen Raum. Inzwischen funktioniert das über den Computer. Skype oder so ähnlich. Ramon und die Technik machen es möglich.

29. Juli 2010

Über 1200 Gäste sind im *Mystery Park.* Mein Vortrag wird über die Bildschirme gleich in mehrere Räume übertragen.

30. Juli 2010

Die A.A.S. – unsere Gesellschaft für **A**rchäologie, **A**stronautik und **S**ETI – wächst. (SETI steht international für **S**earch for **E**xtra**t**errestrial **I**ntelligence.) Alle 2 Monate geben wir unser Magazin *Sagenhafte Zeiten* heraus. Darin befinden sich stets die aktuellsten Informationen über astronomische und archäologische Entdeckungen. Da jedermann unkompliziert Mitglied werden kann, sind wir eine Gruppe von Fachleuten aus allen Branchen und selbstverständlich Laien aus sämtlichen Berufen (Infos über *www.sagenhaftezeiten.com*). Jedes Jahr organisieren wir im deutschsprachigen Raum einen Kongress und führen Gäste weltweit an geheimnisvolle Orte. Bislang war ich stets der Reiseleiter. So besuchten wir mehrmals Peru, Bolivien, Mexiko, Guatemala und selbstverständlich Griechenland, die Türkei und Ägypten.

31. Juli 2010

Meinen aktuellen Vortrag nenne ich *Däniken Total.* Es ist eine Abrechnung mit einer Archäologie, die sich wie eine gestopfte Gans benimmt. Jeder neue Impuls wird empört abgelehnt. Nichts sehen – nichts hören – nichts wissen.

1. August 2010

Der 1. August ist der Schweizer Nationalfeiertag. An der Bar des Hotels *Victoria-Jungfrau* in Interlaken fragte mich ein saudi-arabischer Tourist, wo sich denn die Residenz des Schweizer Königs befinde. Ich frotzelte: im Bundeshaus in Bern, und sein Name laute Johnnie Walker.

2. August 2010

Der Kopp Verlag wird von Jochen Kopp geführt. Er war ursprünglich im Polizeidienst tätig und entschloss sich eines Tages, einen Verlag zu gründen, in dem auch die Bücher der nicht so ganz linientreuen Autoren gelesen werden konnten. Die ersten Werke wurden noch im hauseigenen Keller verpackt und verschickt. Inzwischen ist der Verlag zu einer Firma mit über 150 Mitarbeitern und einem eigenen Verlagsgebäude gewachsen, das in Rottenburg am Neckar (Deutschland) steht. Jochen Kopp blieb ein bescheidener, grundehrlicher Mensch.

3. August 2010

Ausgerechnet »die Wissenschaftler« hemmen die Verbreitung neuer Erkenntnisse. Sogenannte »Killerphrasen« blockieren das Denken. Beispiele:

- Die neue Theorie widerspricht der Lehrmeinung.
- Sie ist zu radikal.
- Da machen die Hochschulen nicht mit.
- Das haben andere bereits versucht.
- Das ergibt keinen Sinn.
- Das verbietet die Religion.
- Das ist gegen den Mainstream.
- Das kann man nicht beweisen.

4. August 2010

Ich hielt einen Vortrag vor hohen Gästen im Hotel *Ermitage* in Saanen (Berner Oberland). Hier lebt die Prominenz, angefangen von Roger Moore bis hin zu Roman Polański.

5.–7. August 2010

Weshalb sind wir so, wie wir sind? Jedes Lebewesen sucht nach Lust beziehungsweise Lustbefriedigung. Lust ist das Gegenteil von Unlust. Ein paar Beispiele: Hunger ist Unlust, Essen ist Lust, Leiden ist Unlust, Zufriedenheit ist Lust, Liebeskummer ist Unlust, Liebe ist Lust. Woher kommt und wie entstand dieses Lust-Unlust-Gefüge? Ein Säugling im Mutterleib fühlt sich geborgen, empfindet also Lust. Bei der Geburt wird er ans Tageslicht gepresst, was in ihm Reaktionen der Unlust erzeugt (das Kind schreit). Der Säugling hat Hunger, was bei ihm mit Unlust verbunden ist. Er bekommt die Mutterbrust, was das Lustgefühl der Zufriedenheit erzeugt. Das Kind wächst heran und wird belobigt oder gescholten, das heißt es entstehen Gefühle der Lust oder Unlust. In der Schule löst es die Mathematikaufgabe richtig, dann empfindet es Lust, während bei einer falschen Lösung Unlust entsteht. Der Mensch erlernt einen Beruf und bekommt ein Diplom – Lust. Oder er fliegt von der Uni – Unlust. Er studiert Astronomie und entdeckt einen neuen Stern – Lust. Er wird kritisiert – Unlust. Eine Gattin ist ordentlich oder unordentlich – Lust oder Unlust etc. pp. Wir alle suchen nach Lust. Keiner will unglücklich oder krank sein. Als Nikolaus Kopernikus (1473–1543) behauptete, die Erde drehe sich um die Sonne, erzürnte er die damaligen Wissenschaftler, das heißt, bei ihnen entstand Unlust. Oder Giordano Bruno (1548–1600), der seine Überzeugung kundtat, dort draußen im Universum gebe es noch andere Sonnensysteme. Für die damalige Gesellschaft resultierte daraus ebenfalls Unlust. In der Menschheitsgeschichte wimmelt es von ähnlichen Beispielen. Die jeweilige Zeit war nicht reif für provokative neue Entdeckungen. (Ich behandelte das Thema in meinem Buch *Und sie waren doch da!* ab Seite 67). Im Grunde genommen ging es immer um Lust und Unlust. Also ist es durchaus verständlich, wenn sich die Fachwelt auch heute gegen neue Ideen stemmt. Das Alte galt doch als gesichert, man lehnte sich entspannt zurück und genoss das Gefühl der Lust. Das Neue beunruhigte hingegen und war mit Unlust verbunden.

6. August 2011

Mein Vortrag *Götterdämmerung* ist auf YouTube bereits 120 000-mal angeklickt worden. Freut mich – aber ich verdiene nichts daran.

7. August 2011

Ein Mann mit einem Messer im Rücken beim Notarzt. Der fragt: »Haben Sie Schmerzen?« – Antwort: »Nur wenn ich lache.«

9. August 2011

Das Schweizer Radio betreibt auch einen internationalen Dienst. Die Sendungen können weltweit gehört werden. Ich hatte heute ein längeres Interview mit diesem Dienst.

10. August 2011

Damenbesuch im Büro. Eine von ihnen quatschte ununterbrochen. Kaum auszuhalten! Ich befürchte, sie bekommt irgendwann einen Sonnenbrand auf der Zunge.

11. August 2011

Es gibt Menschen, die sind zu allem fähig – aber für nichts zu gebrauchen.

12. August 2011

Der Tantor-Audio-Verlag in den USA gibt mein Buch *Tomy and the Planet of Lies* (*Tomy und der Planet der Lügen*) in einer Audioversion heraus. Großartig!

13. August 2011

Optimisten leiden, ohne zu klagen – Pessimisten klagen, ohne zu leiden. Heute schenkte mir jemand einen Sammelband für meine Strafzettel.

14. August 2011

Ich las das Buch *Bei den Grabräubern* von Francine M. David. Ich kenne die Autorin recht gut. Sie ist mit einem Ägypter aus der Grabräubersippe – jener der Rasuls – verheiratet. Auch ihr Ehemann ist mir bekannt. Der redete ganz offen darüber, dass die gestohlenen Artefakte immer einen Abnehmer finden würden. Sogar Museen irgendwo auf diesem Planeten kauften Raubgut. Ich versuchte ihm klarzumachen, dass er mit seinen Diebesgutaktivitäten die archäologische Forschung und damit unser Wissen über das alte Ägypten behindere. »Und was meinen Sie«, fragte er mich, »wie viele geklaute Artefakte von Archäologen verkauft werden?« Das Buch *Bei den Grabräubern* ist salopp geschrieben und liest sich wie ein Krimi. Selbst ein Insider wie ich staunt immer wieder über Dinge, die in bestimmten Kreisen ganz selbstverständlich sind und von denen die Öffentlichkeit keinen blassen Schimmer hat.

15. August 2011

Ramon und ich kontrollierten auf einer Landkarte einige dieser Ley-Linien. Ich erwähnte es bereits: Das sind schnurgerade Strecken beziehungsweise Linien, auf denen stets ein uraltes Heiligtum liegt. Nachfolgend ein Beispiel, das sich von den Britischen Inseln über die Alpen bis hin nach Sizilien zieht, entdeckt vom französischen Forscher Xavier Guichard. Der arbeitete zuerst als Polizeidirektor von Paris, studierte später

Philologie – Sprachwissenschaft – und wurde schließlich Präsident der Französischen Gesellschaft für Vorgeschichte. Hier die Fakten: Auf der Strecke Calais—Mont Alix—Mont Alet—l'Allet—Auxon—Aisey—Alaise—l'Allex—Vercelli—Alzano—Calesi—Cales etc. liegen all die soeben genannten Orte auf einer schnurgeraden Linie. An jedem Ort existiert ein altes Heiligtum, und sämtliche Orte tragen denselben Wortstamm. Im Dorf Alaise im östlichen Jura (Frankreich) kreuzen sich elf andere Linien, die von verschiedenen Richtungen an einem Punkt zusammenlaufen. Ich berichtete im Buch *Der Mittelmeerraum und seine mysteriöse Vorzeit* (ab Seite 72) darüber. Jeder Zufall ist ausgeschlossen. Also nochmals: Irgendwer muss unseren steinzeitlichen Vorfahren befohlen haben, nur dort … und dort … und dort einen Tempel zu errichten. Eigentlich unfassbar. Da liegt ein geografisches Phänomen vor uns, das jedermann mithilfe einer Landkarte leicht nachvollziehen respektive kontrollieren kann. Doch die Archäologie nimmt keine Notiz davon.

17. August 2011

Gehört: Ein Optimist ist ein Mann, der seine Sekretärin heiratet und glaubt, er könne weiterhin diktieren.

18. August 2011

Buchvertreter verkaufen Bücher, Möbelvertreter Möbel, Computervertreter Computer, Autovertreter Autos. Was verkaufen Volksvertreter?

19. August 2011

Die Zellen vermehren sich durch Teilung. Menschen durch Sex. Nur die Bürokratie vermehrt sich durch Geschwafel.

21. August 2011

Ich hatte schon wieder so eine Quasseltante im Büro, die mit ihren Weisheiten nicht aufhören konnte. Dabei dachte ich: »Über das Aussehen von Damen darf man sich freuen – den Ton sollte man aber ausschalten können.« (Das trifft selbstverständlich auch auf geschwätzige Männer zu.)

22. August 2011

Satellitenaufnahmen zeigen riesige Bodenzeichnungen in Saudi-Arabien, Jordanien und am Aralsee (Russland). Weshalb legten Menschen nur gigantische Figuren in den Boden, die sie selbst gar nicht überblicken konnten, und dies unabhängig voneinander auf verschiedenen Kontinenten? Die Antwort ist eindeutig: für die Götter! Für jene himmlischen Wesen dort oben, die einst die Erde besucht hatten und deren Wiederkunft man sehnlichst erwartete.

23. August 2011

Im CERN, dem Europäischen Kernforschungszentrum in Genf, soll ein Teilchen die Lichtgeschwindigkeit übersprungen haben. Nach Einsteins Theorie ein Ding der Unmöglichkeit. Und doch geschah es. Neue Physik?

24. August 2011

China gibt bekannt, das erste Bauteil seines »Himmlischen Palastes« – eine Weltraumstation – in den Orbit zu schicken. Geschichte wiederholt sich.

4. Oktober 2011

TV-Interview mit einem Ostschweizer Sender. Die Talk-Sendung heißt »Fritsche«.

26. Dezember 2011

Über die Festtage machte ich mir folgende Gedanken: *Wie* sind die großen Pyramiden erbaut worden? Und *warum*? Dann wieder stellte ich mir vor, ich hätte eine Zeitreise in die Vergangenheit unternehmen können und dort Fotos gemacht. Die brächte ich in meine Gegenwart. Nützt alles nichts. Die Menschen von heute würden den Bildern nicht glauben und behaupten, es seien Fotomontagen. Noch toller wäre, ich würde irgendwo in der Welt einen außerirdischen Gegenstand finden. Könnte ich damit meine Kritiker überzeugen? Ich spielte diesen Gedanken durch und kam zu dem Schluss, dass selbst ein außerirdisches Objekt meine Kritiker nicht umstimmen würde. Weshalb nicht? Angenommen, ich wäre in einer verlassenen Höhle Brasiliens auf ein kurioses Objekt gestoßen und hätte es als »nicht von dieser Erde stammend« eingestuft. Zuerst müsste ich das Objekt außer Landes schmuggeln. Damit machte ich mich strafbar. Dann würde ich das Objekt in der Schweiz einigen Notaren präsentieren, die beglaubigen müssten: Das Ding existiert und es ist echt. Als Nächstes würde eine Pressekonferenz stattfinden. Die Journalisten dürften den Gegenstand in die Hände nehmen und von allen Seiten fotografieren. Auch sie kämen zu der Überzeugung: tatsächlich außerirdisch. Jetzt würde die Presse jubeln, und die Öffentlichkeit riefe nach einer wissenschaftlichen Analyse. »Mein« Gegenstand wanderte an eine Uni und würde dort in verschiedenen Fakultäten untersucht, chemisch, physikalisch, biologisch etc. Und siehe da, auch die Gelehrten kämen zu der Überzeugung, der Gegenstand sei künstlich hergestellt worden und bestehe aus verschiedenen, nicht irdischen Materialien. Als Nächstes würde eine Konferenz einberufen. Politiker, Gelehrte, Journalisten und der

Himmel weiß wer berieten darüber, wie es weitergehen solle. Schließlich würden sie zu der Überzeugung gelangen, die Menschheit sei noch nicht reif für diese schockierende Offenbarung. Die Religionen würden kollabieren, und die Menschen hätten Angst vor einer möglichen Invasion fremder Mächte. Also Geheimhaltung.

Was ich hier skizziert habe, ist längst Realität. Bereits im Jahr 1989 formulierten die SETI-Forscher ein Dokument mit dem Titel »Declaration of Principles Concerning Activities Following the Detection of Extraterrestrial Intelligence«. Darin werden alle Wissenschaftler verpflichtet, Entdeckungen außerirdischen Lebens der Öffentlichkeit *nicht* zugänglich zu machen. Wortwörtlich heißt es:

> *»Alle Parteien dürfen keine öffentliche Bekanntgabe über die Entdeckung [außerirdischen Lebens] machen […]. Auf ein außerirdisches Signal darf keine Antwort gegeben werden […]. Sollte ein glaubhafter Beweis für außerirdische Intelligenz gefunden werden, wird ein internationales Komitee von Wissenschaftlern einberufen […].«*

Wie war das noch mal mit der in jeder Verfassung garantierten freien Meinungsäußerung? Zur Erinnerung: Deutsches Grundgesetz Artikel 5 Absatz 1: »Jeder hat das Recht, seine Meinung in Wort, Schrift und Bild frei zu äußern und zu verbreiten […]. *Eine Zensur findet nicht statt.*« (Hervorhebung durch den Autor)

Schweizer Bundesverfassung Artikel 16 Absatz 2: »Jede Person hat das Recht, ihre Meinung frei zu bilden und sie ungehindert zu äußern und zu verbreiten.«

Das gilt alles nicht mehr, wenn es um Außerirdische geht. Wen wundert es dann noch, dass die Menschheit niemals die Wahrheit erfährt? Auf gut Deutsch: Wir werden verarscht. Immerhin brechen inzwischen mehr und mehr mutige Wissenschaftler und Politiker mit dieser Deklaration der Verdummung (siehe mein Buch *Und sie waren doch da!*, Seite 211 ff.). Und meine eigenen Ansichten darf ich nur deshalb veröffentlichen, weil sie als »wissenschaftlich nicht bewiesen« gelten. Gott sei Dank akzeptiert »die Wissenschaft« meine Beweise nicht – sonst dürfte ich damit nicht an die Öffentlichkeit, siehe oben. Zudem berufe ich mich auf die in den Landesverfassungen garantierte freie Meinungsäußerung. Eben: »Eine Zensur findet nicht statt« (Deutsches Grundgesetz Artikel 5 Absatz 1).

1. Januar 2012

Bei manchen Menschen beginnt die Einbalsamierung bereits zu Lebzeiten. Man nennt das Verfahren Kosmetik. Und der Tourismus lebt davon, dass Millionen von Menschen irgendwohin reisen, um dort festzustellen, dass es nicht wie daheim ist.

4. Januar 2012

Der History Channel in den USA wird weitere dreißig Folgen von *Ancient Aliens* drehen. Halleluja!

5. Januar 2012

In einem Nudistencamp haben Taschendiebe keine Chance. Und was ist ein Striptease? Die Verwandlung hübscher Mädchen von brutto in netto.

12. März 2012

In der Hotelhalle kam ein Fremder auf mich zu und sagte: »Sie sind nicht mehr allein. Wir helfen Ihnen.« Ich wollte nachfragen, doch der Fremde stieg in sein Auto und fuhr weg.

18. März 2012

Nach dem Vortrag kam ein Doktor der Theologie – so stellte er sich vor – auf mich zu und sagte, ich hätte ihn zur Erkenntnis gebracht, dass die »gefallenen Engel« der *Bibel* Außerirdische gewesen seien. Was sonst? Schließlich trieben sie Sex mit Menschentöchtern. So steht's im heiligen Buch. Irgendwelche spirituellen »Engel« hätten wohl kaum ein Verlangen danach.

19. März 2012

Ich verbrachte 7 volle Stunden in einem Tonstudio in Dresden. Dabei ging es um ein Endlosinterview mit dem Schauspieler Jürgen Mai. Er will ein dickes Buch darüber herausgeben.

21. März 2012

Das Kino Babylon in Berlin zeigt meinen Film *Erinnerungen an die Zukunft*. Die Veranstaltungen sind Abend für Abend ausverkauft.

23. März 2012

Ich bin zum x-ten Male in Chemnitz, der ehemaligen »Karl-Marx-Stadt«. Die Bewohner Ostdeutschlands verhalten sich gesitteter als ihre Landsleute im Westen. Wie das? Bei einer Signierstunde im Westen drängeln die Menschen mit Ellbogen und Körpereinsatz. Die »Ossis« hingegen ordnen sich, ohne zu murren, in eine Linie.

23. März 2012

Schlecht besuchter Vortrag im katholischen Eichstätt, Bayern. Ein Besucher sagte mir, der Ortspfarrer habe seinen Gläubigen empfohlen, meine Veranstaltung nicht zu besuchen. Ich sei »antichristlich«. Ich spürte die Schwellenangst. Wer kam, befürchtete, von anderen verpetzt zu werden.

29. März 2012

Welche Frau weiß immer, wo ihr Mann ist? Die Witwe. Und weshalb war Rapunzel blond? Jede andere Frau hätte nicht ihre Haare heruntergelassen, sondern die Tür aufgemacht.

30. März 2012

Ramon und ich sind unterwegs nach Brasilien. 11 Stunden Flugzeit.

1.–10. April 2012

Vorträge, Presse und TV in Brasilien. Meine Bücher erreichen dort hohe Auflagen.

11. April bis 21. Juli 2012

Täglich im Büro. Es gibt viel aufzuarbeiten. Und was ist der Unterschied zwischen Menschen und Tieren? Letztere brauchen kein Toilettenpapier, und rauchen tun sie auch nicht.

22. Juli 2012

Irgendwo in der Welt bekriegen sich immer Menschen. Und oft ist der Kriegsgrund die religiöse Rechthaberei: »Nur mein Gott ist der richtige«, »Unser Gott hat befohlen« oder »Ihr müsst werden wie wir«. Die eigene Religion muss ausgebreitet werden. Religionen sind gegen jede Geburtenkontrolle. Immer mehr der eigenen Schäfchen sollen die Erde bevölkern. Im heiligen Koran der Muslime wird ausdrücklich befohlen, die ganze Erde müsse muslimisch werden. Und die, welche das nicht tun, sollen leiden oder gar umgebracht werden. Ein paar Beispiele dazu aus dem Koran: »Wahrlich, ich lasse euch Hände und Füße wechselseitig abhacken und euch an Palmenstämmen kreuzigen.« (Sure 20, 71) »Und es gibt keine Stadt der Ungläubigen, die wir nicht vernichten werden.« (Sure 17, 58) »Wir haben nichts mit euch zu schaffen. Zwischen uns ist Feindschaft […] für immerdar.« (Sure 60, 4) »In die Hölle sollen die Ungläubigen eingehen […].« (Sure 14, 30) »Tötet die Götzendiener, wo immer ihr sie trefft.« (Sure 9, 5) Der heilige *Koran* enthält insgesamt 114 Suren. Jede beginnt mit den Worten »Im Namen Allahs, des Gnädigen, des Barmherzigen«. Für die Muslime ist der heilige *Koran* das ultimative, fehlerlose Wort Gottes. Jeder Zweifel daran ist unverzeihlich und wird gnadenlos bestraft. Ist das im Christentum anders?

In ihrer *Dogmatischen Konstitution* verkündet die katholische Kirche feierlich und hochoffiziell:

- dass die *Bibel* Gott zum Urheber habe,
- dass die *Bibel* in allen Teilen heilig sei,
- dass die *Bibel* in allen Teilen unter der Einwirkung des Heiligen Geistes verfasst worden sei,
- dass die *Bibel* ohne Irrtum lehre.

Und im feierlichen Credo (»Ich glaube«) vom 30. Juni 1968 wird klipp und klar festgehalten:

- die katholische Kirche sei die einzig wahre Kirche,
- die katholische Kirche sei heilsnotwendig,

- die katholische Kirche allein sei im Besitz der vollen und ganzen Wahrheit.

Bei dieser kategorischen Rechthaberei sind Kriege zwischen den Menschen unvermeidlich. Ausnahmslos jede Religion – und sei es die kleinste Sekte – behauptet von sich, im Besitz der göttlichen Wahrheit zu sein. Dementsprechend müssen Andersdenkende verfolgt und getötet werden. Jetzt wird in unserer Zeit viel von Toleranz geredet. Vom Verständnis den Andersgläubigen gegenüber. Ohne diese Toleranz würde sich die Menschheit in Dauerkriegen zerfleischen. Doch der Zündfunke eines fanatischen Predigers reicht, und die Toleranz wird zu Tollerei.

23. Juli 2012

Dumme Sprüche liest man irgendwo und weiß später nicht mehr, wer das Urheberrecht daran besitzt. Oder sie fallen einem spontan ein. Nachfolgend eine Auswahl:

- Sexbomben sind Sprengkörper, die oft von einem Blindgänger begleitet werden.
- Am Anfang war das Wort. Dann folgten das Geschwätz und schließlich die UNO-Generalversammlung.
- SWISSLAM bedeutet: Islam in der Schweiz.
- Reisen bildet – vor allem Staus auf den Straßen.
- Der Hauptgrund von Scheidungen ist die Heirat.
- Wie zählen Nonnen? Eins, zwei, drei, vier, fünf, nein, sieben …
- Das nach dem Saufgelage heißt nicht Burn-out, sondern Kater.

- Marx ist die Theorie – Murks die Praxis.
- Veganer sind wie Schafe. Sie glauben, der Wolf sei einer von ihnen.
- Golf ist ein Spiel für Männer. Schließlich geht es darum, ein Loch zu treffen.
- Der Erfinder des Reißverschlusses war ein Mann, der nicht länger warten konnte.
- Wer in einer Diktatur über die Regierung herzieht, kommt ins Gefängnis. In einer Demokratie ins Fernsehen.

25. Juli 2012

Es gibt Menschen, die saufen tagtäglich und werden dennoch nicht für voll genommen.

16. August 2012

Unter der Grabplatte im Tempel der Inschriften von Palenque (Mexiko) sind mehrere Hohlräume entdeckt worden. Die Grabplatte selbst zeigt den Herrscher Pacal auf seinem Weg ins Weltall (ich schrieb mehrmals darüber). Ob die neu entdeckten Hohlräume irgendetwas enthielten, wird verheimlicht. Das »Schweigen der Belämmerten« gilt auch in der altehrwürdigen Archäologie.

17. August 2012

Wernher von Braun sagte einst, wir könnten zwar die Schwerkraft überwinden, doch der Papierkram erschlage uns. Ich befürchte, die nächste Flut hat nichts mit Wasser zu tun, sondern mit Computermüll.

20. August 2012

Der liebe Gott sieht alles und die Geheimdienste scannen alles. Übrigens: Selbst heilige Kühe brauchen Stiere.

26. August 2012

Vom Ameisenbären aus betrachtet, hat die Ameise keine Rechte. Und Eintagsfliegen, die einen zweiten Tag erleben, denken, sie seien unsterblich.

27. August 2012

Terroristen glauben, sie seien das Weltgewissen. Und Menschen mit Allüren sind keine Stars. Ein echter Star hat keine.

31. August 2012

Es gibt Menschen, die können kein Blut sehen – aber Tränen lassen sie kalt. Und Wasser ist nicht nur zum Trinken da, sonst hätte der liebe Gott nicht den größten Teil davon versalzen.

5. September 2012

Der universelle »Geist« steckt auch in der Materie. Vergleiche ihn mit einer Drehtür, aus der du herauskommst, bevor du sie betreten hast.

10. September 2012

Gerichtsurteile kann man widerlegen – Vorurteile nie. Und die einzige abartige Veranlagung ist die vom Finanzamt.

18. September 2012

Zwischen den portugiesischen Inseln Terceira und São Miguel wurde eine Pyramide entdeckt. Nordsüdlich ausgerichtet. Na und? Die Pyramide liegt 40 Meter unter Wasser. Ein weiterer Beweis für eine Kultur vor der sogenannten Sintflut.

30. September 2012

Seit ich über mein Handy regelmäßig einen Tweet verbreite, stoßen tagtäglich neue Follower hinzu. Die Hunderttausend werden wohl bald erreicht sein.

5. Oktober 2012

Die Tür zur Vergangenheit ist ohne Quietschen nicht zu öffnen. Und Selbstgespräche haben den Vorteil, dass man immer recht hat. Übrigens: Benutze einen Fettstift und deine Küsse quietschen nicht mehr.

6. Oktober 2012

Vielleicht sollte man den Versuchungen nachgeben. Wer weiß, ob sie wiederkommen?

18. Oktober 2012

Viele Kinder haben den Verstand von ihrer Mutter – der Vater hat seinen noch. Und: Ist Atheismus eigentlich eine Weltreligion?

19. Oktober 2012

Jetzt wird uns nicht nur der Genderschwachsinn zugemutet, sondern auch noch die Gleichmacherei. Wir sollen denken, ein Mann sei eine Frau – und umgekehrt. Sorry, der mit dem Penis bleibt ein Mann und die mit der Vagina eine Frau. Lasst euren Verstand nicht vergewaltigen. Wie er/sie sich fühlt, ist jedermanns eigene Sache. Und die sogenannte Cancel Culture hat mit Kultur gar nichts am Hut. Gleichstellungsbüros und Quoten sind nur für die Einfalt der Dümmsten unter den Dummen.

24. Oktober 2012

Wenn man mit einem hübschen Menschen über Banalitäten spricht, vermutet er/sie, man habe ganz andere Absichten. Und das stimmt.

30. Oktober 2012

Die seltsamste sexuelle Verwirrung ist die Enthaltsamkeit.

2. November 2012

Man kann zwar Sonnenuhren mit der Taschenlampe ablesen – nur die Zeit stimmt nicht.

7. November 2012

Der Winter ist auch nicht mehr, was er einmal war – die Menschen sind so unverfroren. Und: Sollen katholische Priester heiraten? Wenn sie sich lieben …

19. November 2012

Bin mit Ramon auf einer kurzen Vortragstournee in Deutschland. Volle Häuser und gute Stimmung.

20. November 2012

Weshalb bekommen Journalisten eigentlich kein Geld für das, was zwischen den Zeilen steht?

21. November 2012

Nach dem Vortrag zupfte mich ein Junge am Ärmel und meinte: »Mein Vater behauptet, du könnest Gedanken lesen.« Ich: »Das ist nicht dein Vater.«

30. November 2012

Fragt der Polizist die reifere Dame: »Warum haben Sie beim Parken gleich zehn Autos beschädigt?« Sie antwortet: »Ich bin kurzsichtig und musste nach dem Gehör parken.«

3. Dezember 2012

Die gerade herrschende Meinung ist nur der neueste Stand der Irrtümer. Und wie nennt man Paare, die nach der Temperaturmethode verhüten? Eltern.

8. Dezember 2012

Es gibt Länder, in denen zählt eine spitze Zunge zum unerlaubten Waffenbesitz. Und welcher Peter macht immer laute Musik? – Der Trompeter.

9. Dezember 2012

Die Mutter zum Jungen: »Ab ins Bett, der Sandmann ist gekommen.« Der Knabe: »Wenn du mir 20 Euro gibst, sage ich dem Papa nichts.«

14. Dezember 2012

Nichts geschieht ohne Risiko – aber ohne Risiko geschieht auch nichts. Und Dampf ist nur Wasser, das sich in der Hitze davonmacht.

20. Dezember 2012

Vater im Restaurant zum Kellner: »Packen Sie die restlichen Schnitzel ein für den Hund.« – Die Kinder: »Hurra! Wir bekommen einen Hund!«

21. Dezember 2012

Heute ging eine Runde des alten Mayakalenders zu Ende. Verschwörungstheoretiker verkündeten, die Welt würde untergehen. Tatsächlich aber ist eine Mayakalenderrunde nichts anderes als ein abgelaufenes Jahr. Heute Silvester – morgen Neujahr.

24. Dezember 2012

Weihnachten. Die Geburt des Gottessohnes wird gefeiert. Und die Engel sollen verkündet haben, vom Himmel hoch, da komm ich her. Logo. Doch die Geschichte ist viel älter als das Christentum. Schon 450 Jahre vor der Geburt Jesu berichtete der griechische Historiker Herodot über die ägyptischen Götter, die allesamt »vom Himmel« gekommen waren. Leibhaftig.

30. Dezember 2012

Natürlich führe ich von Zeit zu Zeit Selbstgespräche. Schließlich brauche ich eine kompetente Beratung.

2. Januar 2018

Der Verleger sprach der Dame in der Trauerkleidung und mit einem Pilzbuch in der Hand sein Bedauern aus: »Wir haben den Druckfehler inzwischen korrigiert.«

4. Januar 2018

Der Pilot an die Fluggäste: »Ich habe eine gute und eine schlechte Nachricht. Die schlechte: Wir haben einen Entführer an Bord. Die gute: Er will nach Hawaii!«

5. Januar 2018

Was ist der Unterschied zwischen einer echten Schlange und einer Autoschlange? Bei der Autoschlange ist das A....loch vorne.

6. Januar 2018

Wie nennt man die Fußballschuhe von Jesus? Christstollen.

7. Januar 2018

Schon mal einen Döner ans Ohr gehalten? Was hören Sie? Das Schweigen der Lämmer.

8. Januar 2018

Die US-Regierung hat beschlossen, bestimmte Dokumente über UFOs freizugeben. Und wieder wird verschleiert und werden Nebelgranaten verschossen. Dort draußen sei etwas, heißt es, und »die Wissenschaft« suche nach rationalen Erklärungen. Die meisten UFOs seien ohnehin Drohnen der Supermächte. Aha! Aber UFOs werden bereits seit 85 Jahren registriert, und damals existierten noch keine Drohnen. Zudem waren Menschen in den UFOs drin. Leibhaftig. Darüber wurden Gesprächsprotokolle veröffentlicht, und vereinzelte Menschen tragen Implantate. Prof. Dr. John Mack von der Harvard University (USA) schrieb ausführlich darüber in seinem Buch *Abduction*. Deutscher Titel: *Entführt von Außerirdischen*. Mack hielt ursprünglich gar nichts von UFOs und klassifizierte die Menschen, die UFOs gesehen haben wollten, als »psychologische Fälle«. Nach mehrjähriger gründlicher Untersuchung der Themen UFOs und Entführungen änderte John Mack seine Meinung. Ja, lautete sein Urteil, es gebe UFOs, die nicht natürlich erklärt werden könnten, und ja, Menschen seien mit Außerirdischen zusammengekommen. Und nochmals: Ja, vereinzelte Menschen trügen Implantate.

10. Januar 2018

Ich ertappe mich dabei, langsam zum Trump-Versteher zu mutieren. Weshalb? Unsere Presse schreibt nur Negatives und Widerliches über diesen Mann. Das *muss* stutzig machen.

11. Januar 2018

Man liest immer mehr über die künstliche Intelligenz. Sie wird die menschliche Dummheit vermehren.

15. Januar 2018

Ein Besuch in einer Kirche mache den Menschen zum Christen, las ich. Wieso? Ein Besuch in einer Garage macht mich doch auch nicht zum Auto.

16. Januar 2018

Da soll irgendwo ein Sarkophag gefunden worden sein, den man nicht öffnen konnte. Ich vermute, darin liegt ein Zuhälter …

20. Januar 2018

Der Eingeborene zum Missionar: »Wenn Sie mir nichts über Gott und die Sünden erzählt hätten, wäre ich dann in die Hölle gekommen?« – »Nein, du warst unwissend.« – »Warum haben Sie es mir dann erzählt?«

22. Januar 2018

Irgendetwas dort draußen beobachtet uns. Wahrscheinlich ist es die Steuerbehörde.

23. Januar 2018

Verkehrssünder zum Beamten: »Verzeihung, ich bin Analphabet.« Der Beamte: »Wie schreibt man das?«

5. Februar 2018

Ramon und ich sind unterwegs nach Peru. 15 000 Kilometer von zu Hause entfernt. Dort sollen Filmaufnahmen für den History Channel entstehen.

6. Februar 2018

Über 50 Jahre besuchte ich Peru und Bolivien unzählige Male. Die Zivilisationen in beiden Ländern sind viel älter als das Reich der Inka. Offiziell wird dies nicht zugegeben – alles muss seine archäologische, das heißt evolutionäre Entwicklung aufweisen. Aber die gebildeten älteren Männer, mit denen ich spreche, sagen unisono dasselbe. Die Lehrmeinung ist das, was man in der Schule plappert. Die Volksmeinung hingegen ist eine Urerinnerung, festgehalten in den Genen *und* den Bauwerken der Vorfahren. Da liegen im Hochland von Bolivien die Ruinen von Tiahuanaco. Unter ihnen befindet sich das sogenannte »Sonnentor« – eine Bezeichnung, die eine Erfindung der Archäologie ist. Das »Tor« wurde aus einem einzigen Block gemeißelt – 3 Meter hoch, 4 Meter breit, 12 Tonnen schwer. Im Zentrum des »Tor«-Frieses befindet sich eine Gestalt mit Flügeln und einem Strahlenkranz um ihr Haupt. Diese Figur wird beidseitig von 48 zusätzlichen »himmlischen Wesen« flankiert, allesamt beflügelt. Als Francisco

Pizarro im Jahr 1532 die Inka über Tiahuanaco befragte, antworteten sie ihm, kein Mensch habe den Ort je anders als in Ruinen gesehen. Und was weiß die lokale Legende? Sie spricht von einem goldenen Schiff, das einst von den Sternen kam und sich auf dem Titicacasee niederließ. Dem Schiff entstiegen Viracocha und seine Partnerin Orejana (je nach Inkastamm unterschiedlich geschrieben). Dies sind die Ureltern der Menschheit – vergleichbar mit Adam und Eva. Viracocha erschuf die Welt, als sie noch dunkel war. In Tiahuanaco modellierte er Tonfiguren, und als sie ihm gefielen, habe er ihnen Leben eingehaucht. Anschließend unterwies er seine Geschöpfe in Sprache, Künsten und Technologien. Dann flog er einige von ihnen auf verschiedene Kontinente, welche sie künftig besiedeln sollten. In den kommenden Jahrzehnten sei Viracocha in verschiedene Länder gereist, um seine Anordnungen zu überprüfen. Einmal, in Cacha, habe er sich derart über die Menschen geärgert, dass er einen Felsen angezündet habe. Der begann zu schmelzen. Tatsächlich findet man in Peru verglaste Felsen, beispielsweise oberhalb der Stadt Cuzco bei der Festung Sacsayhuamán.

Als die spanischen Konquistadoren Peru eroberten, stießen sie überall auf die Sagen von Viracocha. Mit großer Ehrfurcht beschrieben die Inka die Herniederkunft dieses Gottes, den sie als »Sohn der Sonne« bezeichneten. Er sei derselbe gewesen, der den Menschen die Sprache, verschiedene Techniken und Kenntnisse der Astronomie beigebracht habe.

Der Kern dieser Schöpfungsmythen ist weltweit derselbe, niedergeschrieben von Menschen unterschiedlicher Kontinente, die keinerlei Kontakte untereinander hatten. Als Kenner der Materie macht mich das nicht mehr stutzig.

10. Februar 2018

Ramon und ich fliegen gemeinsam mit einem Kamerateam des History Channels über die Ebene von Nazca (Peru). Und – es ist zum Verrücktwerden – obschon das Team auf meine Anweisungen hin minutenlang breite, pistenähnliche Linien filmt, werden diese Filmabschnitte später in keiner Dokumentation zu sehen sein. Gezeigt werden – ich schrieb es bereits – immer nur die in den Wüstenboden gekratzten Scharrzeichnungen von Fischen, Vögeln, Menschen oder Affen, aber niemals die wie Flugpisten aussehenden Linien. Auch der künstlich abgetragene Berg mit seiner »Piste« und den Zickzacklinien darunter wird nie gezeigt. Deshalb zum x-ten Mal: Wir werden verschaukelt. Irgendein Regisseur im Hintergrund schneidet die Bilder entweder heraus, oder er hat keine Ahnung, worum es geht. Ich vermute Letzteres.

15. Februar 2018

Die peruanische Stadt Chincha Alta ehrte mich heute in einer Zeremonie. Feierlich übergaben sie mir eine RESOLUTION SUBPERFECTURAL No. 002–2018 PRE-INCA-SUB-CHI-B. Dies ist meine zweite Ehrung in Peru. Die erste kam vor einigen Jahren von der Stadt Nazca.

17. Februar 2018

Im anthropologischen Museum von Paracas (Peru) liegen vereinzelte Schädel, die definitiv nicht irdisch sind. Ramon und ich durften sie in die Hand nehmen. Weshalb sollen sie »nicht irdisch« sein? Weil ihnen die Fontanelle fehlt. Das ist die Naht, welche sich über die Mitte des Kopfes zieht. Ausnahmslos jeder Mensch weist diese Fontanelle auf – doch einige Schädel in Paracas nicht. Der Befund ist eindeutig – unsere Anthropologen wissen nichts davon. In hochwissenschaftlichen Runden werden von blitzgescheiten Menschen die Fragen aufgeworfen: Sind wir allein im Universum? Gibt es Leben dort draußen? Doch keiner blickt vor die eigene Haustür.

26. Februar 2018

Neuerdings soll es Hunde- und Katzenfutter mit besserem Geschmack geben. Ich frage mich: Wer testet das eigentlich?

27. Februar 2020

Wie stirbt man standesgemäß? Der Gärtner beißt ins Gras, den Elektriker trifft der Schlag, der Koch gibt den Löffel ab, die Putzfrau kehrt nie wieder, der Spanner ist weg vom Fenster und der Rabbi geht über den Jordan.

9. März 2020

Ein Dummkopf ist ein Mensch, der niemandem zuhören will. Viele Dummköpfe bilden eine Partei. Die »Wir wissen ohnehin alles besser«-Partei.

18. Juni 2020

Ich lese heute vom Indiostamm der Cahokia. Dieser lebt in Arizona, USA. Seine Mitglieder verehren »gottgleiche Lehrmeister, die einst von den Sternen kamen«. Ihre Gräber legen sie sternförmig an. Sie schnitzen große Statuen aus Holz und nennen sie »Thunderbirds« (Donnervögel). Diesen Begriff können sie nicht von unseren Flugzeugen abgeleitet haben, denn ihre Traditionen sind viel älter als die menschliche Fliegerei.

10. August 2020

Folgt man den deutschsprachigen Medien, so sind die Hälfte der US-Amerikaner »Idioten, Spinner, Naivlinge« oder sonstige Blödheinis. Welche Hälfte?

19. September 2020

Die Propaganda über den (angeblich!) vom Menschen gemachten Klimawandel wuchert in den Gehirnen aller Kleingeister. Klimawandel ja, aber den gibt es seit Ewigkeiten. Vor 2000 Jahren war die Schweiz eisfrei. Eiszeiten kamen und gingen. Schon 1972 gab der Club of Rome – bestehend aus (angeblich) hervorragenden Wissenschaftlern – das Buch *Die Grenzen des Wachstums* heraus. Darin wurde beschworen, es sei »fünf vor zwölf«. Die Menschheit müsste sofort umdenken. Jetzt heißt es: Wer den menschengemachten Klimawandel verneine, sei ein Klimaleugner und gehöre ins Gefängnis. Hallo? Ich leugne den Klimawandel *nicht*, aber die Menschheit ist daran gerade einmal mit 0,01 Prozent beteiligt. Wenn überhaupt. Man will uns ein schlechtes Gewissen einreden. So etwas wie die »Erbsünde«: Junge, du hast gesündigt, aber du kannst es wieder gutmachen, wenn du dich so verhältst, wie wir es dir vorschreiben. Kluge Wissenschaftler verkünden eine künftige Erde in Hitze – andere, ebenso kluge, das Gegenteil: Sie postulieren eine Periode der Kälte. Wissenschaft gegen Wissenschaft. Und der ominöse »Weltklimarat« in New York, der uns dauernd mit den neuesten Katastrophenmeldungen füttert, ist eine *politische* und keine wissenschaftliche Organisation, durchzogen von grünen Ideologen.

1. Oktober 2020

Ich diskutierte an der Bar des Hotels *Dorint* auf dem Beatenberg mit einem Gast aus Griechenland. Der Mann war gebildet, und er meinte, die Götter der griechischen Mythologie seien dieselben Figuren wie die Götter anderswo – nur mit unterschiedlichen Namen. Ich stimmte zu und unterstrich, sämtliche antike Heiligtümer Griechenlands würden unter einem geometrischen Netz liegen. Davon wusste er nichts. So verblüffte ich ihn mit Fakten:

- Die Distanz zwischen Delphi und Epidauros entspricht dem größeren Teil des Goldenen Schnittes der Entfernung von Epidauros nach Delos – nämlich 62 Prozent.
- Die Distanz zwischen Olympia und Chalkis entspricht dem größeren Teil des Goldenen Schnittes der Entfernung von Olympia nach Delos – nämlich 62 Prozent.
- Die Distanz zwischen Delphi und Theben entspricht dem größeren Teil des Goldenen Schnittes der Entfernung von Delphi zur Akropolis – nämlich 62 Prozent.
- Die Distanz zwischen Delphi und Olympia entspricht dem größeren Teil des Goldenen Schnittes der Entfernung von Olympia nach Chalkis – nämlich 62 Prozent.
- Die Distanz zwischen Epidauros und Sparta entspricht dem größeren Teil des Goldenen Schnittes der Entfernung von Epidauros nach Olympia – nämlich 62 Prozent.

- Die Distanz zwischen Delos und Eleusis entspricht dem größeren Teil des Goldenen Schnittes der Entfernung von Delos nach Delphi – nämlich 62 Prozent.
- Die Distanz zwischen Knossos und Delos entspricht dem größeren Teil des Goldenen Schnittes der Entfernung von Knossos nach Chalkis – nämlich 62 Prozent.
- Die Distanz zwischen Delphi und Dodoni entspricht dem größeren Teil des Goldenen Schnittes der Entfernung von Delphi zur Akropolis – nämlich 62 Prozent.
- Die Distanz zwischen Sparta und Olympia entspricht dem größeren Teil des Goldenen Schnittes der Entfernung von Sparta zur Akropolis – nämlich 62 Prozent.

Das geht so weiter über ganz Griechenland. Meinem Gesprächspartner blieb die Spucke weg. Diese geometrischen Beziehungen zwischen den verschiedenen Tempelorten betreffen übrigens nicht nur das antike Griechenland. Ich berichtete in meinem Buch *Der Mittelmeerraum und seine mysteriöse Vorzeit* (ab Seite 83) ausführlich darüber. Und der zwingende Schluss daraus? Das Ganze wurde geplant. Vor Jahrtausenden. Von *wem*? Und *weshalb*?

4. Oktober 2020

Dank der sogenannten Lidar-Technologie wurden in Brasiliens Regenwald uralte Siedlungen entdeckt. »Lidar« steht für »light detection and ranging«. Auf Lidar-Bildern wird die

Vegetation einfach weggerechnet, sodass zum Beispiel die Mauern von ehemaligen Bauwerken im Gelände nunmehr klar hervortreten. Die Analysen zeigen einmal mehr sternförmig angelegte Siedlungen und schnurgerade Straßen. Wieder ein archäologisches Rätsel. Als Fachmann halte ich fest: Wir haben nicht den blassesten Schimmer, was sich vor Jahrtausenden auf der Erde abspielte.

7. Oktober 2020

Im TV lief eine Wiederholung der US-Serie *Alf*. Was kaum jemand weiß: Die Buchstaben A, L und F stehen für »Alien Life Form«.

20. Oktober 2020

Sowohl vor 7000 wie auch vor 3500 Jahren lag die durchschnittliche Temperatur auf der Erde höher als heute. Dies bewiesen Tiefbohrungen an verschiedenen Stellen der Erde. Klimawandel – die normalste Sache der Welt.

8. November 2020

In der *Weltwoche*, Nummer 45, wirft der Journalist Andreas Thiel die Frage nach der Meinungsfreiheit auf. »Sagen Sie mal öffentlich, das Waldsterben sei eine Lüge, oder: Um die Massenzuwanderung zu bewältigen, brauchen wir mehr Energien, auch Atomkraftwerke. Ein Sturm der Entrüstung ist ihnen sicher!«

9. November 2020

Demnächst kann Donald Trump nicht mehr ins Weiße Haus zurück. Weshalb nicht? Das englische Wort erklärt es: »forBiden«.

10. November 2020.

Täglich gelangt Staub aus dem Weltall auf die Erde. Darunter könnten auch Viren sein, die hier eine Pandemie auslösen.

12. November 2020

Wer ist der Schutzpatron aller Vergesslichen? Vermutlich der heilige »Ääähhhhh«.

13. November 2020

In einer TV-Diskussion vertrat der Astronom Prof. Dr. Ulrich Walter die Meinung, wir seien die einzige intelligente Spezies in unserer Milchstraße. Prof. Dr. Walter sollte mal die Abraham-Apokryphe lesen. Dort beschreibt unser Stammvater, wie er Wesen begegnete, die »nicht eines Menschen Atem« hatten. Sie unterwiesen Abraham sogar in Astronomie. All das könnte man auch aus meinen Büchern erfahren – mitsamt den exakten Quellen. Doch welcher Gelehrte liest schon Däniken?

14. November 2020

Ein Mathematikschulbuch ist wohl die einzige Lektüre auf dieser Welt, in welcher es normal ist, 132 Kürbisse zu kaufen und dann zu fragen, wie viele noch vorhanden seien, nachdem man dem Hans 16 und der Rita 21 davon schenkte.

15. November 2020

Immer wieder mache ich dieselbe Feststellung: Die giftigsten Kritiker meiner Theorien sind diejenigen, welche nie ein Buch von mir gelesen haben. Es gibt ein deutsches Wort dafür: Rechthaber.

16. November 2020

Die alltäglichste Lüge, die uns alle betrifft, ist diejenige unter einem Formular im Krankenhaus, der Bibliothek oder anderswo: »Ich habe die Bestimmungen gelesen und stimme zu.«

17. November 2020

»Voraussagen sollte man unbedingt vermeiden, besonders solche über die Zukunft.« (Mark Twain, 1835–1910)

21. November 2020

Auf deutschen TV-Kanälen wird beinahe täglich irgendein Hitler-Film oder eine Dokumentation über das Dritte Reich gezeigt. Hitler endlos. Den Menschen hängen diese ständigen »Niemals-vergessen-Lektionen« längst zum Hals heraus und bewirken das Gegenteil von dem, was bezweckt werden soll.

11. Juli 2021

Die *Welt am Sonntag* berichtet über die Cancel Culture. Titel des Artikels »Schlechte Religion«. Offensichtlich sind die Redakteure und ich derselben Meinung: Cancel Culture? Nichts als die Arroganz von Ideologen. Keine Spur von Kultur.

12. Juli 2021

Hitzewelle. Im kalifornischen Death Valley wurden 53 Grad Celsius gemessen. Was für ein Drama! Doch im Juli des Jahres 1913 waren es noch 4 Grad Celsius mehr! Zurzeit herrscht Dauerregen in der Schweiz. Alles wegen des vom Menschen gemachten Klimawandels? Sorry, dasselbe geschah auch vor 40 Jahren. Damals konnten die Bauern erst am 26. August ihr Heu einbringen.

13. Juli 2021

Ursula von der Leyen, die Diktatorin des Europäischen Rates, verkündet, der gegenwärtige Regen beweise den vom Menschen gemachten Klimawandel. In Indien verehrt man heilige Kühe – ist's in Europa auch schon so weit?

14. Juli 2021

Heute ist der französische Nationalfeiertag. In der Zeitung *Le Monde* warf ein Redakteur die Frage auf, weshalb sich eigentlich eine große Mehrheit von Menschen von einer lächerlichen Minderheit gängeln und kommandieren lasse. Die Antwort: Weil die Minderheit ständig öffentlich wirksam am Jammern sei. Sie fühle sich »diskriminiert«, »bevormundet« und »betroffen«. Es liegt an unseren Medien, die Dauerjammerei abzuklemmen. Auch die Mehrheiten haben Rechte.

18. Juli 2021

Und wieder wird verbreitet, dass die Geheimdienste uns alle ausschnüffeln. Das liegt in der Natur der eingesetzten Technik. Je mehr Computer, desto weniger Privatsphäre. Ich werde seit Jahren abgehört und pfeife darauf. Manchmal mache ich im Büro die lange Nase Richtung Decke und sage: »Hallo, du A....! Hast du immer noch keinen anderen Lebenssinn gefunden?«

19. Juli 2021

Corona wütet, Menschen erkranken und sterben. Doch bezogen auf die Weltbevölkerung hat der Virus gerade einmal 0,03 Prozent der Menschen umgebracht. 99,97 Prozent überlebten. Zum Vergleich: Am Aidsvirus starben seit dem Jahr 1980 0,7 Prozent der Menschheit (Quelle: *Financial Times*).

25. Juli 2021

Westeuropa wird von falschen Flüchtlingen überflutet. Selbstverständlich gibt es echte Flüchtlinge: Arme Menschen, die an Leib und Leben verfolgt werden und Schutz benötigen. Doch der große Teil der »Flüchtlinge« kommt aus Tunesien, Algerien und der Türkei – lauter sichere Staaten. Inzwischen hat sich eine Flüchtlingsindustrie von sogenannten »Non-Governmental Organizations« (NGOs) gebildet. Die meisten von ihnen erhalten staatliche Unterstützung. Eigentlich ein Witz: »Non-Governmental«, aber staatliche Gelder! Vom berühmten deutschen Journalisten Peter Scholl-Latour stammt der Satz: »Wer Kalkutta zu sich holt, hilft Kalkutta nicht – er wird selbst zu Kalkutta.« Es war die deutsche Bundeskanzlerin Angela Merkel, welche sich für die offenen Grenzen stark machte. Von dieser aus dem Osten eingeschleusten Agentin ist eine Meinungsänderung nie zu erwarten. Doch wenn sich fremde Kulturen breitmachen, regt sich irgendwann die Volksseele – das Gefühl, nicht mehr Herr im eigenen Land zu sein. Und prompt wird eine politisch »rechte« Partei stark – das Gegenteil von dem, was »die Linke« mit ihrer Kulturvermischung ursprünglich wollte. Ein Grieche hat nun einmal eine andere Kultur als ein Maya – oder ein Inuit eine andere als ein Schweizer. Dies zu verneinen, hilft nicht. Am Ende bleiben wir alle Menschen, egal, welcher Hautfarbe oder Kultur wir angehören. Und wenn wir Kontakt zu Außerirdischen bekommen, werden wir uns als »Menschheit« präsentieren – und nicht als Angehörige irgendeiner Religion, Ideologie oder Rasse.

1. August 2021

Und wieder – zum wievielten Male? – schwadroniert die Presse über den unnatürlich heißen Sommer. Sorry: Derjenige des Jahres 1858 war heißer als der heutige, und im Sommer des Jahres 1910 regnete es dermaßen, dass Paris überflutet war.

4. August 2021

Jetzt wird von den Sportlern verlangt, sie müssten bei internationalen Veranstaltungen die Regenbogenbinde tragen. Diese signalisiere sexuelle Freiheit. Aber beispielsweise im Islam gilt Homosexualität als ein Verbrechen und wird mit dem Tode bestraft. In muslimischen Ländern *darf* man keine Regenbogenbinde tragen. Immer wird gefordert, »Flagge zu zeigen«. Ich denke nicht daran. Öffentlich sage und schreibe ich das, was ich verantworten kann und will. Doch so manche Ansicht bleibt bei mir. Es soll jedem Menschen überlassen sein, in welchen Bereichen er sich »outen« möchte. Zwang ist Erpressung. Auch öffentlicher Zwang.

5. August 2021

Vor einigen Tagen stand in *Die Welt*: »Gender ist Sprachzwang und damit Gesinnungszwang einer woken Minderheit. Der Genderstern ist der Gessler-Hut einer selbsterklärten Avantgarde, die das Fußvolk zu grüßen hat […]. Wir fordern das Ende dieser Verlogenheit.«

7. August 2021

Ich las heute das Buch *Generation Beleidigt. Von der Sprachpolizei zur Gedankenpolizei* von Caroline Fourest (Edition Tiamat). Zwar wusste ich immer, dass wir in einer Gesellschaft von dauernd »betroffenen« Psychos leben – aber jetzt bekam ich die Gewissheit: Die Jammernden sind in der absoluten Minderheit.

10. August 2021

In den deutschen Medien herrscht wieder einmal Empörung, weil irgendein Politiker das Wort »Neger« ausgesprochen hat. Und »schwarz« wäre auch verboten. Es muss »farbig« heißen. Was ist mit dem Schwarzen Meer, dem Schwarzwald oder dem Schwarzfahrer? Aha! Wie hättet ihr's denn gern? Soll aus dem Wurm nun die Würmin werden? Ich sehe schwarz für Deutschland. Oder heißt es jetzt schwarzin?

15. August 2021

Auf der Erde leben rund 8 Milliarden Menschen. Und jeder hat seinen einzigartigen, individuellen Fingerabdruck. Jeder Mensch ist ein Unikat. Das macht bescheiden.

7. September 2021

Ramon und ich stehen zum x-ten Male vor der Cheopspyramide in Ägypten. Selbstverständlich ist das Bauwerk von Menschen gebaut worden. Doch *wie*? *Wann*? Und *weshalb*? Mir sind alle Antworten aus der Ägyptologie vertraut. Sie sind voller Ungereimtheiten. Zudem widersprechen sie der altarabischen Literatur. Dort, im so genannten »Pyramidenkapitel« des Buches *Hitat* von Taqī ad-Dīn Abū l-'Abbās Ahmad ibn 'Alī al-Maqrīzī, wird versichert, die Pyramide *sei vor der Flut* gebaut worden. Und zwar von einem Herrscher namens Saurid. Dieser Saurid sei derselbe, den die Hebräer Henoch und die Griechen Hermes nennen würden. Und der arabische Historiker weiß genau, von wem er spricht, denn er zählt sämtliche Vorfahren von Henoch auf bis hinunter zum Stammvater Adam. Henoch wiederum war derjenige, welcher von den »Göttersöhnen« erzogen wurde. Sie erteilten ihm den Auftrag, eine große

Pyramide zu bauen, weil eine Flut kommen würde, die alles zerstöre. Henoch sollte das gesamte Wissen seiner Zeit in der Pyramide aufbewahren für die Geschlechter nach der Flut. Als im Jahr 823 unserer Zeit der damalige Herrscher über Ägypten, Ibrahim Abdul al Mamun, die Pyramide öffnete, fand er darin vier Räume. Im ersten lagen »Gläser, die man biegen kann«, im zweiten »dünne Metalle, in verschiedenen Farben, die nicht rosten«, im dritten »Gegenstände mannigfaltiger Art« und Wesen, die »leben, aber doch nicht leben« – Roboter? Im vierten Raum fanden sich drei »menschenähnliche Wesen mit lang gezogenen Schädeln in fremden Rüstungen«. Al Mamun war derart schockiert und beeindruckt, dass er alles liegen ließ und die Anweisung gab, die Türen so zu vermauern, dass nach ihm niemand mehr diese Räume finden könne.

Fantastisch: Da liegen also drei Außerirdische in der Pyramide und warten darauf, von unserer Gesellschaft entdeckt zu werden. Der Zeitgeist ist reif.

10. September 2021

Der Genderblödsinn treibt seltsame Blüten. Ein Satz wie »Der König stellt seine Wache auf« geht nicht mehr. »Die Wache« sei weiblich, doch »die Wachmänner« sind nun einmal männlich. Es darf auch nicht mehr »Muttermilch« heißen, sondern es muss jetzt »Menschenmilch« gesagt oder geschrieben werden. Wie wär's mit »gebärender Elternteilsaft«? In den Städten Köln und Stuttgart wurde aus einem Fußgängerstreifen ein Übergang für »zu Fuß Gehende«. Irgendwann darf wohl »der Penis« nicht mehr männlich sein, und aus »die Vagina« wird ein »Einfüllstutzen«.

11. September 2021

Astronomen und Astrophysiker sind blitzgescheite Menschen. Aber keiner darf es wagen, etwas Positives über UFOs zu sagen. Seine eigene Zunft würde ihn niedermachen. »Das System« oder »der Zeitgeist« lassen es nicht zu. Die Mehrheit bestand schon immer aus Mitläufern. Gegen den Strom zu schwimmen, bedeutet Verlust des Ansehens und der Berufsehre.

12. September 2021

Der Club of Rome feiert sein 50-jähriges Jubiläum. Damals – vor 50 Jahren – nannte der Physiker Urs Hochstrasser den Club »sich selbst überschätzende Schönschwätzer«.

13. September 2021

Ich las das Buch *Glücklich ungläubig* von Prof. Dr. Beda Stadler. Eine erfrischende Lektüre. Professor Stadler wuchs ursprünglich als katholischer Junge in einem Dorf im Kanton Wallis (Schweiz) auf. Aus dem Jüngling wurde ein atheistischer Professor für Immunologie an der Universität Bern. Wir kennen uns recht gut.

14. September 2021

Und nochmals zur Cancel Culture – sie wuchert gerade an US-Hochschulen. Wer etwas sagt, das nicht passt, fliegt raus. Es entsteht eine selbstgefällige, überhebliche Gesellschaft. Wissenschaft wird zur Ideologie. Doch die Wissenschaft lebt nicht nur vom Wandel des Zeitgeistes, sondern auch von der Kritik. Die Cancel Culture bedeutet das Ende der kritischen Vernunft.

17. September 2021

Ramon und ich sind schon wieder in Ägypten. Im Ägyptischen Museum ärgere ich mich über die Faulheit der Beamten. Nirgendwo – auch im Freien nicht – gibt es Sitzgelegenheiten. Die Touristen sollen gefälligst herumlatschen.

24. September 2021

Von Ägypten nach Polen. Irgendeiner sprach mich an und meinte, ich würde Informationen, welche durch »Channeling« zustande kommen, nicht berücksichtigen. Recht hat er. Jeder kann behaupten, telepathisch mit Außerirdischen in Verbindung zu stehen. Ich schließe das nicht aus. Doch wo sind die Beweise? Mit »Glaube« allein kann ich nichts anfangen.

28. September 2021

Uri Geller, den ich seit Jahren kenne, rief mich an und fragte, wo sich die Bundeslade der Israeliten befinde. Vermutlich unter der Marienkathedrale der äthiopischen Stadt Axum, war meine Antwort. Im *Kebra Negest*, dem jahrtausendealten »Buch der Könige« Äthiopiens, wird festgehalten, das Innere der Lade sei »nicht von dieser Welt«. Dasselbe bestätigte das Oberhaupt der koptischen Kirche in einem Interview, das mit ihm in Deutschland geführt wurde. Er versicherte, die Lade persönlich gesehen zu haben. Sie sei nicht irdisch. (Ich befasste mich ausführlich mit dem Thema in dem Werk *Das unheilige Buch*.)

7. März 2022

Seit Jahrzehnten setzt sich die Organisation Greenpeace für eine saubere Umwelt ein. Jetzt verließ Dr. Patrick Moore, einer der Gründer und ehemaliger Präsident, die Organisation. Greenpeace habe die ehedem wissenschaftlichen Ziele verlassen und werde von politischen Ideologen beherrscht, so Moore.

9. März 2022

Und wieder melden sich Astronomen und verkünden, wie unmöglich eine Begegnung mit Außerirdischen sei. Dazu fällt mir zum x-ten Mal der Satz aus der Studentenzeit ein: »Unter den Talaren – Muff von 1000 Jahren«.

10. März 2022

Krieg in der Ukraine. Seit Wochen wird der Öffentlichkeit eingehämmert, der böse Herr Putin habe das Land grundlos überfallen. Die Presse schreibt nicht, dass es internationale Vereinbarungen gab, nach denen die Ukraine der NATO nicht beitreten dürfe. Und was machte dieser Schauspielerpräsident Herr Selenskyj? Er forderte schnurstracks den Beitritt in die NATO.

11. März 2022

Jetzt wird auf YouTube bestätigt, was Dr. Joseph Davidovits schon 1988 in seinem zusammen mit Margie Morris verfassten Buch *The Pyramids: An Enigma Solved* schrieb. Die Blöcke für den Bau der Großen Pyramide in Gizeh wurden nicht mühsam von irgendwo hergeschleppt, sondern vor Ort gegossen. Vergleichbar mit unserem Beton. Der Beweis dafür? Haare und Bläschen aus Sauerstoff in den Blöcken.

14. März 2022

Allein in Zentraleuropa gibt es über 2000 sogenannte »Erdställe«. Das sind unterirdische Anlagen, irgendwann vor Jahrtausenden von Steinzeitmenschen gegraben. Sie ähneln in gewisser Weise unter der Erde befindlichen, mehrstöckigen Städten wie Derinkuyu und Kaymaklı in der Türkei. Weshalb nur buddelten Familien-, Dorf- und Stadtgemeinschaften sich unter die Erde? Gegen eine Überflutung? Sinnlos. Die Menschen wären ertrunken. Gegen einen Angreifer? Der hätte nur die Eingänge blockieren und die Bewohner aushungern müssen. Jetzt existieren diese unterirdischen Anlagen aber weltweit. Deshalb vermute ich, die damaligen Menschen hätten eine Art Angriff aus der Luft befürchtet. Nicht von Außerirdischen, sondern von Meteoriten. Von Zeit zu Zeit durchläuft unser Planet eine kosmische Ansammlung von Meteoriten – und dann regnet's Steine vom Himmel. Unsere Vorfahren beobachteten das Firmament und warnten rechtzeitig davor. Wenn es so weit war, rannte alles in die Unterkünfte oder in den Schutz von gigantischen Dolmen. Tatsächlich ist die Erde genauso mit Kratern übersät wie alle anderen Planeten in unserem Sonnensystem auch. Der Mensch weiß nichts davon, weil er die Krater in der Regel nicht sieht. Sie liegen unter dem Meeresspiegel, in Wüsten, Urwäldern und auch bewohnten Gebieten oder wurden durch Umwelteinwirkungen eingeebnet beziehungsweise geglättet.

15. März 2022

Der Klimawandel lässt die Eisdecke am Nord- und Südpol schmelzen. Neueste Sondierungen zeigen unter der Antarktis künstliche Strukturen. Unter ihnen sollen sich sogar Pyramiden mit einer Seitenlänge von 200 Metern befinden. Ich hoffe, die Meldung stimmt.

16. März 2022

Langsam merkt auch der naivste Politiker, dass wir auf eine Energiekrise zusteuern. Doch im deutschsprachigen Raum scheint das Wort »Kernkraft« toxisch zu sein. Ideologische Verblödung, so weit das Auge reicht.

17. März 2022

In der »Barack Obama Presidential Library« in Washington sind über 10 000 UFO-Fälle registriert. Das wäre in einem deutschsprachigen Land unmöglich. Hier gilt das UFO-Thema als antiwissenschaftlich.

18. März 2022

Dem »Westmenschen« wird befohlen, alles Russische zu meiden. Präsident Putin ist zur Verhaftung ausgeschrieben. Eine unfassbare Arroganz des Westens. Ob man Herrn Putin mag oder nicht – er bleibt der Führer einer großen Nation. Doch der Westen kümmert sich um keine internationale Vereinbarung in Bezug auf eine diplomatische Immunität. Man stelle sich einmal das Gegenteil vor: Russland würde den französischen Präsidenten zur Verhaftung ausschreiben … Ich halte mich nicht an das westliche Diktat. Ich mag »die Russen« und mampfe bedenkenlos russischen Salat. Russischer Wodka wird ohnehin kredenzt, und sollte mich jemand zu einem Vortrag nach Russland einladen, fliege ich selbstverständlich hin. Ich halte mich an keinen Boykott von Waren aus Chile, Korea, Indien, Pakistan, von den Osterinseln, aus Monaco, Liechtenstein, Andorra oder meinetwegen dem Vatikanstaat. Boykott ist Erpressung, und staatliche Erpressung geht gar nicht.

19. März 2022

Gelesen: »Prinzipien sind wie Fürze. Wenn man sie nicht mehr halten kann, muss man sie fahren lassen.«

20. März 2022

Gestern in der *Neuen Zürcher Zeitung*: »Früher waren Schwarze die Opfer, nun müssen die Weißen für ihre Privilegien Buße tun. Egal, ob Kind, Opa, Arzt oder Arbeitsloser. Rassismus 2.0, bloß diesmal farbenverkehrt.«

28. März 2022

Inzwischen befinde ich mich in Alexandria, Ägypten. Der berühmte niederländische Fußballstar Rudi Gullit will mich unbedingt hier und nirgendwo anders interviewen.

29. März 2022

Interview in der weltberühmten Bibliothek von Alexandria. Ich wurde vom Direktor persönlich begrüßt. Inzwischen stöberte Ramon in der grandiosen Bibliothek herum und fand doch tatsächlich zwei meiner Titel auf Arabisch. Ich wusste nichts von diesen Übersetzungen.

2. April 2022

Planet der Affen war einmal der Titel eines Filmes. Ich habe den Eindruck, auf exakt diesem Planeten zu leben.

10. April 2022

Lia Thomas ist ein Mann mit Hoden, Penis und allem, was zum Mannsein gehört. Aber er fühlt sich als Frau und darf deshalb im US-Team der Schwimmerinnen mitmachen. Logischerweise gewinnt »sie« und disqualifiziert damit alle echten weiblichen Schwimmerinnen. Wann explodiert endlich der Volkszorn wegen diesem unsagbaren Genderschwachsinn?

11. April 2022

In den Medien wird zum x-ten Mal über den »vom Menschen gemachten« Klimawandel lamentiert. Zur Erinnerung: Am 10. Juli 1616 war es heißer und in den vergangenen Jahrmillionen sind 44 Eiszeiten nachweisbar. Klimawandel? Selbstverständlich – aber den gab's auch ohne den Menschen und seine Industrien.

15. April 2022

Und wieder wird über die Impfpflicht gestritten. Obschon die Verfassung klipp und klar festhält, der Körper des Menschen sei unantastbar.

16. April 2022

Die Schweizer Regierung will (vorerst) keine russischen Diplomaten ausweisen. Richtig!

17. April 2022

Der *World Spider Catalog* vermeldet die 50 000. Spinnenart. Planet der Spinnen.

18. April 2022

Inzwischen sind 60 Prozent der deutschen Bevölkerung der Ansicht, eine freie Meinungsäußerung sei nicht mehr möglich, ohne Nachteile befürchten zu müssen. Wohlgemerkt: in Deutschland, nicht in China!

19. April 2022

An den Zürcher Hochschulen soll man »gendergerecht« schreiben. Dümmer geht's nimmer.

20. April 2022

In meinem Leben habe ich Hunderttausende von Flugkilometern zurückgelegt. Ich kenne die Welt – doch der schönste Platz bleibt der Ort Beatenberg im Berner Oberland. Da bin ich zu Hause.

21. April 2022

Irgendwo stand, das Eis in der Arktis schmelze rapide, jenes in der Antarktis hingegen nehme zu. Wenn es stimmt, handelt es sich möglicherweise um die Vorboten eines Polsprungs.

22. April 2022

Ob wir sie im Glück oder in der Trauer vergießen: Tränen bleiben dieselbe Flüssigkeit.

23. April 2022

In den Jahren von 1980 bis 1983 gingen Millionen von Menschen gegen das Waldsterben auf die Straßen, das (angeblich) durch den »sauren Regen« entstehe. Der Bund für Umwelt und Naturschutz schrieb von einem »ökologischen Holocaust«. Inzwischen sind über 40 Jahre verstrichen. Ohne Waldsterben. Als Nächstes sollte der Borkenkäfer unsere Wälder vernichten. Nichts geschah. Dann vermeldeten Astronomen ein riesiges Ozonloch über der Antarktis. Es würde unseren natürlichen Schutzschild – den Van-Allen-Gürtel – zerstören, und wir alle würden verstrahlt. Inzwischen hat sich das Ozonloch wieder geschlossen. Wir leben immer noch.

24. April 2022

Die UNO führt sogar ein »Wüstensekretariat«. Das warnt vor der »Versteppung der Grüngebiete«. Dagegen könnte man etwas tun: Man pflanze Hunderttausende von Büschen und Bäumen und verwandle das salzige Meerwasser in Trinkwasser. Zwei Drittel der Erdoberfläche bestehen aus Meeren. Die Technologie dazu existiert längst. Israel beweist es.

25. April 2022

Nach einer neuen EU-Bestimmung müssen 40 Prozent aller Verwaltungsräte weiblich sein. Diese Diktatur der Einfältigen nennt man »Quoten«. Wen wundert's, wenn immer mehr Männer ihr Geschlecht wechseln?

26. April 2022

Friedrich Schiller schrieb einst: »Mit der Dummheit kämpfen Götter selbst vergebens.«

27. April 2022

Das US-Unternehmen Bigelow Aerospace plant den Bau eines Weltraumhotels. In 20 Jahren sollen Touristen einziehen und die Erde wie das Weltall aus dem Orbit bestaunen. Vielleicht lernen wir dann, wie winzig wir sind.

28. April 2022

Jeder normale Mensch träumt von einem Liegestuhl am Strand. Ich kann damit gar nichts anfangen. Ferien gehören zum Schrecken meiner Vorstellungswelt. Womit bewiesen ist, dass ich nicht »normal« bin. Das Wort »normal« kommt von »Norm« – und das bedeutet normiert, gleichgeschaltet. Ohne mich.

29. April 2022

Die Kraken – im Volksmund »Tintenfische« genannt – passen nicht in die irdische Lebenswelt. Sie können sogar ihre eigene DNS abändern. Sind es Wesen aus dem Weltall?

1. Mai 2022

Auf den Straßen wird für den Frieden demonstriert – und gleichzeitig toben weltweit 29 bewaffnete Konflikte. Davon allein 11 in Afrika. Der Grund ist immer derselbe: ICH … ICH … ICH habe recht.

2. Mai 2022

»Der Umwelt zuliebe« werden immer mehr passende Rat- und Vorschläge veröffentlicht. Man soll nur noch Grünzeug mampfen, und nur solches aus der Nachbarschaft. Man soll kein Auto fahren und schon gar nicht fliegen (Flugscham!). Demnächst wird wohl verlangt, grün zu scheißen und nur filtrierten Urin abzulassen. Wir befinden uns auf dem Planeten der Psychopathen.

18. Mai 2022

»UFOs sind real«, sagte gestern der US-Senator André Carson vor einem Verteidigungsausschuss des Pentagons. Die journalistischen Schlaumeier im deutschsprachigen Raum wollen nichts davon wissen.

20. Mai 2022

»Während den 12000 Jahren seit der letzten Eiszeit ist kein Zusammenhang zwischen dem CO_2-Gehalt-Gehalt und der Erdtemperatur feststellbar« (Quelle: Dr. Ueli Gubler, Klimawissenschaftler, in der *Schweizerzeit* vom 20. Mai 2022).

23. Mai 2022

Wenn ein Mann laut herumkommandiert, heißt es, er sei führungsstark. Macht eine Frau dasselbe, nennt man sie hysterisch.

23. Mai 2022

»Menschen, die sich vor Büchern fürchten, waren noch nie auf der richtigen Seite der Geschichte« (Peter Rothenbühler in der *Weltwoche*).

24. Mai 2022

»Zwei Dinge sind unendlich. Das Universum und die menschliche Dummheit. Wobei ich mir bei Ersterem nicht ganz sicher bin.« (Albert Einstein)

25. Mai 2022

Politiker sollten öfter nach oben schauen. Die Himmelskörper fahren keine Schlangenlinien.

26. Mai 2022

China will über bestimmte Dinge nicht mehr mit der Schweiz verhandeln, weil die Schweizer dauernd mit ihren Menschenrechtsvorwürfen daherkommen. Irgendwie verständlich. Uns würde es auch ärgern, wenn jeder Gesprächspartner uns zuerst belehrt, wir hätten gefälligst so zu leben wie er.

27. Mai 2022

Schon wieder liest man, die Große Pyramide in Ägypten würde jetzt mit modernster Technik durchleuchtet. Aber von den Resultaten erfährt die Öffentlichkeit nichts.

28. Mai 2022

Es ist das Vorrecht der Jugend, hübsch zu sein. Das gilt auch für Eselinnen.

29. Mai 2022

Immer wieder wollen Politiker die Schweiz in den Ukrainekrieg hineinziehen. »Mischt euch nicht in fremde Händel!«, warnte vor Jahrhunderten schon unser Nationalheiliger Bruder Klaus.

4. Juni 2022

Pfingsten, der Tag, an welchem der Heilige Geist auf die Jesus-Jünger herabgekommen sei. Vermutlich hatten sie damals begriffen, dass die christliche Idee eine politische Dimension aufwies. Vor rund 2000 Jahren herrschte im gesamten Mittelmeerraum das Römische Reich. Die »Oligarchen« regierten. »Die Masse« wurde unterjocht. Und dann kam dieser Jesus und verkündete, vor Gott seien alle Menschen gleich. Das musste unweigerlich zu politischen Aufständen führen.

5. Juni 2022

In Palenque (Mexiko) wurde ein steinerner Kopf eines (angeblichen) Maisgottes gefunden. Er weist eine Besonderheit auf, und zwar einen nach hinten gezogenen Schädel (Langschädel). Was sonst? Alle Außerirdischen hatten diese Schädel. Sogar auf altägyptischen Reliefs ist diese Eigenart zu sehen.

19. September 2022

Leider ist es eine Tatsache: Jeder sozialistische Staat endet in einer Diktatur. Alle Menschen sollen »gleich« sein. Gleichgeschaltet. Die Partei hat immer recht.

20. September 2022

Folgt man den Medien, so ist dauernd eine Gruppe von Menschen »beklommen«. Beklommen hinsichtlich der Ansichten anderer, beklommen in Bezug auf die Sexualmoral des Nachbarn, beklommen über den Klimawandel, beklommen über den Kapitalismus, beklommen hinsichtlich der Medien … Jeder scheint irgendwo/irgendwie beklommen zu sein. Weshalb bin ich nie beklommen? Gibt es noch andere Unbeklommene außer mir?

1. Oktober 2022

Die Medien schreiben, das Magnetfeld der Sonne schwanke. Jetzt warte ich nur noch darauf, dass einige »Beklommene« verkünden, daran könne nur der Mensch schuld sein.

2. Oktober 2022

Heute ist der Erscheinungstag meines neuesten Buches *Wozu sind wir auf der Erde?*. Eine Frage, die jeden angeht. Es gibt eine Antwort.

3. Oktober 2022

Ein menschliches Gehirn ist etwas Großartiges. Es ist nur ungerecht verteilt.

4. Oktober 2022

Jetzt kommt die künstliche Intelligenz. Die Natürlichen schaffen die Unnatürlichen. Und wir? Uns schufen die Götter »nach ihrem Ebenbilde« (1. Mose 1, 26).

5. Oktober 2022

Eher stirbt die Wirtschaft eines Landes, als dass die deutschen Grünen ihren kindischen Ideologentrotz gegen die Kernenergie ablegen.

6. Oktober 2022

Mein neues Buch *Wozu sind wir auf der Erde?* ist gerade einmal 1 Woche alt und erhielt bereits über Tausend Kommentare.

7. Oktober 2022

»Kriegsrhetorik hat stets das gleiche Ziel: Keinen Zweifel daran lassen, wer der Feind ist. Kriegsrhetorik will immer Krieg« (M. Matuschek in der *Weltwoche* vom 6. Oktober 2022).

8. Oktober 2022

Gast im Flugzeug: »Ich kann nun mal nur nackt schlafen, auch wenn die Stewardess noch so komisch guckt.«

9. Oktober 2022

Wahrscheinlich fragen sich die Gorillas, ob die Menschen intelligent seien.

10. Oktober 2022

Kernkraftgegner argumentieren, schon ein einziges Reaktorleck würde die Erde auf Jahrhunderte hin verstrahlen. Sorry: Allein die damalige Sowjetunion hat zwischen 1950 und 1990 insgesamt 115 Atomexplosionen zu Testzwecken durchgeführt. Darunter mehrere in der Atmosphäre. Dazu kommen Hunderte weitere der Amerikaner, Briten und Franzosen. Eigentlich müsste die Erde längst total verstrahlt und völlig unbewohnbar sein.

16. Oktober 2022

Ramon, Giorgio Tsoukalos und ich weilen auf Malta. Hier entstehen TV-Aufnahmen für die Serie *Ancient Aliens* des History Channels.

1. November 2022

Wer zu Grabe getragen wird, wurde zum letzten Male reingelegt.

3. November 2022

Lieber Gott, lass Gras wachsen! Es gibt zu viele Rindviecher auf Erden.

4. November 2022

Das Volk der Maya in Zentralamerika begann mit seinem Kalender am 11. August 3114 v. Chr. Weshalb? Gab es einen zwingenden Grund dafür? Sie haben es überliefert: Weil an jenem Tag die Götter von der Straße der Sterne herniederstiegen. Was verlangt man noch mehr?

5. November 2022

Deutschland will aus Kohle, Gas, Öl und Kernkraft aussteigen. Wind und Sonne sollen Energie liefern. Das Ziel der grünen Ideologie sei »die große Transformation«. Zurück in die Steinzeit!

1. Dezember 2022

Heute erschien mein Buch *Alles Evolution – oder was?* in den USA. Dort lautet sein Titel: *Evolution is wrong.* Ich ärgere mich grün und blau. Bei mir endet der Titel mit einem Fragezeichen. In den USA stellt er eine Behauptung dar (»Evolution ist falsch«).

3. Dezember 2022

Gestern sagte mir ein Farbiger: »Du bist ja nur ein Weißer!« Rassismus seitenverkehrt.

4. Dezember 2022

Der neueste Tarnkappenbomber der USA erklärt einige UFO-Sichtungen. Doch die Wahrheit wird weiterhin verschwiegen. Menschen wurden in UFOs transportiert, es kam an ihnen zu Untersuchungen, und mehrere Menschen tragen seither Implantate. Darüber berichtete der Harvard-Professor Dr. John Mack ausführlich in seinem Buch *Abductions* (in deutscher Übersetzung: *Entführt von Außerirdischen*).

6. Dezember 2022

Die Politik verlangt, vor dem Sex müssten beide Partner ihr Einverständnis geben, also Ja sagen. Doch ein Ja kann auch durch aufreizende Körperbewegungen oder ein heftiges Kopfnicken signalisiert werden.

7. Dezember 2022

Soll man Wölfe erschießen dürfen? Die Stadtmenschen sind dagegen. Bei den Diskussionen zu diesem Thema hört man allerdings nie, dass Wölfe oft bis zu zehn Tiere reißen und qualvoll verrecken lassen. Und das nicht des Hungers wegen.

8. Dezember 2022

Was das Thema »Gender« angeht, leben wir in Absurdistan. Wie soll man seine Kunden anschreiben? »Sehr geehrtes Kundes«? Selbst die Begriffe wie »Elternteil eins« und »Elternteil zwei« sind umstritten, denn die Eins kommt *vor* der Zwei. Wie wär's mit »Null« und »Obernull«?

9. Dezember 2022

Ich berichtete bereits darüber, dass immer mehr falsche Flüchtlinge die Grenzen überschwemmen. »Falsch«, weil sie aus sicheren Drittländern kommen. Die Flüchtlingsindustrie ist inzwischen zur Lügenindustrie mutiert. Unterstützt von Organisationen, die als Motiv die Humanität vorgeben, in Wahrheit aber große Kasse machen. Und nebenbei die Nationalstaaten abschaffen wollen. Zwar bin auch ich für die Vereinigten Staaten von Europa – aber das in einer Form, wie sie in den USA funktioniert. Jeder Gliedstaat hat seine eigenen Gesetze und pflegt seine Kultur. Nicht wie bei uns: eine europäische Diktatur mit nicht gewählten Politikern an der Spitze und nach außen hin offenen Grenzen. Ein Land, das seine Grenzen nicht mehr schützt, wird zum allgemeinen Territorium.

10. Dezember 2022

Gestern erreichte mich die Nachricht, dass der NASA-Satellit *Swift* am 11. Dezember 2021, also vor fast genau 1 Jahr, einen höchst ungewöhnlichen Ausbruch von Gammastrahlung im Universum beobachtet hatte. Ungewöhnlich deshalb, weil das Leuchten des Gammablitzes zuerst 13 Sekunden andauerte, dann für 55 Sekunden ein schwächeres Aufleuchten folgte und nach 16 Minuten ein weiterer Gammastrahlenausbruch registriert werden konnte, der über 5 Stunden anhielt. Die Beobachtung stand im Zusammenhang mit dem Sternensystem GRB 211211A. Signale einer außerirdischen Intelligenz?

11. Dezember 2022

In der *Weltwoche* wurde die Frage nach möglicher Korruption in der EU aufgeworfen. Leider ist dort die Korruption etwas

Selbstverständliches. Und jene in der Ukraine wurde nur noch nicht ans Licht der Öffentlichkeit gezerrt. Der scheinheilige Präsident Selenskyj wird stattdessen zum Heiligen hochstilisiert.

12. Dezember 2022

Heute sagte mir ein alter Mann, er habe seit seiner Kindheit jeden Tag eine kurze Notiz hinsichtlich des Wetters gemacht. Dies habe er getan, um die Tradition seines Vaters und Großvaters fortzuführen. Am 12. Februar 1958 sei es 15 Grad Celsius warm gewesen. Und dies mitten im Winter!

Solche Wetterkapriolen sind keineswegs etwas Seltenes. Im Jahr 1540 wurde dokumentiert, was seinerzeit geschah: »Zuerst kam der Regen. 9 Monate lang. Die Menschen klagten und beteten. Dann kam die Hitze. 11 Monate lang war sie ungewöhnlich stark, oft glühend und schrecklich, mit Temperaturen über 40 Grad [Celsius]. In Italien war es bereits im Winter wärmer als normalerweise im Hochsommer. Ganze Seen trockneten aus, in Basel konnte man an einigen Stellen den Rhein zu Fuß überqueren. Wälder brannten, Felder verkümmerten, Ernten fielen aus, das Vieh verendete auf den Weiden. In Europa verdursteten über 10 000 Menschen, viele starben bei der Feldarbeit.« (Quelle: *Die Weltwoche*, Nr. 10/2024; darüber hinaus: *https://blog.nationalmuseum.ch/2019/04/die-schweiz-im-schwitzkasten/*). Man stelle sich die oben beschriebene Katastrophe einmal für *heutige* Verhältnisse vor! Welch ein Fressen wäre sie für unsere Weltuntergangsnaivlinge!

Eine Gruppe von Rechthabern vom sogenannten Weltklimarat in New York will die Menschen in Angst und Schrecken versetzen. Dabei – und ich kann es nicht oft genug wiederholen – ist dieser Weltklimarat keine wissenschaftliche, sondern eine politische Organisation. Durchsetzt von grünen Ideologen. Auch das deutsche Magazin *Der Spiegel* gehört zu jenen, die eine Katastrophe nach der anderen prophezei(t)en. »Der Wald stirbt« (1981), »Wer rettet die Erde?« (1989), »Vor uns die Sintflut« (1995), »Achtung, Weltuntergang!« (2006), »Sind wir noch zu retten?« (2015) und so weiter und so fort. Die amerikanische Professorin Judith Curry, Autorin mehrerer Arbeiten über das Klima, erkennt die Ursprünge des diesbezüglichen Gejammers im ideologischen Umweltprogramm der UNO. Sie nennt die Klimakrise einen »fabrizierten Betrug«. Und zur Erinnerung: Der Club of Rome, eine von Wissenschaftlern durchsetzte Organisation, prophezeite bereits 1972 die *Grenzen des Wachstums*, so ein damaliger Buchtitel. Die Menschheit soll in Panik versetzt werden, sich vor Angst ducken. Dann ist sie manipulierbar. Ein Affentheater um die natürlichste Sache der Welt – den Klimawandel.

13. Dezember 2022

Die westliche Presse regt sich auf, weil Donald Trump auf einer Pressekonferenz »USA first« sagte. Trump hat recht. Zuerst sorgt man in seiner eigenen Familie für Nahrung und Auskommen, erst danach ist man in der Lage, auch anderen zu helfen.

14. Dezember 2022

Immer wieder werde ich plagiiert. Es wird aus meinen Büchern und Vorträgen abgekupfert – ohne die Quelle »Erich von Däniken« zu nennen. Das ist ärgerlich, aber ich muss damit leben. Freunde meinten, ich könnte doch klagen. Das bringt nichts. Denn dann müsste ich gleich in mehreren Ländern Anwälte engagieren.

In anderen Fällen werden Informationen oder Verbindungen, auf die ich zufälligerweise stieß, als eigene Recherche ausgegeben. Ein Beispiel: Bei der Materialsuche für mein Buch *Alles Evolution – oder was?* war ich auf einen Käfer mit höchst verblüffenden Eigenschaften gestoßen. Das Tierchen heißt Bombardierkäfer, und es besitzt die Fähigkeit, seine Angreifer mit einer 100 Grad Celsius heißen, giftigen Flüssigkeit zu beschießen. Ich hatte klargemacht, dass sich dieses Geschoss niemals in einem langen evolutionären Prozess entwickelt haben konnte. Jetzt plötzlich tauchte dieser Bombardierkäfer in zwei Artikeln auf und wurde sogar in der TV-Sendung *Ancient Aliens* behandelt. Ohne Quellenangabe – was sonst?

19. Dezember 2022

Die *Frankfurter Allgemeine Zeitung* berichtet, die Wahlen auf den Fidschi-Inseln seien unentschieden ausgegangen. *Wen* interessiert das in Deutschland?

20. Dezember 2022

Wie lassen sich acht Äpfel gerecht zwischen drei Personen verteilen? Macht Apfelmus daraus!

21. Dezember 2022

In einem 248-seitigen Bericht der *Miles Paper* werden Skelette untersucht, die in einer Höhle in Peru gefunden wurden. Einige sollen außerirdischer Herkunft sein. Ich denke eher an Fälschungen. Mit einer Ausnahme. Es gibt da einen lang gezogenen Schädel ohne Fontanelle. Die Fontanelle ist die Naht, welche sich mittig über jeden menschlichen Schädel zieht. Einen Menschen ohne Fontanelle *kann* es nicht geben.

22. Dezember 2022

Ich sah den Film *Avatar 2*. Sogar die Kinostühle bewegten sich. Großartig produziert. Vom Inhalt her kommt der Film allerdings niemals an den ersten Teil heran.

23. Dezember 2022

Die meisten Menschen sind zu faul zu lesen – deshalb quatschen sie ununterbrochen.

26. Dezember 2022

Der Weihnachtskommerz lief in diesem Jahr schon seit Mitte Oktober. Fürchterlich!

27. Dezember 2022

Die Politik fördert die Elektroautos. Der Strom kommt wohl aus der Steckdose. Die grüne Ideologie verbietet Kernkraft.

30. Dezember 2022

Der EU-Ratspräsident verlangte den Ausschluss von Russland aus dem UNO-Sicherheitsrat. »Russland soll von der Weltbühne verschwinden«, forderte er. Unfassbar! Wie jedermann erkennt, sitzen die Kriegstreiber *nicht* im Osten.

1. Januar 2023

Aus vielen kleinen Lichtlein kann ein Kronleuchter werden. Und selbst Lebensformen, die keine Flügel haben, vögeln hervorragend.

2. Januar 2023

Tagtäglich strömen Hunderte von Flüchtlingen nach Europa. Dabei mästen die reichen Länder ihre armen Brüder seit Jahrzehnten mit Billionen von Dollars. Die wären eigentlich dazu bestimmt, Arbeitsplätze und Wohlstand zu schaffen. Doch die Gelder verschwinden in korrupten Kanälen und Pseudoprojekten. Früher oder später werden die Grenzen wieder dicht gemacht werden müssen oder es kommt zu bürgerkriegsähnlichen Zuständen. Weshalb nur fliehen all die muslimischen Flüchtlinge in kein muslimisches Land, beispielsweise nach Saudi-Arabien oder in die riesige Türkei?

3. Januar 2023

Ich kann das Wort »Energiekrise« nicht mehr hören. Und schuld daran sei der Krieg in der Ukraine. Der wird für jeden Schwachsinn herangezerrt. Als ob die Ukraine je eine weltumspannende respektive wichtige Macht gewesen sei. Und solange sich Länder weigern, auf Kernkraft zu setzen, habe ich nicht das geringste Mitleid wegen ihrer Energiekrise.

4. Januar 2023

Ich begehre nun einmal keine Frauen mit Penis – basta!

9. Januar 2023

Im *NZZ Folio* der angesehenen *Neuen Zürcher Zeitung* von heute wird die Frage nach außerirdischem Leben behandelt. Seitenlang. Der übliche akademische Brei, der nichts von außerirdischen Besuchern auf der Erde wissen will. (Damit befasst man sich doch nicht!)

10. Januar 2023

Um die Medienvielfalt zu erhalten, verlangen die Verlage nach staatlicher Unterstützung. Medienvielfalt? Wo, bitte schön, soll die sein? Alle schwurbeln doch denselben Einheitsbrei. Das Flüchtlingsthema wird verharmlost – vom Thema UFOs ganz zu schweigen.

11. Januar 2023

Ich war heute um 15:00 Uhr live beim Aktiv Radio Schweiz und international im Netz.

12. Januar 2023

Jetzt »enthüllt« sogar der ehemalige Papstprivatsekretär Gänswein Details über seinen Chef Benedikt XVI. Wichtigtuer.

13. Januar 2023

Der TV-Sender von *Die Welt* brachte eine sehr ausgewogene Sendung über UFOs. Und trotzdem wurde kein Wort darüber verloren, dass Menschen in UFOs waren und einige von ihnen Implantate tragen.

14. Januar 2023

Die Schlagzeile der heutigen *Frankfurter Allgemeine Zeitung* lautet: »Europa braucht mehr Rüstungsfabriken.« Wir leben in einem Irrenhaus und die Kriegstreiber sind definitiv im Westen zu finden. Herr Putin beginnt keinen Krieg – er weiß, dass Russland verlieren würde.

18. Januar 2023

Die Firma Zalando will mehr Frauenkleider für Männer produzieren. Sie nennt das »geschlechtsneutral«. Als Nächstes erwarte ich Klamotten für Roboter.

22. Januar 2023

Irgendwo las ich etwas über das Marsklima, welches sich verändere. Muss wohl »vom Menschen gemacht« worden sein.

23. Januar 2023

In der Europahymne *Ode an die Freude* kann der Vers »Alle Menschen werden Brüder« nicht mehr gesungen werden. Wie wär's mit »Alle Erdbewohner/innen werden geschlechtsneutral …«?

12. Juli 2023

Bohrkerne aus der Antarktis beweisen, dass der jeweilige CO2-Anteil *nicht* die Ursache einer Erderwärmung war. Dieser stieg erst, *nachdem* die Erderwärmung vorüber war.

13. Juli 2023

Wer in Deutschland etwas gegen die Einwanderung der falschen Flüchtlinge sagt, wird sogleich als »rechtsextrem« verunglimpft. »Rechts« gibt es schon lange nicht mehr – es heißt stets »rechtsextrem«. Wer seine Familie ehrt, ist rechtsextrem. Wer die Grenzen schützen möchte, ist rechtsextrem. Vermutlich ist auch rechtsextrem, wer zum Friseur geht, seine Fingernägel sauber hält oder regelmäßig die Zähne putzt. Oder wer sich über das schöne Wetter freut, ohne gleich »in die vom Menschen gemachte Klimakatastrophe« einzuschwenken.

15. Juli 2023

Ich las gestern einen sehr informativen Beitrag von Helmut Scheben in der *Weltwoche*: »Zauberkünstler und Taschenspieler«. Untertitel: »Wie ich das Vertrauen in die Medien verlor«. Herr Scheben war jahrzehntelang Journalist und Chef diverser Zeitungen. Er analysierte in dem Artikel die Informationen der Presseagenturen und das Mitläufertum der Redaktionen.

16. Juli 2023

Schokolade ist Gottes Wiedergutmachung für Kutteln.

17. Juli 2023

Vor über 20 Jahren starteten die Amerikaner ihren Irakkrieg. Er brachte Tod und Leid über Hunderttausende von Menschen. Jetzt enthüllt der US-Sender NTV, dass der damalige Kriegsgrund von der Bush-Administration erfunden und die gesamte Welt durch gekaufte PR-Agenturen belogen worden war. Europa will Wladimir Putin vor ein Kriegsgericht stellen – doch was ist mit dem Herren George W. Bush?

19. Juli 2023

Jetzt verkündet der weltberühmte Astrophysiker Michio Kaku auf YouTube, einige der UFOs seien definitiv außerirdisch. In der deutschsprachigen Presse findet seine brisante Aussage keine Erwähnung. Da werfen wir der chinesischen Regierung und anderen Ländern dauernd eine Manipulation der Medien vor – dabei sind wir keinen Deut besser.

27. Juli 2023

Wenn ein Stotterer um Hi-Hi-Hi-Hilfe schreit, klingt es für die anderen wie ein Lachen.

28. Juli 2023

Wie kann ein einzelner Mensch gleich dreistimmig singen? Er tut es laut, falsch und krächzend.

29. Juli 2023

Vor einem US-Ausschuss sagten drei Zeugen unter Eid aus, dass die Air Force außerirdisches Material unter Verschluss halte. Sie seien seinerzeit dabei gewesen, als die Trümmer eines abgestürzten UFOs eingesammelt und in einen Hangar gebracht wurden. Eine falsche Zeugenaussage unter Eid würde eine mehrjährige Gefängnisstrafe nach sich ziehen. Die Männer wissen sehr wohl, was sie sagen.

30. Juli 2023

»Der Klimanotstand ist eine Lüge und eine Pseudowissenschaft«, sagte Nobelpreisträger Dr. John Clauser (siehe *https://www.youtube.com/watch?v=HXIwweu4YJk*).

31. Juli 2023

Als kürzlich einige Windräder stillstanden, fragte eine grüne Politikerin: »Kann man die denn nicht elektrisch betreiben?«

11.–16. August 2023

Ramon und ich sind in Boulder, USA, bei einem GAIA-Event. Hier vermischt sich kühle Analytik mit Fantasie.

18. August 2023

»Ich kann getrost sagen, dass es keine Klimakrise gibt, die es nicht auch schon in der Vergangenheit gegeben hätte« (John F. Clauser, Physik-Nobelpreisträger).

19. August 2023

Jeder Mensch ist einzigartig – nur die Gehälter nicht.

20. August 2023

»Glücklich ist, wer vergisst, was nicht mehr zu ändern ist« (aus der Operette *Der Zigeunerbaron*).

27. August 2023

In der *Neuen Zürcher Zeitung* von heute wird getitelt: »Linke Frauen wollen mehr Macht«. Linke? *Alle* Frauen wollen mehr Macht. Frauenpower.

28. August 2023

Die Behauptung, Außerirdische seien unter uns, stammt nicht von mir. Nachfolgend einige Stimmen:

- »Außerirdische sind unter uns. Es gibt eine Vereinbarung, die ihnen erlaubt, bei uns bestimmte Experimente durchzuführen.« *(Prof. Haim Eshed, Physiker, 20 Jahre lang Chef der israelischen Weltraum-Security)*
- »Mindestens vier verschiedene Spezies von Außerirdischen haben die Erde seit Jahrtausenden besucht […]. Einige von ihnen sehen aus wie wir und sie könnten die Straße hinunterlaufen, und man würde es nicht merken.« *(Dr. Paul Hellyer, Luftfahrtingenieur, Ex-Verteidigungsminister Kanadas)*
- »Außerirdische sind schon lange auf der Erde.« *(Prof. Dr. Garry Nolan, Stanford University)*
- »Ich und einige andere hatten das Privileg, von offizieller Seite darüber informiert zu werden, dass

unser Planet bereits von Außerirdischen besucht wurde und dass das UFO-Phänomen real ist.« *(Dr. Edgar Dean Mitchell, US-Astronaut, sechster Mann auf dem Mond)*

- »Es gibt keinen Zweifel, dass einige unidentifizierte Flugobjekte reale, dreidimensionale und massive Objekte sind. Physisch existent und gut beobachtbar.« *(Colonel Dr. John Alexander, Projektleiter am Los Alamos National Laboratory und Mitglied des National Research Council der USA)*
- »Die objektive Realität unidentifizierbarer Luftphänomene, besser bekannt als UFOs, unterliegt keinem Zweifel mehr. Das Klima des Misstrauens und der Desinformation, ganz zu schweigen vom Spott, lässt eine überraschende Form von intellektueller Blindheit erkennen.« *(Dr. Yves Sillard, ehemaliger Generaldirektor der französischen Raumfahrtbehörde CNES)*
- »Wir sind Teilnehmer in einem Universum, das wimmelt von intelligenten Lebensformen, von denen wir uns selbst abgeschnitten haben.« *(Prof. Dr. John Mack, Harvard University)* (Die exakten Quellen dazu finden sich in meinem Buch *Und sie waren doch da!* ab Seite 209.)

30. August 2023

Auf mehreren Inseln Mikronesiens (Südpazifik) liegen gewaltige Ruinen von ehemaligen Bauwerken. Die Wissenschaft hat nicht den blassesten Schimmer, wer diese Bauten schuf und wann sie entstanden. Es ist wie in Europa: Irgendwann wurde die irdische Zivilisation zerstört.

7. September 2023

Gemeinsam mit einigen Gleichgesinnten fliege ich heute nach Griechenland. Dort – um die Insel Kreta – kreiste einst ein Roboter namens Talos. Dieser Talos zog alle fremden Schiffe an sich und vernichtete sie mit einem Strahl. Erschaffen wurde dieses technische Wunderwerk von Hephaistos, dem Schmied der griechischen Götter.

10. September 2023

Ich bin in Epidauros (Griechenland). Hier ereigneten sich schon Jahrhunderte vor dem Christentum unzählige medizinische Wunder. Bezeugt sind diese durch die Votivtäfelchen an den Tempelwänden. »Ich war blind – Gott Asklepios hat mich sehend gemacht.« – »Mein Sohn ist im Meer verschwunden. Ich betete zu Asklepios und der Junge wurde auf einer kleinen Insel gefunden.« – »Meine Frau litt an inneren Blutungen. Sie suchte Hilfe im Tempel von Asklepios und wurde geheilt.« Genau wie an den christlichen Wallfahrtsorten Lourdes (Frankreich), Fátima(Portugal) oder Guadalupe (Mexiko), wo sich die Geheilten mit Votivtäfelchen an den Kirchenwänden verewigten, geschah dies lange vor dem Christentum in Epidauros. Es ist nicht die Religion, welche die Heilung verursacht, sondern der tiefe Glaube an den jeweiligen Gott.

11. September 2023

Das antike Stadion von Olympia in Griechenland ist heute noch beeindruckend. Übrigens durften damals nur Männer an den Spielen teilnehmen, und dies zudem splitternackt. Heute unvorstellbar!

12. September 2023

Das Orakel von Delphi war einst weltberühmt. Über Jahrhunderte hinweg pilgerten Menschen nach Delphi und erhofften eine günstige Prognose. Politiker warteten auf ihre Erleuchtung. Die fehlt ihnen heute noch.

20. September 2023

1500 Wissenschaftler haben sich zur Global Climate Intelligence Group zusammengeschlossen und stellen fest: »Es gibt keinen Klimanotstand.« Damit widersprechen sie dem Weltklimarat und bezeichnen die Maßnahmen zur Klimabekämpfung sogar als schädlich.

21. September 2023

Ich bin gegen Sanktionen. Oberlehrer mit erhobenem Zeigefinger waren mir schon immer suspekt. Andere Gruppierungen mögen Ansichten vertreten, die uns nicht passen. Das ist ihr gutes Recht. Dieses »ihr müsst so leben/denken wie wir« ist einfach fürchterlich.

25. September 2023

Außerirdische an ihre Heimatwelt: »Die Bewohner des Planeten Erde nennt man Autos. Ihre Sklaven haben zwei Beine. Sie müssen für die Autos arbeiten, sie ausfahren und regelmäßig reinigen.«

27. September 2023

Erneut wurde in den USA einem Menschen ein Schweineherz implantiert. Irgendwann wird's wohl ein Elefantenpenis sein.

27. September 2023

In den heutigen Zeitungen ist schon wieder der Jammerchor gleichgeschalteter Medien zu vernehmen, weil die Gletscher schmelzen. Als ob das nicht die normalste Sache der Welt wäre. Gletscher und Wüsten kamen und gingen. Vor 2000 Jahren, als der Karthager Hannibal mit den Elefanten über die Alpen zog, waren diese eisfrei. Und – zur Erinnerung – die Sahara wechselt alle 20 000 Jahre vom Grün zur Wüste.

3. Oktober 2023

Erscheinungstag meines neuesten Buches *Und sie waren doch da!* (Kopp Verlag).

4. Oktober 2023

Dr. Paul Hellyer (1923–2021), langjähriger Verteidigungsminister Kanadas, sagte nicht nur, Außerirdische seien unter uns, sondern auch, Menschen und ETs würden auf dem Mars ein gemeinsames Projekt durchführen. Jetzt ist seine Rede im Internet abrufbar. Titel: »Paul Hellyer 2013 UFO« (*https://www.youtube.com/watch?v=FzF07wRu-pI*).

5. Oktober 2023

Ich wurde gefragt, woher ich meine Behauptung nehme, in der Großen Pyramide von Gizeh würden drei Außerirdische liegen. Dies steht im Buch *Hitat* des Historikers Taqī ad-Dīn Abū l-'Abbās Ahmad ibn 'Alī al-Maqrīzī (1364–1442). Der wiederum bezieht sich auf jahrtausendealte Quellen. Zitat: »Al-Mamun hat die Große Pyramide geöffnet […] und fand im mittleren Gemach drei Totenbahren, die aus durchsichtigen, leuchtenden Steinen gefertigt waren; darauf lagen die Leichname, jeder mit drei Gewändern bedeckt und neben jedem

Haupte ein Buch mit unbekannter Schrift […]. Die Leichname trugen seltsame Panzer mit Edelsteinen […].«

9. Oktober 2023

Immer wieder wird behauptet, die Amerikaner seien nie auf dem Mond gewesen. Sorry! Sie *waren* auf dem Mond. Dort ließen sie mehrere Objekte zurück, wie beispielsweise einen Reflektor, mit dem sich die metergenaue Distanz von der Erde zum Mond bestimmen lässt. Der funktioniert heute noch. Zudem kannte ich einige der Männer, die an der Vorarbeit des Fluges zum Mond beteiligt waren, persönlich. Darunter Wernher von Brauns rechte Hand, Dr. Harry Ruppe, und Josef Blumrich. Grundehrliche Menschen.

10. Oktober 2023

Die Fußballweltmeisterschaft 2030 soll auf drei Kontinenten ausgetragen werden. Die FIFA braucht dringend eine Erleuchtung.

11. Oktober 2023

Tagtäglich liest und hört man, »nur so« sei dieses oder jenes Problem lösbar. »Nur so« ist genauso doof wie Merkels »alternativlos«. Es gibt immer mehrere Möglichkeiten, ein Problem zu lösen. »Nur so« ist ein Befehl. Ohne mich!

22. Oktober 2023

Zurzeit fliegen rund 11 000 Satelliten und eine große Menge Weltraummüll um die Erde. Zusammenstöße sind unvermeidlich. Irgendwann krachen größere Teile dieses Schrottes auf die Erde. Und niemand ist verantwortlich.

24. Oktober 2023

Tagtäglich wird verlangt, Flüchtlinge müssten sich hier integrieren. Kein Muslim denkt auch nur im Traum daran. Der *Koran* verlangt, die gesamte Welt müsse islamisch werden. Die Muslime freuen sich über unsere bodenlose Naivität und unterstützen sie. So kann sich der Islam ungehindert ausbreiten.

25. Oktober 2023

»Bandwurmsätze« nennt man Reden ohne Punkt und Komma. Insbesondere von Politikern zelebriert. Himmel nochmal: Zerschneidet eure Sätze! Fürchterlich, dieses Geschwafel ohne Abschnitte, bei denen mit irgendetwas begonnen wird und am Ende der Referent nicht mehr weiß, was er eigentlich sagen wollte.

1. November 2023

»Schutzanspruch«, »Duldung«, »Bleiberecht« – Begrifflichkeiten eines Schmierentheaters, über welches sich die Pseudoflüchtlinge kaputtlachen.

2. November 2023

Der NASA-Roboter *Curiosity*, der auf dem Mars herumkriecht, filmte rechteckige Strukturen, die sehr künstlich aussehen. Irgendetwas auf dem Mars stimmt nicht. Überreste einer früheren Zivilisation?

3. November 2023

Im Schweizer Radio fiel heute der Satz: »Der vom Menschen gemachte Klimawandel ist eine Selbstverständlichkeit. Darüber redet man nicht.« Pure Indoktrination! Klimawandel ja – aber der Mensch hat damit so wenig zu tun wie ein Ameisenbär mit dem Bau des Petersdoms. Und soeben bestätigten die beiden Nobelpreisträger John Clauser und Ivar Giaever, der vom Menschen gemachte Klimawandel sei »ein Münchhausen-Syndrom der Klimaaktivisten«.

5. November 2023

Die NASA-Sonde *Lucy* hat ein neues Asteroidenpaar entdeckt. Dabei kreist ein winziger Brocken um einen anderen, der gerade einmal einen Umfang von 720 Metern hat. Der könnte genauso gut eine künstliche Sonde sein.

6. November 2023

Der »Baum der Erkenntnis« ist die DNS. Darin ist nicht nur die jeweilige Art gespeichert, sondern in ihr sind auch die Informationen über unseren Ursprung im Universum enthalten.

7. November 2023

Pseudoflüchtlinge ohne Ende. Und die Politiker schwafeln weiter von neuen Unterkünften, die man bereitstellen müsse. Irgendwann ist der Kollaps unvermeidlich, und wir erreichen bürgerkriegsähnliche Zustände.

8. November 2023

Ein schwäbischer Soldat muss nach seinem Wochenendurlaub zurück zur Armee. Beim Abschied am Bahnhof sagt seine Geliebte: »Scheidä tut weh« (Scheiden tut weh). Worauf er antwortet: »'s Schnäbäle au« (Der Penis auch).

10. November 2023

Kulturen sind nun einmal unterschiedlich. Ein Muslim hat andere gesellschaftliche Vorstellungen als ein Christ und ein aus

Alaska stammender Inuit andere als der Angehörige eines Bantustammes. An dieser Tatsache ist gar nichts rassistisch. Ziel der Gesellschaft muss es sein, alle Kulturen respektvoll zu behandeln.

13. November 2023

Der Papst fordert, Europa müsse weitere 20 Millionen Migranten aufnehmen. Weshalb setzt er sich nicht dafür ein, den armen Ländern direkt zu helfen? Weil die Kirche vom Leid der Menschen lebt. In der Not wenden sich die Menschen wieder Gott zu. Zynisch, aber wahr.

Kapitel 3

Die tote Vergangenheit

Die Welt ging mehrmals unter. Die Überreste uralter Kulturen zeugen davon. Über die Ursachen jener Kollapse wissen wir nichts – doch bereits um 400 v. Chr. berichtete der Grieche Platon darüber. (Den nachfolgenden Auszug zitiere ich aus den Dialogen von Platon. Und beim Verlag Otto Apelt bedanke ich mich für die Abdruckerlaubnis.) [1]

> *»Zahlreich und mannigfaltiger Art sind die vernichtenden Verheerungen, die über das Menschengeschlecht hereingebrochen sind und wieder hereinbrechen werden. Denn was bei euch erzählt wird, nämlich, dass einst Phaethon, des Helios Sohn, die Lenkung von seines Vaters Gespann an sich nahm, aber unfähig des Vaters Bahn einzuhalten […], das hört sich zwar wie ein*

> *Märchen an, aber in Wahrheit handelt es sich um eine Abweichung der die Erde umkreisenden Himmelskörper […]. So kommt es, dass ihr immer wieder gleichsam von Neuem jung werdet, ohne jede Kunde von dem, was sich in alten Zeiten ereignet hat […].«*

Erstaunlich. War es nicht Galileo Galilei (1564–1642), der die Erkenntnis um die Planetenbahnen verkündete? Und jetzt lesen wir, dass Platon bereits vor 2500 Jahren über dasselbe referierte (»[…] um eine Abweichung der die Erde umkreisenden Himmelskörper […]«). Platon wusste sogar über dem amerikanischen Kontinent Bescheid:

> *»Die Reisenden jener Zeit konnten von dieser Insel auf andere Inseln gelangen und von diesen Inseln den ganzen Kontinent erreichen, der auf dem gegenüberliegenden Festland liegt […].«*

Hatten wir nicht gelernt, erst Christoph Kolumbus habe Amerika entdeckt? Offensichtlich sind wir dazu verdammt, alles immer wieder und wieder … und wieder … neu zu erkennen – bis zum nächsten Weltuntergang. Und was ist mit den Büchern, die unsere Vorfahren zurückließen? (Darüber schrieb ich in ausführlich in meinem Buch *Was ich jahrzehntelang verschwiegen habe.*) Die Bibliothek von Alexandria? Gleich mehrmals abgefackelt. Unter anderem vom damaligen Kalifen von Damaskus, Abū Hafs 'Umar ibn al-Chattāb (592–644). Der ließ die Bäder von Alexandria 6 Monate lang mit den wertvollen Schriften heizen. Jene im alten China? Kaiser Qin Shihuangdi (259–210 v. Chr.) ließ sie zerstören. Die Bibliotheken von Äthiopien? Vernichtet durch italienische Soldaten. Jene der Maya in Zentralamerika? Verbrannt durch den Bischof Diego de Landa (1524–1579). Diejenigen von Indien? Zerstört durch den Eroberer Muhammad bin Bakhtiyar Khalji (um 1160–1206). Wobei zumindest einige der altindischen *Veden* erhalten blieben. Die Bibliotheken des Westens? Immer wieder vernichtet durch Befehle der jeweiligen Päpste, die das alte Wissen als »heidnisch« abqualifizierten. Darunter die Päpste Innozenz IV. (1243–1254), Clemens IV. (1265–1268), Johannes XXII. (1316–1334) und Paul IV. (1555–1559). Heute werden die Bücher nicht mehr vernichtet, sondern auf die Liste der verbotenen Werke gesetzt – den sogenannten *Index Librorum Prohibitorum*. Oder noch krasser: Sie dürfen gar nicht erst gedruckt werden. Der Zeitgeist weiß dies zu verhindern. Alles, was politisch nicht »links« ist, wird verpönt, als »rechtsextrem« niedergemacht. Dazu fällt mir eine Weisheit des berühmten Biochemikers Erwin Chargaff (1905–2002) ein: »Das Einzige, was man aus der Geschichte lernt, ist, dass man nichts aus ihr lernt – aber dies gleich auf Tausenden von Seiten.«

Das (damalige sowjetische) Magazin *Sputnik*, Nummer 3 des Jahres 1981, berichtete: [2]

> *»Als sich einst der Herrscher Indiens und Usbekistans, der Mogulkaiser Sahiriddin Muhammas Bobir (1483–1530), in den Bergen Tadshikistans vor Feinden verbarg, ritzte er seinen Namenszug in einen Stein. Jener Stein mit der Inschrift Bobirs ließ Achror Muchtarow, einem jungen Doktoranden, keine Ruhe. Er begab sich an den Oberlauf des Flusses Serawschan und folgte den halsbrecherischen Pfaden bis zu jenen Stellen, die beschrieben waren. Dabei kamen immer mehr Schrif-*

ten zum Vorschein. Inzwischen sind es über fünftausend […].«

Petroglyphen nennt man die in Stein gekratzten Botschaften. Es gibt Millionen davon. Verstehen tun wir sie nicht. Meine Leser informieren mich aus allen Ecken der Erde nicht nur über Petroglyphen in ihrer Umgebung, sondern auch über handfeste Kuriositäten, von denen die Welt nichts weiß. Einige darunter bezeugen jene vernichteten Zivilisationen. Nachfolgend einige Beispiele:

Frau Ursula Koch aus Burgwedel schrieb: [3]

»Auf der Insel Guadalcanal der Salomon-Gruppe befindet sich auf einer kahlen Hochebene eine riesige Grube, auf deren Grund eine circa 200 Fuß hohe Kugel aus rot irisierendem, unbekanntem Material liegt. Ringsherum steinerne Götzenbilder mit Helmmotiven. Beim Anschlagen gibt die Kugel seltsame Töne ab, die von den Medizinmännern der Eingeborenen als Zauber benannt werden.«

Herr Heinz Winter aus Berlin schickte mir Bilder aus der Libyschen Wüste und schrieb: [4]

»[…] viel braun bis schwarz verbranntes Gestein oder Metall, das von dem Reiseleiter als versteinerte ›Seeanemonen‹ bezeichnet wurde. Es sind an dieser Stelle so viele Ansammlungen in verschiedenen Größenordnungen, dass er meinte, man könnte es beinahe mit der Schippe aufnehmen […]. Er überließ mir zwei von die-

sen Stücken, und ich stellte mit Begeisterung fest, dass es sich hier tatsächlich um geschmolzenes, gedrehtes Metall handelt.«

Mein Schriftstellerkollege, Forscher und Moderator der TV-Serie *Ancient Aliens*, David Hatcher Childress, machte mich auf einen Artikel aufmerksam, der vor 25 Jahren im Magazin *Nexus* erschien. Darin wurden die Verglasungen von Stein auf unserem Planeten aufgelistet – Verglasungen, die nur durch extreme Hitze entstanden sein konnten. [11]

Herr Brígido Ibanhes aus Santa Cruz do Capibaribe im Bundesstaat Pernambuco (Brasilien) berichtet über ein Höhlensystem, welches die Indios seit Menschengedenken als »heilig« verehren. Lokal bekannt ist es unter der Bezeichnung »Cerro do Gato Preto«. Es liegt in der Nähe des Ortes Caxambu do Sul, westlich des Bezirkes Santa Catarina. In den Höhlen befinden sich Tausende von gravierten Steinen, über die niemand schreibt und die niemand begutachtet. Brígido Ibanhes fragte mich, ob ich zu ihm kommen und eine Untersuchung beginnen könnte. Das habe ich nicht geschafft.

Herr Rodolfo A. Ostermann aus Argentinien schickte mir Bilder von einem versteinerten Wald, bei dem etwas nicht stimmen kann (ich berichtete im Buch *Unmögliche Wahrheiten* [44] darüber). Der Wald liegt im Departamento Deseado, südlich der Ortschaft Fitz Roy, und heißt offiziell »Monumento Natural Bosques Petrificados de Jaramillo«. In der Gegend liegen Stämme verschiedener Bäume herum – allesamt versteinert. Nichts Besonderes? Kurioserweise liegen da Bruchstücke, die in acht oder zwölf gleich große Stücke zersägt wurden. Und dies nicht etwa in unserer Zeit, sondern vor Jahrhunderttausenden. Wer hantierte damals mit Sägen?

Martin Lindner aus Zürich schrieb:

»Bei Pamukkale in der Türkei, circa 10 Kilometer von Denizli entfernt, liegt ein höchst seltsamer Steinbruch. Gleich nebenan befinden sich ein römisches Gräberfeld sowie Ruinen aus byzantinischer Zeit. Der Steinbruch sieht aus, als habe man mit modernsten Maschinen rechteckige Steinklötze einfach aus dem Felsen gefräst. Die Löcher sind circa 50 Zentimeter hoch, 1,5 Meter breit und gehen 50 Zentimeter in die Tiefe. Dabei ist völlig unverständlich, mit welchen Methoden die Rückwand, also jene Teile am Ende der Löcher, aus dem Fels gelöst wurden. Mit welcher Technologie macht man das? Wissen Sie es?«

Ich weiß es nicht.

In der 1983er-Nummer 3 des Magazins der Bausparkasse Schwäbisch Hall wurde über Steine berichtet, die »vom Himmel fielen« [5]. Die älteste Nachricht, welche man davon habe, stamme aus dem Jahr 462 v. Chr. Da stürzte in der türkischen Provinz Rumeli ein gewaltiger Brocken auf die Erde. Am 4. November 1492 krachte bei Ensisheim ein Stein von 130 Kilogramm hernieder und im Jahr 1672 schlugen bei Verona (Italien) zwei weitere Brocken von 100 und 150 Kilogramm Gewicht auf den Boden. Schließlich stürzten in den Jahren 1789 und 1790 bei Avignon in Frankreich und 1794 in Sizilien Steine vom Himmel. Ein regelrechter Steinregen ereignete sich am 26. April 1803 im Departement Orne in Frankreich. In Mähren (Österreich) prasselten am 22. Mai 1808 Steine aus den Wolken. Dies gleich über einen Zeitraum von 8 Minuten. Berichtet wird von Steinen in der Größe einer Nuss bis hin zu solchen mit der Größe eines Kopfes. Die Steine waren heiß, einige schlugen tiefe Löcher in den Boden.

Vermutlich stammten die Geschosse aus dem Asteroidengürtel zwischen Mars und Jupiter. Und auf der guten alten Erde schufen unsere Vorfahren Schutzbunker gegen diese Steine aus dem Himmel. Man nennt diese Anlagen Dolmen, und wären sie geografisch auf Europa beschränkt, könnte man annehmen, es seien Gräber für Stammesfürsten gewesen. Doch die Dolmen enthielten keine Gräber. Und so ein Dolmen ist weiß Gott kein kleiner Unterstand wie heute etwa eine Jagdhütte. Dolmen können gigantisch sein, beispielsweise jener von Menga in Spanien. Er liegt an der A-92 auf der Strecke zwischen Granada und Antequera. Der Dolmen ist 25 Meter lang, 5,50 Meter breit und 3,20 Meter hoch. Groß genug also, um als Busgarage zu fungieren. Schutzräume, die man rasch und unkompliziert erreichen konnte.

Herr Peter Obermatter aus Zürich fragte mich am Telefon, ob ich etwas über die Figuren in Acámbaro (Mexiko) wisse. Oh ja! Ich war in Acámbaro und schrieb auch darüber. Doch worüber habe ich *nicht* schon geschrieben? Die Stadt Acámbaro liegt nördlich von Mexico City. Schon in den 1960er-Jahren existierte dort eine Sammlung von Steinfiguren, die im Laufe der Jahrzehnte zu einem lokalen Museum anwuchs. Inzwischen sind es über 30 000. Die Figuren stammen aus allen Ecken Mexikos und zeigen unzählige Variationen von Menschen mit Sauriern (im Internet existieren mehrere Beiträge darüber). Mensch und Saurier? Ein Ding der Unmöglichkeit. Die Schulwissenschaft lehrt, die Saurier seien vor rund 160 Millionen Jahren ausgestorben. Als Grund wird ein Meteoriteneinschlag angegeben. Kein Mensch könne also je einen lebenden Saurier gesehen haben. Doch die Darstellungen von Acámbaro zeigen nun einmal Menschen mit Sauriern. Und solche Darstellungen gibt es nicht nur dort. In meinem Buch *Zeichen für die Ewigkeit* präsentierte ich dreißig Bilder aus den Sammlungen von Pater Crespi in Cuenca (Ecuador) und Dr. Cabrera in Ica (Peru). Crespi war Priester, und die Indios schenkten ihm Figuren aus ihren alten Sammlungen. Dr. Cabrera seinerseits war von Beruf Chirurg. Oft operierte er arme Indios gratis und die bedankten sich mit Geschenken in Form von alten Figürchen und gravierten Steinen. Darauf sind nicht nur Menschen mit Sauriern verewigt, sondern auch Menschen, die an einem Patienten eine Herzoperation vornehmen, Menschen, die auf Vögeln reiten, und andere, die mit einem Teleskop zum Firmament starren.

Auch der Frage nach den Fälschungen bin ich nachgegangen. Selbstverständlich gibt es Fälschungen aus unserer Zeit. Die Fälscher mitsamt ihren Methoden sind bekannt. Doch der echte Teil der Cabrera-Sammlung in Peru ist gut und gern 4000 Jahre alt. Beweisbar anhand der hauchdünnen Patina, die *über* den Rillen der Figuren liegt. Diese Patina entstand *nach* den Ritzungen. Skeptiker ließen auch schon verlauten, die Steinsammlungen seien gar im persönlichen Auftrag von Dr. Cabrera entstanden. Vergesst es! Schließlich gibt es nicht nur Cabreras Sammlung, sondern auch diejenigen von Valdivia (Chile), jene von La Tolita (Ecuador), die von Pater Carlo Crespi (Ecuador), die von Caxambu do Sul (Brasilien) und eben jene von Acámbaro (Mexiko).

Außerhalb dieser Sammlungen existieren mehrere private Museen mit insgesamt Zehntausenden von Figürchen. Drei dieser Sammlungen durfte ich besichtigen. Weshalb privat? In den meisten Ländern, insbesondere in Zentral- und Südamerika, gehören archäologische Funde dem Staat. Wer Artefakte findet, müsste sie korrekterweise einem Museum übergeben. Doch unzählige Menschen tun dies nicht. Sie hoffen, mit den alten Funden irgendwann ein gutes Geschäft machen zu können. So entstehen anfangs geheime Sammlungen, welche über die Jahrzehnte hinweg immer umfangreicher werden. Selbstverständlich wissen die zuständigen Archäologen darüber Bescheid – und schweigen. Oft auch sind die wertvollen, antiken Objekte in privaten Händen besser aufgehoben als in staatlichen. Je nach der Qualität der Behörden wird in den öffentlichen Gebäuden mitunter geschludert. Die Aufbewahrungsräume wirken oft verwahrlost und der Schwarzmarkt mit antiken Objekten blüht.

Weltweit existieren wohl über 10 000 Darstellungen auf Stein, die sich dem offiziellen archäologischen Bild entziehen. Und darunter befinden sich etliche Hundert mit Menschen und Sauriern. Übrigens: Die Saurier sollen durch einen Meteoriteneinschlag vernichtet worden sein, lehrt die Wissenschaft. Weshalb aber nur die Saurier? Schließlich suchen sich Meteoriten keine Zielgruppe von Lebensformen aus, die ausgerottet werden müsste. Wenn ein Meteoriteneinschlag die Ursache für das Sauriersterben war, dann wären gleichzeitig auch viele andere Lebensformen eingegangen. Dafür fehlen die fossilen Beweise.

Es bleibt die Feststellung: Die Welt ging mehrmals unter. Mithilfe von Felszeichnungen und in Stein gehauenen Darstellungen versuchten einige Vorfahren, Bilder aus jenen Zeiten in die Zukunft zu transportieren. So wurde 1982 im US-Bundesstaat Illinois durch Russell Burrows die nach ihm benannte »Burrows' Cave« entdeckt. Um Touristenströme zu vermeiden, will Russell Burrows die exakte geografische Position der Höhle nicht bekannt geben. Immerhin existieren zwei Bücher darüber. [6, 7] Unter den Bildern, die zur Burrows' Cave existieren, befindet sich auch eine Darstellung mit einem saurierähnlichen Urvieh. Saurier- und menschliche Fußspuren in derselben Gesteinsschicht wurden ferner im Paluxy River beim Örtchen Glen Rose in Texas gefunden. [8]

Was machen wir damit? Die steinernen Darstellungen existieren nun einmal, sogar im fernen Japan. Und alle Bilder signalisieren dasselbe: Es gab mindestens eine Zivilisation vor der unseren. Die menschliche Geschichte muss viel älter sein, als es unsere blitzgescheiten und doch betriebsblinden Prähistoriker annehmen.

Herr Thomas Friedländer machte mich auf die »Abraham-Apokalypse« aufmerksam, einen Text, der zu den Apokryphen des Alten Testamentes zählt [9] und auf den ich schon mehrmals einging. Darin schildert Abraham in der ersten Person – also der Ich-Form – seine Begegnung mit nicht menschlichen Wesen: Abraham erlebt die Landung eines himmlischen Fahrzeuges. Dann schreitet ein fremdes Wesen auf Abraham zu und fordert ihn auf, sich nicht zu fürchten. Abraham:

> *»Als ich die Stimme hörte, die solche Worte zu mir sprach, sah ich bald hierhin und bald dorthin. Nicht eines Menschen Atem war es, und so erschrak ich sehr und mein Bewusstsein floh aus mir. Ich wurde wie ein Stein und fiel zu Boden […]. Dann hörte ich des Heiligen Stimme reden: ›Geh, Jaoel, heb jenen Menschen mir auf. Lass ihn von seinem Zittern sich erholen.‹ Da sah ich den, der mich anfasste und mich auf meine Füße stellte. Sein Leib glich einem Saphir, sein Antlitz einem Chrysolith und seines Hauptes Diadem dem Regenbogen […]. Und es geschah bei Sonnenuntergang.*

> *Da gab es Rauch wie Rauch aus einem Ofen [...], dann trug er mich bis an der Feuerflammen Grenze. Dann stiegen wir hinauf, so wie mit vielen Winden, zum Himmel, der da, ob dem Firmament befestigt war. [...] Ich aber wünschte, auf die Erde niederwärts zu fallen. Der hohe Ort, worauf wir standen, bald stand er aufrecht, bald drehte er sich abwärts, mal sah ich die Sterne unten, dann die Erde oben [...].«*

Die Aussage ist eindeutig. Abraham wird auf einen Raumflug mitgenommen. Er wünscht, auf die Erde *niederwärts* zu fallen. Und schließlich stellt er fest, dass der Ort, auf welchem er sich befindet, sich um die eigene Achse dreht. Wie das? Jedes Raumfahrzeug außerhalb der Anziehungskraft eines Himmelskörpers dreht sich um die eigene Achse. Durch diese Eigenrotation wird im Innern eine künstliche Schwerkraft erzeugt. Das konnte zu Abrahams Zeiten aber kein Mensch wissen. Zudem atmete derjenige, der Abraham in den Orbit brachte, nicht nach der Art eines Menschen (»[...] nicht eines Menschen Atem [...]«). Also war er kein Mensch.

Ich bin dankbar für die Zuschriften meiner Leser. Ohne sie bliebe so manche Information verborgen. So schrieb mir der Ethnologe Dr. Milan Kakous, er habe über 30 Jahre in den afrikanischen Staaten Kamerun und Niger gearbeitet. Dort kam er mit Angehörigen der So-Kultur in Kontakt. Diese leben am Tschadsee. Die So sind überdurchschnittlich groß gewachsene Menschen. Die von ihnen hergestellten Tongefäße sind dreimal größer als die üblichen. Dr. Kakous schrieb, einige seien bis 5 Meter hoch. Vielleicht sind die Bewohner jener Gegend Nachfahren der in antiken Schriften erwähnten Riesen. Riesen? Schlag nach in der *Bibel*: »[...] als aber die Gottessöhne sich zu den Menschen gesellten [...], da waren die Riesen auf Erden. Das sind die Recken der Urzeit, die Hochberühmten« (1. Mose 6, 4). Und in den Apokryphen des Baruch werden sogar Zahlen genannt: »Es brachte der Höchste die Flut auf die Erde und sie tilgte alles Fleisch und auch die 4090000 Riesen.« [9] Nicht zu vergessen die Geschichte der äthiopischen Könige, festgehalten im *Kebra Negest.* [10] Dort, im Kapitel einhundert, wird über die Menschentöchter geschrieben, welche Geschlechtsverkehr mit den Söhnen Kains hatten: »Als sie später aufwuchsen, wurden sie zu Riesen.« Riesen kommen ferner in der *Argonautica*, der Geschichte über die Fahrt des Schiffes *Argos*, vor und selbstverständlich auch in den Überlieferungen der Azteken und der Maya. Waren Riesen die Erbauer der unverstandenen megalithischen Anlagen? Jener Bauwerke, die normalgewachsenen Menschen schwerlich zugemutet werden können?

- 1932 fand der Ägyptologe Patrick Clayton auf dem Saad-Plateau, das im südwestlichen Zipfel Ägyptens liegt, einen handgroßen, gelb-grünlich verglasten Stein. Dabei handelte es sich eindeutig nicht um einen aus dem Weltall stammenden Tektiten oder Meteoritensplitter.
- In Saudi-Arabien, beim Berg Wabar, wurden mehrere verglaste Steinbrocken gefunden. Dies in einem Umkreis von 10 Kilometern.
- In der Nummer 70 seiner Jahresausgabe 1952 hatte das naturwissenschaftliche Magazin *Nature* über libysches Wüstenglas berichtet. Bislang sind über 400 Kilogramm davon gesammelt worden.
- Im Grab des ägyptischen Pharaos Tutanchamun (1333–1323 v. Chr.) lag ein Dolch aus Meteoriteneisen.

- Mehrere alte Bauwerke in Schottland enthalten verglaste Steine. Am umfangreichsten sind jene von Tap o' Noth, einem Dorf im Nordwesten Schottlands.
- In seinem Bericht über die Gallischen Kriege schreibt bereits Julius Cäsar über eine »murus gallicus« (gallische Mauer). Diese Mauer enthalte mehrere verglaste Abschnitte.
- In der Bretagne (Frankreich) liegen die Schlösser Château Vieux und Puy de Gaudy. In den Mauern beider Gebäude sind verglaste Steine sichtbar.
- Dasselbe Phänomen begegnet dem Besucher in der antiken Hethiterstadt Hattuscha in der Türkei.
- Nicht anders verhält es sich in dem pakistanischen Gebiet um Mohenjo-Daro.
- Im Death Valley (USA), zwischen den Flussläufen Gila und San Juan, existieren größere Gesteinsformationen mit Verglasungen. Es wurde spekuliert, dass die Verglasungen von einem Vulkan stammen müssten. Doch in jener Region gibt es weit und breit keine Vulkane.

Tatsächlich verlief die Geschichte der Erde weitaus turbulenter, als es sich unsere bodenständigen Geologen vorstellen wollen. Um Steine zu verglasen, reicht keine irdische Hitzewelle. Es bedarf dazu Kernexplosionen. Man erinnere sich an die Kriege der Götter. Und schließlich an die altindischen *Veden*. Dort werden geradezu utopische Kampfmittel beschrieben, welche nur eine die Hochtechnologie beherrschende Zivilisation herzustellen in der Lage ist. Etwa ein Geschoss, das wie ein Bumerang zum Angreifer zurückkehrt und aus glühendem »Feuer« besteht. Ein anderes, das sämtliche Gewässer verdampfen lässt und die gesamte Erde mit Wasserdampf umgibt. Oder eine

Hypnosewaffe, welche die feindlichen Armeen in Schlaf versetzt. Noch eine andere, die Illusionen erzeugt, woraufhin sich der Feind auf etwas einschießt, das gar nicht existiert. Im *Vymaanika Shaastra* [12] werden Technologien aufgezählt, *die wir gerade entwickeln*. Unter anderem:

- Ein Gerät, das den helllichten Tag in eine schwarze Nacht verwandelt.
- Ein Gerät, mit dem man Bilder und Gespräche aus feindlichen Flugmaschinen sehen und hören kann.
- Eine Vorrichtung, welche die eigene Maschine unsichtbar macht.
- Die Möglichkeit, »aus dem Nichts« Energie zu gewinnen.

Im dritten Buch des *Mahabharata*, dem *Vana Parva*, wird mit einer Waffe gedroht, »welche die ganze Welt zerstören kann«. [13]. Wiederholt sich die Geschichte?

Herr Rudolf Kutzer, ein erfahrener Ingenieur, meldete, der Ayers Rock mitten in Australien sei für die Aborigines ein heiliger Ort. Sie nennen ihn Oolooroo und sie hören den Berg »singen«. Dabei geht es um eine sachte Art von Schwingungen, welche nur die Ureinwohner registrieren. An den Felswänden befinden sich farbige Zeichnungen mit Figuren, »Wandinas« genannt. Die Wandinas sollen ihrerseits die ursprünglichen Lehrmeister der Aborigines gewesen sein. Sie kamen – woher wohl? – »aus dem Himmel«. Abend für Abend versammeln sich Menschengruppen, um von hier aus den phänomenalen Sonnenuntergang am Ayers Rock zu bestaunen. Zuerst scheint der Fels zu glühen, dann verwandelt er sich zum Chamäleon, wird silbergrau, dann blau und schließlich schwarz.

Lars Fischinger, ein Schriftstellerkollege, der den Rätseln auf den Grund geht, berichtete im Magazin *Sagenhafte Zeiten* [14] und in seinem Buch *Verbotene Geschichte* [15] über einen höchst kuriosen Metallfund aus Rumänien. Er meldete, im Jahr 1974 seien bei Erdarbeiten in Aiud (Rumänien) in 10 Metern Tiefe drei kleine Objekte lokalisiert worden. Diese befanden sich in Ablagerungen des Flusses Mureş. Bei zweien der Fundstücke handelte es sich um Fossilienreste eines Mastodons (Urelefant). Der dritte Gegenstand hingegen passte überhaupt nicht ins Bild. Er bestand aus Metall und glich einer Art Hammer mit den Maßen von 20,2 mal 12,5 Zentimeter bei einer Höhe von 7 Zentimetern. Analysen ergaben: Das Fundstück bestand zu 89 Prozent aus Aluminium. Wie geht das? Aluminium ist eine moderne Legierung, die in einem höchst aufwendigen Verfahren aus Bauxit gewonnen wird. Trotzdem existieren Aluminiumfunde aus Zeiten, in denen sie eigentlich nicht existiert haben dürften. Lars Fischinger wies zum Beispiel auf eine Gürtelschnalle aus Aluminium hin, welche im Grab des chinesischen Generals Chou-Chou (265–316) gefunden wurde. Der Mann lebte vor rund 1800 Jahren. Doch jener Aluminiumfund hatte nichts mit demjenigen von Aiud zu tun. Dazwischen liegen Jahrzehntausende, was im Übrigen bestätigt ist, denn das Fundstück von Aiud ist mit einer dünnen Oxidschicht überzogen – und diese lässt sich wiederum datieren. Damit geht es eindeutig nicht um einen Aluminiumbrocken aus unserer Zeit, der auf irgendeine Weise 10 Meter tief ins Erdreich neben einen Mastodonknochen geriet. Jahrzehntelang wurde »das Objekt von Aiud« wie ein Geheimnis behandelt und vor der Öffentlichkeit versteckt. Inzwischen kann man es im Nationalmuseum der Geschichte Siebenbürgens in der Stadt Cluj-Napoca (Rumänien) besichtigen. (Ich hab's schon in der Hand gehabt.)

Die Frage bleibt: Wie gerät ein Stück Aluminium, das seinerseits älter als unser modernes Aluminium ist, in eine jahrtausendealte Erdschicht neben die Knochen eines Mastodons? Brach es von einem Raumschiff ab? Oder handelte es sich um das Stück einer unbekannten Konstruktion, die zu Zeiten einer früheren Zivilisation entstand?

Die nächste Ungereimtheit: Mitte der 60er-Jahre des letzten Jahrhunderts erschien das Buch von Prof. Dr. Charles Hapgood: *Maps of the Ancient Sea Kings.* [16] Hapgood arbeitete als Professor für Geschichte am Keene State College der Universität von New Hampshire (USA). In seinem Werk dokumentierte er gleich mehrere Weltuntergänge. Als Beweise führte Hapgood unter anderem uralte Landkarten auf, welche *sämtliche* Kontinente der Erde zeigten. Also nicht nur Europa, Afrika und Asien, sondern auch Zentral- und Südamerika, inklusive der Arktis und der Antarktis. Hapgood bezog sich auf sogenannte Portolankarten, die im Mittelalter aufgefunden wurden, sowie auf die Karte des türkischen Admirals Piri Reis. Der war ein Zeitgenosse von Christoph Kolumbus und die nach ihm benannte Karte stammte ursprünglich aus der Bibliothek von Alexandria. Hapgood schrieb dazu:

> *»Im Jahr 1929 wurde im alten Königspalast von Konstantinopel eine Karte gefunden, die auf Pergament gemalt war. Ein Datum im Monat des ›Muharram‹ des muslimischen Kalenders zeigte das Jahr 1513 in der christlichen Zeitrechnung. Die Karte trug die Unterschrift von ›Piri Ibn Haji Memmed‹, einem Admiral der türkischen Marine, bekannt unter dem Namen Piri Reis.«*

Charles Hapgood seinerseits belegte aufgrund der alten Karten, dass vor unbekannten Zeiten mindestens eine Zivilisation auf der Erde existiert haben musste. Der amerikanische Kontinent – so Hapgood – sei bereits Jahrtausende vor Kolumbus kartografiert worden. Genauso wie die Antarktis. Zudem wurde diese Antarktis auf den alten Landkarten festgehalten, als sie noch eisfrei war. Inklusive aller vorgelagerten Inselchen. Nach ihrer Entdeckung blieben die alten Karten 30 Jahre lang unbeachtet. Im Jahr 1956 gerieten sie zufälligerweise in die Hände des amerikanischen Kartografen M. J. Walters vom hydrografischen Amt der US-Marine. Der staunte nicht schlecht über eine eisfrei kartografierte Antarktis und wandte sich hilfesuchend an seinen Kollegen Daniel Linehan, dem damaligen Direktor der Sternwarte von Weston in Florida. Zu seiner Verblüffung stellte Linehan fest, dass sowohl die Küstenlinien von Nord- bis Südamerika als auch diejenigen von Asien seltsam in die Länge verzerrt aussahen. Schließlich übertrug er die Piri-Reis-Karte auf einen Globus … und war baff. Auf die Erdkugel übertragen verliefen die Küstenlinien nun perfekt, aber nur dann, wenn als Zentrum der Erde Kairo eingesetzt wurde. Wie soll man sich das vorstellen?

Nehmen wir an, hoch über Kairo fotografiere ein Satellit die Erde. Alles, was im Umkreis von rund 8000 Kilometern unter dem Objektiv liegt, zeigt das Bild korrekt. Die weiter weg liegenden Kontinente hingegen sind allesamt verzerrt. Weshalb? Bedingt durch die Kugelgestalt der Erde versinken die vom Zentrum entfernten Kontinente – genauso wie es auf der Piri-Reis-Karte der Fall ist. Am Ende seines Buches bringt Charles Hapgood seitenlange Listen [16] mit Kartenvergleichen. In welcher geografischen Breite und Länge liegen die Länder und Inseln heute – und wo sind sie auf der Piri-Reis-Karte eingezeichnet? Die Abweichungen gehen von null bis zu wenigen Graden. Und diese sind durch die Verschiebungen der Erdoberfläche erklärbar.

Tatsachen! Überprüfbar! Der Zeitgeist weiß nichts davon – und will es auch gar nicht wissen. Schließlich sind *wir* die Krone der Evolution. Was kümmert uns die Vergangenheit?

Notizen aus meinem Leben lautet der Titel dieses Buches. Deshalb darf ich auch über meine Korrespondenz mit Robert Charroux berichten. (Der Nachname »Charroux« war sein Pseudonym. Charroux ist das Dorf in Frankreich, in welchem Robert lebte.) Charroux, von Beruf Lehrer, war einer der Typen, der jede Story, die ihm zugetragen wurde, zuerst einmal vor Ort überprüfte. 1970 erschien sein Buch *Phantastische Vergangenheit*. Darin berichtete er:

> *»In Cagayan, der nördlichen Provinz der Philippinen, hat man das Skelett eines Riesen gefunden. Der nicht weniger als 5,18 Meter groß war. Seine Schneidezähne [waren] 7,5 Zentimeter lang und 5 Zentimeter dick. Knochen, die von 3 Meter großen Menschen stammen, sind auch im Südosten von China entdeckt worden. Doktor Pei Wen Chung, der als Paläontologe Weltruhm genießt, versichert, dass die Reste 300 000 Jahre alt seien. Und in der Gegend von Agadir (Marokko) ist eine Werkstätte mit prähistorischen Werkzeugen freigelegt worden, die ebenfalls 300 000 Jahre alt sind. Unter anderem zweischneidige Äxte […]. Sie wiegen 8 Kilo, und wer sie ergreifen wollte, müsste Hände gehabt haben, die zu einem 4 Meter großen Riesen passten. Der Archäologe Lafenchere hat 500 Stück davon gefunden […]. Es ist also nicht zu gewagt darauf zu schließen,*

> *dass, im Einklang mit der* Bibel, *einst eine Rasse von Riesen die Erde bewohnte.« [17]*

Schon wieder Riesen? Was ist aus den Funden geworden? Die Knochen sind verschwunden oder liegen in einem Keller. Ich versuchte einmal, im Museum von Malta einige der Fossilien zu fotografieren. Der Museumsleiter versicherte aber, es handle sich nur um die Knochen von Berggorillas. Getreu der alten Erfahrung, dass nicht wahr sein darf, was nicht wahr sein kann, wird die ehemalige Realität ausgelöscht. Es darf weder Riesen noch eine frühere Zivilisation gegeben haben. Auch wenn sämtliche Tatsachen dagegensprechen. So kennt jeder *Bibel*-Leser die Geschichte von David und Goliath. Goliath war ein Riese. Wen kümmert's? Und Eva, unsere Urmutter, war ebenso eine Riesin. Darüber berichtete bereits im Jahr 1840 der französische Forschungsreisende Maurice Tamisier, der ihre letzte Ruhestätte in Tadmor (Syrien) lokalisierte. [18] Er beschrieb das Grab als viereckigen Raum mit einer Miniaturkuppel. Im Untergeschoss gäbe es eine Kammer mit einem schwarzen Stein darin, der direkt über Evas Bauchnabel liege. Der deutsche Forscher Heinrich von Maltzan schilderte das Grab etwas anders: In einem Raum liege ein mit Gravuren verzierter Stein, unter dem sich das Grab Evas befinde. [19] Doch in einem Punkt waren sich alle Besucher einig: Das Grab war die Ruhestätte einer Riesin. [20, 21, 22] Nichts anderes gilt für die Königin von Saba. Ihr arabischer Name lautet Bilqis. Sie war die Geliebte von König Salomon und der wiederum besuchte sie jährlich gleich mehrmals – und zwar in einem fliegenden Wagen. Ausführlich beschrieben im äthiopischen »Buch der Könige«, dem *Kebra Negest.* [10] Dort wird sogar die Geschwindigkeit von Salomons Flugwagen festgehalten mitsamt der Tatsache, dass die Gebäude Ägyptens erzitterten, wenn Salomons Flugmaschine darüberdonnerte. Die letzte Begegnung zwischen Salomon und Bilqis fand in der Palmenstadt Tadmor statt (Tadmor ist das spätere Palmyra, eine Oasenstadt im Norden der syrischen Wüste). Dort ließ der steinreiche König ein Grab für seine Geliebte errichten. Muhammad al-Hassan, Biograf des Religionsgründers Mohammed, berichtete, Kalif Al-Walid I. (705–715) habe in Tadmor ein Grab mit folgender Inschrift gefunden: »Dies ist das Grab und die Bahre der frommen Bilqis, der Gemahlin Salomons.« Der Kalif ließ das Grab öffnen. Ihm gefror das Blut in den Adern und er befahl, das Grab zu schließen und es nie wieder anzutasten. Was hatte den Kalifen derart entsetzt? Die Gruft der Bilqis war das Grab einer Riesin. [23] Und diese Riesen ihrerseits waren ursprünglich Abkömmlinge der Außerirdischen. So steht's zumindest bei Moses (1. Mose 6, 1):

> *»Als die Gottessöhne sich zu den Töchtern der Menschen gesellten und diese ihnen Kinder gebaren, entstanden die Riesen auf Erden. Das sind die Recken der Urzeit, die Hochberühmten.«*

Die Gottessöhne, je nach Übersetzung als »Wächter des Himmels« oder »gefallene Engel« tituliert, waren jene Außerirdischen, die an Bord ihres Raumschiffes gemeutert hatten und deshalb auf die Erde verbannt worden waren.

Raumschiff? Außerirdische? Der Ethnologe Karl F. Kohlenberg, einer der sich mit »meinem« Thema ebenfalls befassenden Forscher der 1970er-Jahre, erklärte in seinem Buch *Enträtselte Vorzeit*: [24]

> *»Tangaroa aus der tahitianischen Mythe weilte in seiner Muschel in der Dunkelheit unzählbare Zeiten lang. Die Muschel war wie ein Ei und drehte sich im endlosen Raum, in dem nicht Himmel oder Land, nicht Sonne oder Sterne waren. Alles war Dunkelheit; eine immerwährende, dichte Dunkelheit. ›Rumia‹ war der Name von Tangaroas Muschel. […] Die Muschel leuchtete auf, […] sobald Tangaroa aus der Sternenwelt zur Erde kam.«*

Alle Kulturen der Erde, und sei es die kleinste Gemeinschaft irgendwo im Himalaya, bezeugen, von den Göttern geschaffen worden zu sein. In früheren Jahrzehnten reichte es, diese Götter als Naturgewalten wie dem Blitz oder dem Donner zu erklären. Heute zieht diese Erklärung nicht mehr. Weshalb? Weil die Götter redeten, weil sie die Menschen mit Informationen versahen. Auch mit wissenschaftlichen Informationen über die Sterne oder über die Beschaffenheit der Erde. Götter »von oben«? *Was* ist »oben«? Das Weltall. Das kann doch nicht sooo schwer zu verstehen sein? Zudem ließen jene Außerirdischen die Ruinen ihres Basislagers zurück – fotografierbar und begehbar für jedermann. Der Ort heißt Puma Punku und liegt 20 Kilometer vom Titicacasee entfernt im Hochland von Bolivien. Ich berichtete mehrmals darüber und veröffentlichte auch eindrucksvolle Bilder dazu. [25]

Zu den Kuriositäten, welche mir zugeschickt wurden, gehörte auch diese: Am 22. Juni 1986 veröffentlichte die amerikanische Zeitung *Weekly World News* einen Beitrag unter der Schlagzeile: »5000-year-old mummy has an artificial heart«. [26] Der ägyptische Journalist Ahmed Mansour schrieb, im Mai 1986 sei im Tal der Könige die Mumie eines etwa 10-jährigen Knaben gefunden worden. Der Junge sei in Linnen eingewickelt gewesen und neben ihm lagen ebenfalls mumifizierte Nahrungsmittel sowie drei Edelsteine. Der Knabe wies einen leicht nach hinten verlängerten Schädel auf und trug in seiner Brust ein Herz aus einem unbekannten Kunststoff. Ahmed Mansour: »Hier taucht ernsthaft die Frage auf, ob dieses Herz von einer unbekannten Zivilisation, möglicherweise einer außerirdischen, geschaffen wurde.«

Das würde mich nicht überraschen. Mehrmals fragte ich Mitarbeiter des Ägyptischen Museums in Kairo, ob sie etwas über diese Mumie wüssten. Die Antworten reichten von »No« bis ich solle im Museum von Luxor oder der Sammlung im Tal der Könige nachfragen. Tatsächlich bestätigte einer der Aufseher im Tal der Könige, vor Jahren einmal etwas von dieser kuriosen Mumie gehört zu haben – er wisse aber nicht, wo sie aufbewahrt werde.

Walter-Jörg Langbein, Autor von 25 Sachbüchern über die ungelösten Rätsel dieser Welt, schickte mir das Buch *Subterranean Britain.* [27] Darin erfährt man von über Hundert Anlagen – allesamt unter der Erde liegend und ausnahmslos in vorgeschichtlicher Zeit entstanden. Und dies allein in England. Wohlgemerkt: Diese Anlagen haben nichts mit den unterirdischen Bunkern aus dem Zweiten Weltkrieg zu tun. Mich bestärkt dies in meiner Ansicht: Vor Jahrtausenden buddelten sich die Menschen weltweit unter die Erde oder errichteten gewaltige Dolmen zu ihrem Schutz. Schutz *wovor*? Einerseits vor »Steinen, die vom Himmel fielen«, andererseits – und dies Jahrhunderte früher – vor den Waffen der Außerirdischen. Ein Zitat aus dem indischen *Mahabharata* mag das verdeutlichen: [28]

»Es war, als seien die Elemente losgelassen. Die Sonne drehte sich im Kreise. Von der Waffe versengt, taumelte die Welt. Elefanten waren von der Hitze angebrannt und rannten wild hin und her. Sie brüllten entsetzlich und sanken in weitem Umkreis tot zu Boden. Das Wasser wurde heiß, die Tiere starben […], die Streitwagen verbrannten, Tausende von Wagen wurden vernichtet, dann senkte sich tiefe Stille über das Land […], die Winde begannen zu wehen und die Erde hellte sich auf. Es bot sich ein schauerlicher Anblick. Die Leichen sahen nicht mehr wie Menschen aus. Niemals zuvor haben wir eine derart grauenhafte Waffe gesehen und niemals zuvor haben wir von einer solchen Waffe gehört […]. Diejenigen, welche überlebten, rissen sich ihre Rüstungen vom Leib […] und bei denjenigen, die weiter entfernt lebten, starben auch noch die ungeborenen Kinder im Mutterleib, denn alles war vom tödlichen Hauch der Götter belegt.«

Wie steht es im babylonischen *Gilgamesch-Epos*? [29]

»Hat vielleicht der giftige Hauch des Himmelstieres dich getroffen?«

Hier ist klipp und klar von einem Atomkrieg die Rede. Nicht geführt von Menschen, sondern von »Göttern« (das heißt Außerirdischen). Und weshalb hassten die sich? Sie hatten Sex mit Menschentöchtern betrieben und damit offensichtlich ein kosmisches Gesetz gebrochen. Deshalb tauchen sie in der *Bibel* als »gefallene Engel« auf. Sie durften nicht mehr ins Mutterraumschiff zurück. Und auf der Erde stritten sie sich prompt um die

Ländereien. Jeder der ETs versuchte sich das idealste Gebiet unter den Nagel zu reißen. Verständlich. Und jeder wollte die im betreffenden Gebiet ansässigen Menschen beeindrucken. Sie sollten ausschließlich *ihn* verehren, *ihm* dienen, *ihm* »Opfergaben« – Nahrung, Gold, Silber, Edelsteine – darbringen. Deshalb auch der eindeutige Befehl: Du sollst keine anderen Götter neben mir haben. Ein wahrer Gott, ein spirituelles Wesen, würde niemals materielle Güter begehren. Zudem benötigten diese Pseudogötter die menschlichen Arbeitskräfte für ihre irdischen Bauwerke. Mein Kollege Zecharia Sitchin vertrat die Meinung, unsere Vorfahren seien von den Fremden als Arbeitssklaven missbraucht worden. [30] Er lag wohl richtig. So entstanden Basislager (»Tempel«) und Observatorien. Dies gleich weltweit. Der Ethnologe Karl F. Kohlenberg wies auf den Ursprung der ältesten Stufenpyramiden hin: [24]

> *»Für die Sumerer war der Stufenturm ausdrücklich das Symbol des kosmischen Baumes ›Gish-gana‹ […]. Jede Zikkurat hieß ›Duranki‹, was so viel wie ›Band zwischen Himmel und Erde‹ bedeutet […].«*

Wer immer nach einer Erklärung für die vorgeschichtlichen Rätsel der Menschheit forscht, kommt zum selben Resultat: Die Erde wurde vor Jahrtausenden von ETs besucht. Karl F. Kohlenberg weist auf den Berg Ophir auf der Halbinsel Malakka (Malaysia) hin. Die dortige Überlieferung berichtet, vor Jahrtausenden seien die Urväter mit einem Schiff vom Himmel herabgestiegen. Karl F. Kohlenberg: [24]

> *»Selbst bei den Germanen waren die Erinnerungen an die gekrönte fliegende Schlange ungemein häufig. Und*

den Iranern galt der ›Schlangendrache‹ als Bild des Ahriman (= herniedergefahrener Gott). Und die Yazidi, die den persischen Ahriman verehren, haben an der rechten Seite des Eingangs zu ihrem Felsheiligtum in Sheik Adi aus dem gewachsenen Stein das Bild einer schwarzen, geflügelten Schlange gehauen. Dass es sich bei all diesen ›Schlangen‹ nicht um das Erdentier handelt, das ja kein Feuer speit, noch fliegt, dürfte aus der Araha-Mythe hervorgegangen sein, derzufolge der melanesische Gott Hatuibwari auf der Wolkenschlange zum heiligen Berg Hoto auf der Insel Aofa flog und sich dort niedergelassen hat.«

Nichts anderes ereignete sich in Mexiko, in Peru, in Indien, im Zweistromland der Sumerer, auf Tanna (Neue Hebriden), in China, in … in … in – egal wo. Auf der Erde wimmelt es überall von ähnlichen Geschichten.

Mich überkommt jedes Mal Frust, wenn ich ein Thema aufgreifen muss, das ich in früheren Büchern bereits behandelte. Und ich bin hilflos gegen diese Wiederholungen. Ohne sie erkennt der Leser die Zusammenhänge nicht. Beispiel: Woher lernte der Mensch seine Sprache?

Die Antwort gibt der antike Geschichtsschreiber Diodor von Sizilien. Der lebte im ersten vorchristlichen Jahrhundert und war der Verfasser einer vierzigbändigen *Historischen Bibliothek.* [31] Zitat aus meinem Buch *Wir alle sind Kinder der Götter:* [32]

»Diodor schrieb, die Menschen hätten zuerst ›in einem ungeordneten und halbtierischen Zustand gelebt‹, wären einzeln auf Nahrungssuche gegangen und hätten

sich nur zusammengerottet, wenn sie von wilden Tieren angegriffen wurden. Ihre Sprache habe aus einem Brei verschiedener Laute bestanden […], dann wären die Götter herniedergestiegen und sie hätten den Menschen abgewöhnt, ›sich gegenseitig aufzuessen‹. Die Menschen hätten gelernt, Weizen und Gerste zu züchten, und die Götter hätten den Menschen die Sprache beigebracht ›und vieles mit Namen belegt, wofür man bisher noch keinen Ausdruck kannte‹.«

Die Mitteilung ist eindeutig. Unsere Kulturbringer waren die Außerirdischen. Und ohne sie wären wir sprachlos. Weshalb denn sprechen unsere im Zoo gehaltenen Schimpansen und Gorillas nicht? Sie wuchsen doch neben uns Menschen auf. Antwort: Weil nur wir Menschen über ein Sprachzentrum – wissenschaftlich: Broca-Zentrum – verfügen. Und exakt dieses fehlt unseren Verwandten: den Gorillas, Schimpansen und anderen Affenarten. (Man nennt das Sprachzentrum Broca-Zentrum, weil es vom französischen Anthropologen Pierre Paul Broca [1824–1880] definiert wurde.) Und mit dem Stichwort »Sprachzentrum« landet man unweigerlich bei der gezielten, künstlichen Mutation, welche die Außerirdischen nur an unseren Stammeltern vornahmen. Deshalb zum x-ten Mal: Die Götter schufen den Menschen nach ihrem Ebenbild (die alte Geschichte von Adam und Eva). Ergänzt wird diese Überlieferung durch die Lamech-Rolle, eine der Schriftrollen vom Toten Meer. Auch dies zur Auffrischung: Worum handelt es sich bei der Lamech-Rolle?

Unter den Schriften, die im zurückliegenden Jahrhundert in den Höhlen am Toten Meer gefunden wurden, befand sich auch eine, welche von den Gelehrten »Lamech-Rolle« genannt wird. Darin erfährt man, wie Lamech, ein reicher Viehzüchter, mehr als 10 Monate unterwegs war. Wieder daheim fand er einen Säugling, dem seine Gattin eben das Leben geschenkt hatte. Lamech reklamierte, das Kind könne niemals sein eigenes sein, weil er länger als 9 Monate abwesend gewesen sei. Doch seine Frau schwor ihm, bei allem, was ihr heilig sei, niemand habe sie sexuell berührt. Lamech fragte seinen Vater Methusalem um Rat in der kniffligen Familienstory und Methusalem seinerseits ging zu seinem Vater Henoch (Lamechs Großvater), um von ihm eine vernünftige Antwort zu erhalten. Henoch, derselbe, welcher schon als Knabe ins Raumschiff der Fremden geholt worden war und von ihnen die Sprache und das Schreiben gelernt hatte, sagte seinem Sohn Methusalem, die Wächter des Himmels hätten den Samen in den Schoß der Mutter (Batenosch) gelegt, ohne sie sexuell zu berühren. Er solle ihm den Namen Noah geben. Durch die »Hilfe Gottes« überlebte derselbe Noah später die Sintflut. Die alte Arche-Noah-Geschichte. Da wir alle Nachfahren von Noah sind, tragen wir außerirdische Gene in uns.

Am Rande: Die zentral- und südamerikanischen Kulturen versichern, jene Götter hätten auch den Mais und die Banane auf die Erde gebracht. Beim Mais gleich vier Sorten mit jeweils unterschiedlichen Farben: Weiß, Gelb, Rot und Schwarz. Und bei der Banane kennt unsere Wissenschaft tatsächlich keine langsame Entwicklung. Woher stammt sie? Sie taucht plötzlich auf. Würden wir Menschen auf einem fernen bewohnten Planeten landen, könnte ich mir sehr wohl vorstellen, dass unsere Astronauten als Geschenk einige Bananenpflanzen von der Erde mitbringen.

Alle diese Informationen interessieren den Gegenwartsmenschen nicht. Es stört sein festgefahrenes Bild einer fortlaufenden, geradlinigen Evolution. Doch dieser ideologische Zeitgeist dürfte bald der Vergangenheit angehören. Ich wies mehrfach darauf hin: Inzwischen leben ETs unter uns. Doch die überwältigende Mehrheit der Menschen weiß nichts davon – und will es auch gar nicht wissen. Sie hat den Göttershock noch vor sich.

Notizen aus meinem Leben lautet der Titel dieses Buches. Ein Buch ist Kultur und die wiederum das Produkt einer langen, gesellschaftlichen Entwicklung. Das Lexikon *Der große Brockhaus* vermerkt dazu: [33]

> *»Kultur [lateinisch cultura: Anbau, Pflege, Ausbildung, tätige Verehrung] ist die Summe der Bestrebungen einer Gemeinschaft, die Grundbedürfnisse der menschlichen Natur nach Nahrung, Kleidung, Obdach, Schutz, Fürsorge und Zusammenhalt unter Meisterung der natürlichen Umwelt zu befriedigen und untereinander auszugleichen.«*

Die Kultur schafft Spielregeln einer Gemeinschaft. Wie kommt man untereinander aus? Sie entwickelt Sprachen und Verhaltensmuster. Die christliche Kultur ist anders als die muslimische und jene wieder anders als die tibetanische. Sich als Teilnehmer einer Kultur zu fühlen, kann herzerfrischend sein oder zum Pessimismus führen. Man ist von der eigenen Kultur enttäuscht. Unzählige deutsche Dichter, Schriftsteller und Historiker, angefangen von Friedrich Schiller (1759–1805) bis hin zu Friedrich Nietzsche (1844–1900) entwickelten einen Kulturpessimismus. Nietzsche, ausgerechnet ein Pfarrerssohn, verdammte in seinem Werk *Der Antichrist* [34] seine eigene Religion in Grund und Boden. Kulturen beginnen mit dem Auftreten des Menschen. Dann formen sich Gruppen zur Abwehr von Feinden und zu gemeinsamen Arbeiten. Ackerbau, Töpferei, Weberei. Das Errichten großer Bauten ist das Produkt einer Kultur. Einzelpersonen könnten derartige Leistungen nicht erbringen. Wissenschaft ist Kultur. Was immer Menschen entwickeln, erdenken, erbauen – doch auch träumen und erst in einer fernen Zukunft erreichen wollen (Raumfahrt!) –, ist Kultur. Archäologen bemühen sich, das Leben der vergangenen Kulturen zu erforschen. Und Kultur ist weit mehr als nur eine Gruppenbildung. Tiere beispielsweise rotten sich auch zu Horden zusammen und besitzen trotzdem keine Kultur. Es gibt keine Kunstwerke von Tieren, weder in Form von Malereien noch Bildhauereien oder Bauwerken. Das gemeinsame Musizieren ist genauso gelebte Kultur wie die Poesie und die Literatur. Was immer wir Menschen unternehmen, *ist* Kultur. Wie startete unsere Kultur?

Neuerdings wird schwadroniert, wir Weißen hätten uns das Wissen anderer Kulturen »angeeignet«. Gestohlen. Und die anderen Kulturen? »Stehlen« die nicht auch von uns? In der Schweiz – beispielsweise – wachsen keine Dattelpalmen. Begehe ich also eine Art von kulturellem »Mundraub«, wenn ich Datteln verspeise? Heute wird gefordert, wir müssten fremde Kulturen für die Fehler unserer Urururururgroßväter entschädigen. Noch im vergangenen Jahrhundert hätten »die Weißen« Sklaven aus fernen Ländern importiert, fremde Kulturen »ausgelöscht«, den Fremden unsere Lebensweise aufgezwungen, Krieg und Zwietracht unter die friedlichen Ureinwohner gebracht.

Das stimmt. »Die Weißen« verhielten sich brutal. Insbesondere die damaligen Kolonialmächte England, Frankreich, Italien und Deutschland stahlen unzählige Kulturgüter in den späteren sogenannten Entwicklungsländern und eröffneten daheim ihre Museen. Der Louvre in Paris, die Museen in Rom oder das Britische Museum in London zeugen davon. Vollgepfropft mit gestohlenen Artefakten. Jetzt wird darüber diskutiert, wie diese Kulturgüter wieder in ihre Ursprungsländer zurückgeführt werden können. Insbesondere die Black-Lives-Matter-Bewegung thematisiert diese Debatte. Dabei wird der Zeitgeist, der vor Jahrhunderten herrschte, völlig ignoriert. Die damaligen Eroberer waren der inneren Überzeugung, »den Primitiven« das Christentum beibringen zu müssen, also die (angebliche) »frohe Botschaft« von Jesus zu vermitteln. Doch auch jene Eingeborenen ihrerseits waren keine Heiligen. Sie führten Kriege und schlachteten sich schon gegenseitig ab, *bevor* der weiße Mann kam. Zitat aus meinem Buch *Der Tag, an dem die Götter kamen*: [35]

> *»Als Cortés (= der spanische Eroberer) sich in Tenochtitlán – dem heutigen Mexiko City – umsah, war er entsetzt. Die Wände der Tempel starrten vor Menschenblut. Auf einem Altarstein lagen drei Menschenherzen. In den Gängen stank es ärger als im tierischen Schlachthaus, fürchterlicher als tausend verweste Kadaver. Als Cortés mit seiner Begleitung die Tempeltreppe herabstieg, sah er auf einem Hügel ein großes Holzhaus stehen. Die Spanier machten eine makabere Entdeckung: Vom Boden bis zur Decke waren Totenschädel gestapelt, 136 000 Stück wurden gezählt – die Relikte von Massakern unter der Aztekenherrschaft.«*

In der Geschichte der Königreiche von Colhuacan und Mexiko [36] werden sie bestätigt:

»Und die, mit denen die Einweihung vollzogen wurde, waren Gefangene, die geopfert wurden. Es starben:

Tzapteca	*16 000*
Tlappaneca	*24 000*
Huexotzinca	*16 000*
Tziuhcohuaca	*24 400 […].«*

Dies sind allein schon 80 000 Tote. Der Ethnologe Pierre Ivanoff schrieb: [37]

»Bei den Azteken und Maya gelangten die Opferriten zu einem unvorstellbaren Ausmaß […]. In heilig-wahnwitzigem Eifer waren sie davon überzeugt, die Sonne müsse mit Blut ›ernährt‹ werden. Der Überlieferung folgend wurden die Opfer von zwei starken Männern an Händen und Füßen auf den Opferstein niedergedrückt; damit viele das Schlachtfest beobachten konnten, lag der Opferstein hoch oben auf einer Pyramide. In prächtigen, farbenstrotzenden Gewändern trennte ein Priester mit einigen gekonnten Schnitten das Herz aus der Brust. Wie eine zuckende Trophäe wurde es der Sonne entgegengehalten. Oft wurde den Opfern die Haut abgezogen, die sich der Priester überstreifte, um darin zu tanzen.«

Auch der afrikanische Kontinent war alles andere als friedvoll und menschlich. In seinem Buch *Der verschleierte Völkermord* [38] beschreibt der französisch-senegalesische Anthropologe Tidiane N'Diaye den Sklavenhandel der Afrikaner untereinander:

»Man kann mit Fug und Recht sagen, dass der von den erbarmungslosen arabomuslimischen Räubern betriebene Sklavenhandel weitaus verheerender für Schwarzafrika war als der transatlantische Sklavenhandel.«

Tidiane N'Diaye beziffert die aus Afrika in muslimische Länder verschleppten Sklaven zahlenmäßig auf 17 Millionen.

Der »Westmensch« soll im Glauben gelassen werden, jene Völker in fernen Ländern seien untereinander friedliebend gewesen. Erst »der Weiße« habe Mord und Totschlag gebracht. Heute genügt es schon, »weiß« zu sein, um ein schlechtes Gewissen zu erzeugen. »Der Weiße« soll eine »Bringschuld« haben. Rassismus in umgekehrter Form. Tatsächlich aber ist kein Gegenwartsmensch schuldig für ein Unrecht, welches sein Urururururururgroßvater beging.

Die »Götter«, jene Außerirdischen, welche einst die Erde besuchten, schlachteten keine Menschen ab. Die »Götter« wirkten als Lehrmeister. Sie unterwiesen uns, brachten uns das Handwerk und den Ackerbau bei, nahmen vereinzelte Menschen mit in ihr Mutterraumschiff, beispielsweise Henoch. Zur Erinnerung: Nachdem der ihre Sprache begriffen und das Schreiben gelernt hatte, forderte ihn eines Tages ein Außerirdischer auf:

»Menschensohn, schau mal hinaus. Siehst du das kleine Licht dort draußen? Ihr Menschen sagt ›Mond‹ dazu. Doch der Mond hat kein eigenes Licht. Er bezieht sein Licht von der Sonne.«

Diese Erkenntnis ist nicht erst in den letzten Jahrhunderten »erdacht« worden. Vor über 2500 Jahren sprach bereits Platon darüber. Und brillante Denker wie ein Giordano Bruno (1548–1600) mussten ihr Leben lassen, weil sie den Zeitgeist durchbrachen und die Wahrheit über unser Sonnensystem verkündeten. Dieser Giordano Bruno, ein Dominikanermönch, wagte es doch tatsächlich, die christliche Lehre anzuzweifeln und seine Gedanken über unser Sonnensystem publik zu machen. Dafür wurde er am 17. Februar 1600 auf dem Campo dei Fiori in Rom öffentlich verbrannt. [39] Welche Erkenntnis hatte Giordano Bruno denn veröffentlicht? In der *Neuen Zürcher Zeitung* vom 15. Juni 2024 vermerkte Thomas Ribi dazu: [40]

> *»An den Kerngedanken seiner Philosophie hielt Bruno in allen Befragungen fest: dass Raum und Zeit unendlich seien, dass es eine Vielzahl von Welten gebe und dass alles Seiende von einer unvergänglichen Weltseele durchdrungen sei. Dass sich die Erde um die Sonne dreht, war selbstverständlicher Teil seines Weltbilds.«*

Da ist er wieder, ausgesprochen lange *vor* unserer Zeit: der Gedanke an den »grandiosen Geist der Schöpfung«.

Der *Homo sapiens sapiens* ist das Produkt der Evolution, verkündet die wissenschaftliche Gemeinde. Und zweifellos gibt es diese Evolution. Jedermann weiß, dass alle Hunde von einem Urhund abstammen. Und trotzdem können einige Lebensformen auf unserem Planeten nicht auf dem evolutionären Weg entstanden sein. Dies untermauerte ich in meinem Buch *Alles Evolution – oder was?*. [41] Wenn nicht durch Evolution – wodurch dann? Also sucht man nach einem »Artificial Designer«, einem künstlichen Planer. Und wer kommt dafür infrage? Außerirdische.

Dr. Hans-Joachim Zillmer, Mitglied der New York Academy of Sciences, deckt in seinem Buch *Irrtümer der Erdgeschichte* [42] die krassen Fehler der Anthropologen auf. Vom Bereich der Blue Mountains (Wyoming, USA) bis hinein in den Süden Mexikos liegen unzählige Dinosaurierknochen. Und im felsigen Boden finden sich Fußabdrücke der Saurier neben menschlichen Fußabdrücken. Evolutionär betrachtet unmöglich. Im Yellow-Stone-Nationalpark der USA werden versteinerte Bäume gezeigt, die vor 60 Millionen Jahren »in situ«, also exakt an diesem Punkt, gestanden haben sollen. Doch vor 60 Millionen Jahren existierte diese (versteinerte) Baumart noch nicht. Zillmer zeigt Felsmalereien, auf denen gleich mehrere Menschen neben zwei Sauriern dargestellt sind. Die Bilder können keine Fälschungen aus unserer Zeit sein, denn sie sind mit einer dünnen Schicht des sogenannten »Wüstenlacks« überzogen. Wissenschaftlich exakt formuliert: »Desert varnish«. Der bildet sich über die Jahrtausende …

Im *American Journal of Science* vom 29. Oktober 1938 wurde über 150 Millionen alte menschliche Fußabdrücke berichtet, und die Zeitschrift *The Geologist* vom Dezember 1862 schrieb über menschliche Knochen, die in einem Kohleflöz im Macoupin County (Illinois, USA) gefunden wurden. Sie passten nirgendwo in die evolutionäre Entwicklung des Menschen. Im Jahr 1908 besuchte eine internationale Kommission versteinerte Knochen »im östlichen Flöz Braun, 2. Sohle, Querschlag 3« in Neunkirchen (Saarland, Deutschland). [42] Ein Jahr später wurden die Funde ins Preußische Staatsmuseum von Berlin überführt und dort von der Öffentlichkeit ferngehalten. »Geheim muss diese Angelegenheit schon behandelt werden, denn Menschen können nicht in der Zeit des Karbons vor vielleicht 300 Millionen von Jahren gelebt haben.« [42]. In *Alles Evolution – oder was?* [41] beschrieb ich Felsmalereien, die vor Cap Morgiou, östlich von Marseille (Frankreich) gelegen, gefunden wurden. Sie lagen in 37 Metern Tiefe unter der Wasseroberfläche des Mittelmeeres. (Man vergleiche die Unterwasserbauten, über welche Ramon Zürcher in seinem Beitrag berichtet.) Nachfolgend ein krasser Fall, der die Widersprüche in der Evolutionstheorie aufzeigt, weil hier etwas beobachtet werden kann, das vonseiten der Evolutionstheorie in seiner Komplexität nur schwer erfasst werden kann:

Der natürliche Feind der Schlupfwespe ist die Radnetzspinne. Die Wespe sticht ihren Gegner und legt ein Ei in den Hinterleib ihres Opfers. Dort ernährt sich die Larve von den Innereien der Spinne und wächst heran. Sobald die Larve reif zum Schlüpfen ist, muss die Wespe, die ständig in der Nähe bleibt, ein neues Gift in die Spinne spritzen und die beginnt – Hokuspokus –, einen Kokon um die Spinne zu weben. Ist dieser Kokon fertig, tötet die Schlupfwespe ihr Opfer. Die Wespenlarve hingegen wächst weiter und verlässt schließlich den Kokon.

Ein weiteres Rätsel: Im Magazin *Sagenhafte Zeiten* [43] stellte der Ingenieur Jürgen Huthmann aus Traunstein (Deutschland) die Frage nach dem »Zentrum der Welt«. Viele Kulturen behaupten, sie seien dieses Zentrum der Welt. Ich hörte die Aussage sowohl im Hochland von Tibet wie in Alaska als auch auf der winzigen Osterinsel im Pazifik. Verständlich, schließlich nimmt sich jede Kultur wichtig. Doch ein wahrhaftiges Bauwerk mit dem Namen »Mitad del Mundo«, die Mitte der Welt, steht tatsächlich 27 Kilometer nordöstlich von Quito, der Hauptstadt Ecuadors. Jürgen Huthman untersuchte diesen Punkt vor Ort und berichtete:

Bild Nr. 2

»Das Äquatordenkmal ist ein wuchtiges Steinmonument, zu dem ein breiter Fußweg führt, an welchem Büsten der Äquatorforscher stehen (Bild Nr. 2). Eine dicke gelbe Linie läuft direkt auf das Denkmal zu und markiert die Nulllinie. Besucher machen sich einen Spaß daraus, auf dieser Linie zu balancieren oder mit einem Fuß je auf der nördlichen oder südlichen Halbkugel zu stehen – zumindest glauben sie das. Denn die echte ›Mitte der Welt‹ liegt 300 Meter Luftlinie weiter nördlich auf einem Hügel, den die Indios ›Catequilla‹ nennen. Diese Entdeckung machte der ecuadorianische Vermessungsingenieur Cristobál Cobo. Nach Recherchen in alten indianischen Überlieferungen stieß er auf einen Messpunkt, den die Eingeborenen ›Inti Nan‹, den

›Weg der Sonne‹, nennen. Gekennzeichnet ist dieser Punkt durch einen niedrigen Ringwall, der genau dem Sonnenlauf zwischen Winter- und Sommersonnenwende entlang gebaut wurde – immer im Winkel von 23,5 Grad zum Äquator. Datierungen ergaben, dass die Steine für diese Mauer vor mindestens 5500 Jahren gelegt wurden.«

Woher aber – so fragt Cristobál Cobo – sollen die präkolumbianischen Indios, welche den Wall bauten, gewusst haben, wo der Äquator verläuft? Also nahm der Forscher eine Reihe von Vermessungen vor und überflog die Region mehrmals, ein GPS-Navigationsgerät stets griffbereit neben ihm. Zudem befragte er die ansässigen Indios nach ihren Überlieferungen. Schließlich kristallisierte sich heraus, dass ein unbekannter kleiner Stamm namens Caras die Äquatormauer erbaut hatte. Und dies nicht zufällig. Sternenförmig um die Mauer herum liegen präkolumbianische Orte, und zwar allesamt im Winkel von 23,5 Grad vom Zentrum entfernt. Im Norden Perucho mit der Pyramide von San José, östlich davon Atahualpa, dann westlich gelegen Pambamarca und südlich schließlich Calderon. Eine gerade Linie führt ins Zentrum von Quito genau in die Kirche *San Francisco*. Diese gilt als die älteste Kirche Südamerikas, und sie steht exakt dort, wo sich ursprünglich der Palast des Inkaherrschers Huayna Cápac befand. Heute noch erleben Touristen dort Jahr für Jahr am 21. Juni ein Lichtspektakel. Exakt um 9:00 Uhr morgens trifft das Sonnenlicht auf den Altarstein und erhellt ihn derart, als wären grelle Scheinwerfer darauf gerichtet. Unbeantwortet bleibt die Frage, wie ein kleiner Volksstamm wie die Caras die Äquatorlinie präziser festlegen konnte als unsere moderne Wissenschaft. Die Äquatormauer beweist es. Genauso rätselhaft bleibt, weshalb sie Heiligtümer in geraden Linien anlegten, ausgehend von der Äquatormauer. Hier muss an Griechenland erinnert werden, wo sämtliche altgriechischen Orte in exakten Distanzen – stets nach dem Goldenen Schnitt – zueinander angelegt wurden. Und an die Tausende von Kilometern langen Ley-

Bild Nr. 3

Linien in Europa. *Wer* also teilte unseren Globus schon vor Jahrtausenden in Sektoren auf?

Was mich bei dieser Forschung frustriert, ist die Tatsache, dass sich kein archäologisches Institut um diese Rätsel kümmert. Dabei sind nicht einmal teure Expeditionen notwendig, um die Tatsachen zu überprüfen. Eine Landkarte, ein Zirkel und ein Lineal reichen. Meine Kollegen und ich haben in unseren Büchern auf Hunderte von Rätseln hingewiesen, haben die alten Schriften studiert, Reisen an die Orte unternommen und Bilder geliefert. Seit Jahren tut der amerikanische History Channel mit seiner Sendung *Ancient Aliens* dasselbe. Doch keine Universität greift den Ball auf. Keine Gruppe hat die Courage, das bisherige Weltbild infrage zu stellen. Wir leben in einer Welt von intellektuellen Nachplapperern. Zur Auffrischung: Unter den Talaren – Muff von 1000 Jahren!

Einer der seltenen Gelehrten, die nicht in dieses Schema passen, ist Dr. Dileep Kumar Kanjilal, langjähriger Professor für Sanskrit am Sanskrit College von Kalkutta. Unsere erste Begegnung vor über 40 Jahren verlief grotesk. Ich hatte an der Universität von Kalkutta einen Vortrag über meinen Fachbereich gehalten, und unter den Zuhörern saß auch Prof. Dr. Kanjilal (Bild Nr. 3). Wer ist dieser Herr Professor? Nach seiner Ausbildung zum Sanskritfachmann an der Uni von Kalkutta studierte er 3 Jahre in Oxford (England) und arbeitete anschließend als Rektor des berühmten Victoria College von Cooch Behar in Westbengalen. Bis zu seiner Pensionierung diente er als Delegierter des Staates für Sanskritfragen und wurde zum Ehrenmitglied der »Asiatischen Gesellschaft Englands« ernannt. Bei der sich an meinen Vortrag anschließenden Diskussion beeindruckte er mich mit seinem Fachwissen, und so fragte ich, ob ich ihn ins Hotel einladen dürfe. Wir hatten uns kaum in ein Taxi gequetscht, da sagte Dr. Kanjilal: »Ich befürchte, Sie haben recht.« – »Wie soll ich das verstehen?« – »Das hier erklärt alles«, antwortete er und drückte mir 321 eng mit Maschine beschriebene Blätter in die Hand. Titel der Arbeit: *Flying Machines in Ancient India* (Fliegende Maschinen im alten Indien). Ich verschlang den Text noch in derselben Nacht. Professor Kanjilal erlaubte mir, seine Arbeit auszugsweise für meine Bücher zu verwenden. Da liest man:

> »*Im* Rigveda *gibt es bekannte Hymnen, welche an die göttlichen Zwillinge Asvinas gerichtet sind. Darin tauchen Fahrzeuge auf, welche mit anderen Menschen an Bord durch die Lüfte flogen. Diese Flugwagen waren äußerst komfortabel. Man erreichte mit ihnen nicht nur die obersten Wolkenschichten, sondern auch das Weltall. Die Flugmaschinen wurden durch Flüssigkeiten betrieben, deren Zusammensetzung wir heute nicht mehr korrekt übersetzen können […]. Dabei wird ausdrücklich klargestellt, dass diese Himmelsfahrzeuge sich ohne irgendwelche Zugtiere bewegten. Wenn die Gebilde aus den Wolken herniederstiegen, versammelten sich große Menschenmengen, um der Landung beizuwohnen. Dabei berührten die Fahrzeuge den Erdboden nicht, sondern sie blieben darüber schweben. Treppen wurden ausgefahren. Im* Rigveda-*Text 1.16.4–5,9 wird vermerkt, wie die Gebäude wackelten und das Echo des Lärms von den Hügeln zurückgeworfen wurde.*«

(Dasselbe steht im *Kebra Negest*, dem äthiopischen »Buch der Könige«. Dort im Zusammenhang mit Salomons Flugwagen auf seinem Weg zu seiner Geliebten, der Königin von Saba.)

Nachfolgend einige Auszüge aus dem *Rigveda*, wobei ich in Klammern die exakten Textnummern wiedergebe:

> *»Gemeinsam mit Khara bestieg er das fliegende Fahrzeug, das mit Juwelen und Gesichtern geschmückt war. Es bewegte sich mit einem Lärm, der dem Donner aus den Wolken glich.« (3.35.6–7)*
> *»Besteige dieses Fahrzeug, das in die Luft steigen kann. Nachdem du Sita verführt hast, magst du hingehen, wohin du willst […]. So bestiegen Ravana und Maricha das Luftfahrzeug.« (3.42.7–9)*

> *»Du Schurke, du glaubst Wohlstand zu erreichen, indem du dieses Luftfahrzeug beschaffst?« (3.30.12)*

> *»Dann erschien das selbstständige Luftfahrzeug wieder in Lanka mit der armen Sita und Trijata.« (4.48.25–37)*

> *»Dies ist das vorzügliche Luftfahrzeug, das ›Puspaka‹ genannt wird […].« (4.121.10–30)*

> *»Das fliegende Objekt, das mit einem Schwan geschmückt war, erhob sich mit lautem Getöse in die Lüfte.« (4.123.1)*

> *»Alle Haremsdamen beendeten eiligst die Dekorationen und bestiegen das fliegende Fahrzeug.« (4.123.1–55)*

Professor Kanjilal informiert weiter:

> »*In den Texten des* Sabhaparvan *werden detaillierte Hinweise über diese himmlischen Besucher geliefert. Sie sollen ursprünglich auf die Erde gekommen sein, um die Menschen zu studieren. Die Himmelswesen bewegten sich nach Belieben auf der Erde und im Weltall. Mehrere Konstruktionen, sogenannte ›Sabha‹, werden beschrieben, die ihre Bahnen am Firmament zogen wie unsere heutigen Weltraumstationen. Allein im* Mahabharata *gibt es 41 Textstellen, in welchen es um fliegende Fahrzeuge geht.*«

Das sind nicht die Aussagen eines Amateurs, der sich gerade einmal einige Monate mit den altindischen Texten auseinandersetzte. Dr. Kanjilal ist Fachmann. Professor für Sanskrit. Er kann jede Textstelle exakt belegen: *Rigveda*-Kapitel Nummer X, Abschnitt Y, Vers 23 (man vergleiche es mit der *Bibel*: 1. Buch Mose, Kapitel 3, Vers 24.) Die Feststellungen von Professor Kanjilal haben Gewicht. Sie sollten unser Weltbild über die menschliche Frühgeschichte verändern. Es *gab* Besucher aus dem Weltall. Sie *haben* das Denken und damit die Kultur unserer Vorfahren maßgeblich beeinflusst. Doch in der gegenwärtigen Gesellschaft passiert gar nichts. Dabei besteht der größte Teil der Wissenschaftler aus grundehrlichen, intelligenten und integren Mitmenschen. Weshalb ändern sie denn ihre Meinung nicht? Weil sie über das, was ich und viele andere Autoren bearbeiten, nichts wissen. Sie befassen sich nicht damit. Außerirdischer Besuch? Blödsinn. Beeinflussung des Menschen durch ETs? Quatsch. Jedermann weiß doch, dass Außerirdische uns schon wegen der Distanzen, die zwischen den Sternen liegen, niemals besuchen könnten. Faulheit. Mitnickertum. Zeitgeist.

Über die (angeblich) geheime Inkastadt Machu Picchu in Peru berichtete ich ausführlich in meinem Buch *Unmögliche Wahrheiten.* [44] Die Fachleute verkünden unisono, dieses Machu Picchu sei als Zufluchtsort vor den Christen von den Inka erbaut worden. Gar nichts davon stimmt. Als Entdecker der Stadt wird der Amerikaner Hiram Bingham (1875–1956) angegeben. Auch das ist falsch. Der Mormone Hiram Bingham betrat die Stadt im Jahr 1911, doch sie war längst vorher bekannt und auch immer wieder beschrieben worden. Der deutsche Landvermesser Herman Göhring markierte den Ort sogar auf einer Landkarte. Dies geschah im Jahr 1874. Doch selbst der sture Hiram Bingham hatte erkannt, dass die Grundmauern von Machu Picchu von einer jahrtausendealten, unbekannten Kultur stammen mussten. [45]

Irrtümer, so weit das Auge reicht. Dass man vor uns politische Tatsachen verschleiert – Thema: Pseudoflüchtlinge –, haben inzwischen auch die Hinterbänkler kapiert. Dass aber auch viele der »gesicherten« wissenschaftlichen Ergebnisse falsch sind, wird vom Tisch gewischt. Wie soll man Vertrauen in die Aussagen einer Wissenschaft entwickeln, die unfähig ist, ihre Fehler zu revidieren?

Im Jahr 1962 wurden nördlich von Fairbanks (Alaska) tiefgefrorene Langhaar-Mammuts entdeckt. Diese kamen bei der Suche nach Goldvorkommen mithilfe von starken Wasserstrahlen zum Vorschein, nachdem die sie bedeckende Erdschicht mit dieser Methode abgetragen worden war. Die Mägen der Tiere enthielten Blätter und Gräser, welche die Mammuts eben noch verschlungen haben mussten. In derselben Gegend stieß man auf 1766 Kiefer und 4838 Mittelfußknochen einer Bisonart. Was war hier geschehen? Wie könnte eine eisige Kälte innerhalb von Minuten den Planeten verändern und Mammuts tiefgefrieren? Wer veranstaltete hier einst eine Großwildjagd? Ahnungslos stehen wir vor diesen Tatsachen. Und wenn es wieder geschieht, sind wir der Katastrophe wehrlos ausgeliefert. Auch unterirdische Bunker helfen nicht. Der Temperatur- und Klimaschock ereignet sich innerhalb Minuten. Wir wären tiefgefroren, bevor wir die Schutzräume erreichen könnten. Ach ja, und die Argumente über »das vom Menschen gemachte Klima« verpuffen ins Lächerliche.

Und wer erbaute die Pyramiden in der Antarktis, die jetzt langsam vom schmelzenden Eis freigegeben werden? In der Sendung *Ancient Aliens* [46] des US-amerikanischen History Channel wurden gleich mehrere davon gezeigt. Und *mir* zeigt das: Wir schwimmen in der Ahnungslosigkeit. Nicht nur unsere Evolutionsmodelle, sondern auch unsere Behauptungen über die Entstehung des *Homo sapiens sapiens* geraten völlig durcheinander. Ein Neustart ist fällig.

In seinem Buch *Irrtümer der Erdgeschichte* [42] präsentiert Hans-Joachim Zillmer einen Felsbrocken aus Colorado (USA), und mittendrin, quasi wie einbetoniert wirkend, einen Holzbalken. Zillmer schreibt, man erkenne eindeutig ein Sand-Kies-Gemisch, als ob der Fels ein künstliches Produkt so wie unser Beton sei. Das erinnert mich spontan an Tempel auf der Insel Malta. Auch dort steht der Besucher staunend vor mächtigen Monolithen, die – angeblich – aus einem Stück Fels gehauen worden sein sollen (Monolith, Zusammensetzung aus *mono* für »einzel«, und *lithos* für »Stein«). Doch eine genauere Inaugenscheinnahme entlarvt die Monolithen als gegossen. Die Urmalteser müssen wohl die Rezepturen von Mörtel und Steinmischungen gekannt haben. Doch dies betrifft nicht nur die Malteser …

Da liegen im Hochland von Bolivien diese phänomenalen Orte Puma Punku und Tiahuanaco, über die ich unzählige Male schrieb (man erinnere sich an das sogenannte »Sonnentor« mit den Darstellungen geflügelter Gottheiten). So gut wie unbekannt dazu sind die Aussagen von Antonio de Castro y Castillo, der im Jahr 1651 immerhin Bischof von La Paz in Bolivien war. Tief beeindruckt von dem, was er gesehen hatte, vermerkte er: [47]

> *»Obschon man früher annahm, dass die Ruinen das Werk der Inka seien, eine Festung für ihre Kriege, hat man jetzt erkannt, dass sie im Gegenteil ein Bauwerk aus der Zeit vor der Sintflut sind […], wären sie nämlich ein Werk der Inka in einer Ebene ohne Gewässer und so tief gegraben, so hätten nicht einmal wir Spanier ein derartiges Gebäude errichten können […].«*

Und der Dresdner Archäologe Max Uhle (1856–1944), den man auch den »Vater der peruanischen Archäologie« nennt und der gemeinsam mit dem Geologen Alphons Stübel (1835–1904) ein dreibändiges Werk über Tiahuanaco herausgab [48], schrieb schon vor über 150 Jahren:

> *»Den merkwürdigsten Teil der Ruinen bilden die noch an Ort und Stelle befindlichen Plattformen und die zerstreut zwischen ihnen liegenden ganzen oder abgebrochenen Blöcke […], der gegenwärtige Zustand der Ruinen zeigt – mit Ausnahme der drei großen Hauptplattformen – eine große Regellosigkeit.«*

Der französische Paläontologe Alcide Charles Victor d'Orbigny (1802–1857), der Tiahuanaco in der ersten Hälfte des 19. Jahrhunderts bereiste, berichtete über Plattformen von 40 Metern Länge und 22 Metern Breite, die sich ihm in einem Stück darboten (heute sind sie zerbrochen). Das Gewicht der intakten Steinungetüme hatte jeweils rund 2300 Tonnen betragen. (Zum Vergleich: Der eindrucksvolle »Stein des Südens« in Baalbek [Libanon] bringt gerade einmal 1400 Tonnen auf die Waage.) Wobei die unbearbeitete Rohmasse noch gewaltiger gewesen sein muss. Wieder einmal haben wir nicht den blassesten Schimmer einer Ahnung, wie derartige Plattformen transportiert werden konnten. Holzrollen wären zerquetscht, in den Boden gedrückt worden. Wobei in jener Höhe von 3800 Metern ohnehin kein Baum wächst, der das benötigte Holz hätte zur Verfügung stellen können. Übrigens liegen auch unter den Ruinen von Tiahuanaco verschiedene Räume. Karl F. Kohlenberg vermerkt dazu: [24]

> *»[…] sondern über die ganze Stadt verstreut merkwürdige unterirdische Gemächer mit dicken, festgefügten, gegen Erdstöße abgesicherten Mauern […] ganz in der Art, wie der heutige Großstädter seine Luftschutzräume zu bauen pflegt.«*

Nochmals: Diese baulichen Leistungen wurden nicht irgendwo im Tiefland umgesetzt, sondern in immerhin 3800 Metern Höhe. Bei all diesen weltweit verbreiteten Bunkern ging es stets – was die Gründe für ihre Schaffung anging – um dasselbe: Angst vor Feinden aus dem Weltall und Furcht vor Steinen »aus dem Himmel« (Meteoriten).

Vom Hochgebirge ins Flachland. Im Winter des Jahres 2018 wollte eine internationale Gruppe von Wissenschaftlern herausfinden, ob es einst auch in der Sahara Eiszeiten gegeben hatte. Das Resultat verblüffte: Alle 25 000 Jahre hatte sich die Sahara von einer Grünzone in die Wüste und wieder zurück verwandelt. Das Resultat war eindeutig und durch Bohrungen bis in 100 Meter Tiefe belegbar. [49] Auch hier nichts mit dem »vom Menschen gemachten Klimawandel«. Der Grund für den natürlichen Klimawechsel? Die »eiernde« Erde. Unser Planet ist keine perfekte Kugel, sondern an den Polen leicht abgeflacht. Dies verursacht eine sehr schwache Veränderung der Erdrotation.

Weshalb erinnere ich an all diese Dinge? Weil niemand über sie schreibt, niemand vor Ort forscht und weil es vor Jahrtausenden eindeutig Zivilisationen gegeben haben muss, die Techniken beherrschten, die wir nicht verstehen.

Im Jahr 1968 erschien mein Buch *Erinnerungen an die Zukunft.* [50] Hallo! Das war vor 56 Jahren! Dort schrieb ich auf Seite 84:

> »*Vor grauen, unbekannten Zeiten entdeckte ein fremdes Raumschiff unseren Planeten […]. Freilich war der damalige Mensch noch kein* Homo sapiens, *sondern irgendetwas anderes […]. Künstlich befruchteten die fremden Raumfahrer einige weibliche Exemplare und reisten wieder ab. Jahrtausende später kehrten die Raumfahrer zurück und fanden die ersten Exemplare des* Homo sapiens *vor […].*«

Die Fremden hatten in die DNS des Menschen eingegriffen oder – wie es die Überlieferungen berichten – den Menschen

»nach ihrem Ebenbild« geschaffen. Und heute? *Die Welt* vom 27. Juni 2024 berichtete: [51]

> *»Forscher, die an Institutionen in den USA und in Japan tätig sind, stellten eine neuartige Technik der Genom-Editierung in zwei Studien vor. Diese erlaubt es offenbar, lange DNS-Sequenzen problemlos einzufügen, zu löschen, umzudrehen oder zu verschieben. Auch große Umbauten im Erbgut könnten dadurch einfach möglich werden.«*

Was vor 56 Jahren unmöglich schien, ist inzwischen längst Realität geworden. »Problemlos«.

1972 fand der Chefausgräber von Sakkara (Ägypten), Prof. Dr. Walter Bryan Emery, in einem der unzähligen Tunnel unter der Stufenpyramide einen unnatürlich geformten Stein. An einer erhöhten Stelle klopfte er mit einem Hämmerchen leicht daran und siehe da, es kam ein kleines Figürchen der Göttin Isis zum Vorschein. Plötzlich spürte Professor Emery etwas wie einen leichten elektrischen Schlag. Er brach zusammen. 2 Tage später starb er in einer Klinik in Kairo. Ein Fluch der Pharaonen?

Im Jahr 1972 schoss die NASA die Sonde *Pioneer 10* ins Weltall. Es war der erste Satellit, der unser Sonnensystem verließ. Mit an Bord befand sich eine Aluminiumplakette mit den Abmessungen 15,29 mal 29 mal 1,27 Zentimeter, die mit purem Gold überzogen war. Auf der Plakette war eine Darstellung für Außerirdische eingraviert, falls diese irgendwann in einer fernen Zukunft unsere Sonde einfangen sollten. Logischerweise wäre es sinnlos gewesen, die Plakette mit einer Einrichtung zu versehen, die eine von Menschen gesprochene Botschaft hätte

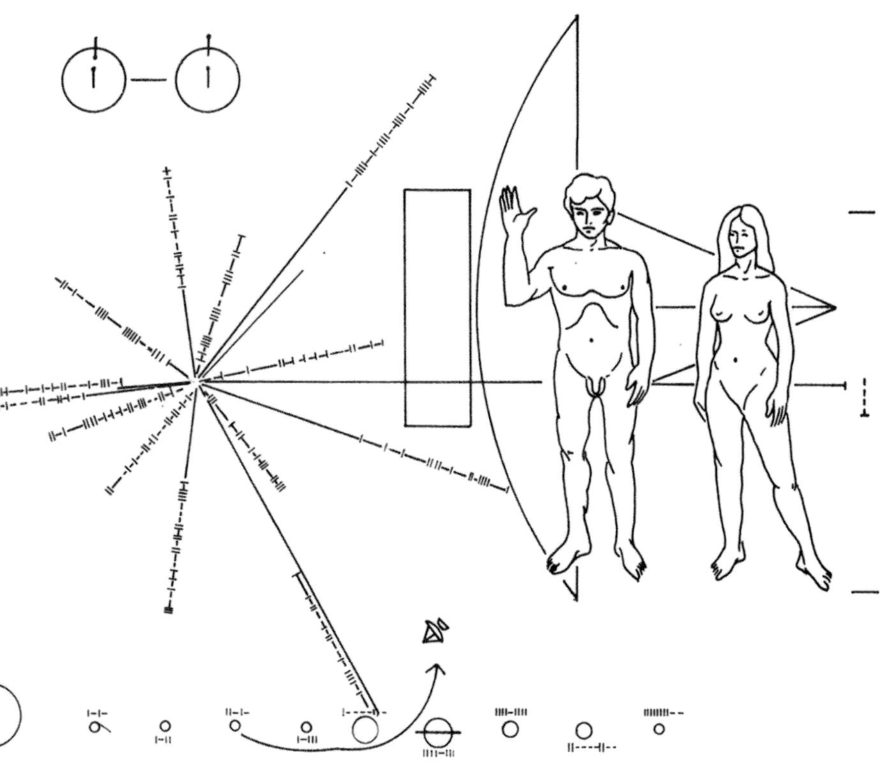

Bild Nr. 4

übermitteln können, denn kein ET hätte ein Wort verstanden. Also versahen die US-Astrophysiker Dr. Carl Sagan und Dr. Frank Drake die goldüberzogene Platte mit einer gut durchdachten Grafik, aus welcher jeder intelligente Außerirdische ablesen können sollte, von *wo* aus die Sonde losgeschickt wurde und *wer* ihre Absender waren (Bild Nr. 4).

Am unteren Rand der Plakette wurde unser Sonnensystem mit seinen neun Planeten eingraviert. Dies in der richtigen Größe und Distanz der einzelnen Objekte zueinander. Die

Darstellung erfolgte mittels des binären Zahlensystems. Hat beispielsweise Merkur einen Abstand zur Sonne von zehn binären Einheiten – ausgedrückt durch 1010 –, dann ist die Erde 26 Einheiten (= 11010) von der Sonne entfernt. Des Weiteren wurde auf der Plakette die Bahn von *Pioneer 10* von der Erde zum Jupiter eingraviert. Darüber finden sich die Abbildungen eines nackten Mannes und einer nackten Frau. Diese sollen zeigen, wie wir Erdbewohner aussehen. Die Frau erhebt die rechte Hand zum Gruß. Die linke Hälfte der Plakette zeigt die Position der Sonde mit 14 Linien, aus welcher sowohl das Startdatum als auch der Ursprungsort des Sondenabsenders ablesbar ist. Doch wie sollen Außerirdische die Distanzen zwischen den Planeten erkennen? Um das zu ermöglichen, wurde am oberen Rand der Plakette ein Wasserstoffatom eingraviert. Die Struktur des Wasserstoffatoms ist im gesamten Universum dieselbe. Damit könnte eine fremde Intelligenz sogar die Größe der abgebildeten Dame ermitteln: in unserer Recheneinheit 162,4 Zentimeter.

In New York sprach ich mit dem »Erschaffer« dieser einzigartigen Sonde, Prof. Dr. Frank Drake:

»Wie lange überlebt *Pioneer 10*?«

»Theoretisch Jahrmillionen. Die Sonde kann ohne Weiteres 28 Billiarden Kilometer zurücklegen und 3000 Lichtjahre unterwegs sein (ein Lichtjahr ist die Strecke von 9,461 Billionen Kilometern). Da wir erreichen wollen, dass die Plakette so lange überlebt, haben wir sie mit Gold beschichtet. Das war am preiswertesten.«

»Für wen ist die Mitteilung auf der Plakette bestimmt?«

> *»Für eine Intelligenz, welche die Sonde irgendwann ortet. Dank des eingravierten Wasserstoffatoms und der binären ›Sprache‹ wird jede Spezies dort draußen die Mitteilungen entziffern können.«*

Ich wurde nachdenklich. Was würde geschehen, wenn unsere Sonde in eine Kultur »hineinplatzt«, die weder etwas von Weltraumfahrt, geschweige denn von einem binären Code versteht? Würde eine derartige Gesellschaft unsere Plakette als seltsame Botschaft irgendwelcher Götter einstufen? Würden deren Vertreter vielleicht zeichnerische Kopien davon herstellen? Würde für die Originalsonde ein eigener Tempel errichtet werden? Der »Tempel der göttlichen Botschaft«? Und existieren möglicherweise derartige Informationen seit Jahrtausenden auf der Erde und wir erkennen sie nicht? Nachfolgend ein Beispiel:

Das Bild Nr. 5 stammt aus der Sammlung von Pater Carlo Crespi in Ecuador. Die dargestellte Platte ist mit einer dünnen Goldschicht überzogen. Der Kopf des Skeletts wird von einem Kranz umrahmt und unter den Füßen sind zwei Zickzacklinien und zwei punktierte Linien eingraviert. Ist das der Code zur Entschlüsselung? Die rechte Seite der Platte scheint Mathematik darzustellen. Linien und Punkte. Ein Archäologe würde dahinter lediglich reine Ornamentik des Künstlers erkennen. Doch sollte beachtet werden, dass derselbe Künstler ein perfektes menschliches Skelett eingravierte. Er wusste, was er tat. Wissen wir es?

Bild Nr. 5

Kapitel 4

»Herr Zürcher, übernehmen Sie ...«

Vorbemerkungen

Drei Gedanken zu Erich von Dänikens Notizen seien von mir geäußert:

1. Fanatismus ist aller Übel Anfang – egal, welche Religion, egal, welcher Idealismus dahinterstehen mag –, es fängt immer nett an, bis es verbissen wird.
2. Jeder soll sich doch als das fühlen, was er will. »Meine Grenzen enden aber an den deinen.«
3. Wir sind alle, egal, welcher Rasse wir angehören, die »intelligente« Lebensform auf diesem Planeten. Dies birgt Verantwortung und benötigt Verständnis.

In Gedenken an Luc Bürgin, meinen zweiten Mentor.

Mein langjähriger Freund und Chef bat mich vor ein paar Monaten, meine eigenen Forschungen zu Papier zu bringen und diese seinem neuesten »Wurf« beizusteuern. Mit großem Vergnügen habe ich das getan, doch soll ich mit unserer gemeinsamen Geschichte anfangen. Ganz im Sinne des Titels dieses Buches. Nun denn – vielen Dank für Dein Vertrauen, Erich!

Einleitung aus Ramon Zürchers erstem Buchmanuskript *Unterwegs mit Erich von Däniken* (2021)

In vielen Gesprächen mit interessierten Menschen werde ich immer wieder gefragt, wie ich denn zu diesem Traumjob gekommen sei. Meine Antwort ist dann jeweils eine mündliche, extrem gekürzte Geschichte. Eine Story mit vielen glücklichen und kuriosen Umständen! Ein Lebensweg, wie ich ihn hier nun etwas ausführlicher wiedergeben werde.

Zug des Lebens

Lange bevor ich Erich als 14-Jähriger kennenlernte, hatte uns schon ein besonderer Zufall – kommt von »Zu-fallen« – verbunden: Denn ich bin genau 48 Jahre, 1 Monat und 5 Tage nach EvD im selben Kantonsspital geboren worden, obwohl unsere Familien nie einen direkten Bezug zu Zofingen im Kanton Aargau, Schweiz, hatten. Vielleicht sogar im selben Kreißsaal …

Das Leben führte sowohl Erich als auch mich ins Berner Oberland, wo wir uns 14 Jahre später kennenlernten.

Aufgewachsen in einem Bergtal (Oey-Diemtigen im Simmental) in der Schweiz, hatte ich als Kind und Jugendlicher nie viel gelesen. Meine Freizeit verbrachte ich vorwiegend in der Natur; beim Feuermachen, Pfeil und Bogen basteln und schießen, Zelten und Waldhütten bauen. Mein damals bester Freund und auch mein jüngerer Bruder waren aber schon zu jener Zeit große EvD-Fans und hatten viele Bücher von ihm gelesen. So war mir der Name Erich von Däniken ein Begriff, als wir in der Stadt Thun ein Plakat sahen: *Erich von Däniken Live im Schadausaal.*

Ich sagte zu meinem Freund: »Komm, lass uns mal den Däniken live sehen, mich interessieren diese Dinge auch.«

Es kam dann allerdings so, dass mein Freund Urs diesen Vortrag allein besuchte, da ich an dem Abend, als Ältester von vier Kindern, auf meine Geschwister aufpassen musste. Meine Mutter hatte Nachtdienst im Spital und mein Vater ein wichtiges Tennisturnier.

Mein Freund ließ sich nach dem Vortrag bei der Autogrammstunde selbstverständlich seine EvD-Bücher signieren. Die beiden kamen ins Gespräch und EvD fragte den Jungen, ob er denn ohne Eltern da sei. Urs bejahte dies und erwähnte, dass er eigentlich mit seinem Freund Ramon habe kommen wollen. EvD, beeindruckt von der Selbstständigkeit des Burschen, fragte, wie er denn nun ins Tal nach Hause käme. Der Jüngling antwortete, dass er wohl seine Eltern anrufen müsse, damit sie ihn abholen. Die letzte Zugverbindung sei längst abgefahren. Da es auf Erichs Heimweg lag, bot er dem Jungen an, ihn heimzufahren. So kamen sie weiter ins Gespräch und Urs erzählte, wie enttäuscht ich wäre, diesen Abend verpasst zu haben.

Ein paar Tage später lud uns Erich ins Hotel *Dorint* auf dem Beatenberg ein, um mit ihm Zeit beim Abendessen zu verbringen, damit ich diesen Erich von Däniken auch einmal kennenlernen könne. Ich freute mich riesig über diese Chance. Aber meine Eltern waren doch sehr skeptisch und berieten sich nach einem persönlichen Telefongespräch mit EvD auch noch mit den Eltern von Urs. Sie wurden sich einig, dass EvD keine Gefahr für uns darstelle, und so durften wir ihn auf dem Beatenberg besuchen. Wir waren uns auf Anhieb sympathisch und hörten gebannt zu, was dieser interessante, weltberühmte Sachbuchautor zu berichten hatte.

EvD, wie er uns seit jeher erklärt, stellt gern Weichen bei jungen und interessierten Menschen. Regt sie zum Denken an und fördert ein gesundes Hinterfragen von unsinnigen Dogmen. Sinngemäß: »Je länger so ein ›Zug des Lebens‹ auf einer Schiene unterwegs ist, umso schneller wird er. Daher sollte jeder seine Weichen für das Leben möglichst früh genug stellen. Ich unterstütze einfach den einen oder anderen Geist gern dabei.«

Somit war ich schon während meiner Schulzeit und kaufmännischen Lehre als Rezeptionist eines First-Class-Hotels infiziert mit dem heute wohlbekannten Erreger »Dänikenitis«. Mein damals und noch heute guter Freund Urs, ich und einige andere junge Männer waren abwechselnd in den Schul- und Lehrzeitferien mit Erich auf dessen Vortragstourneen unterwegs. Wir unterstützten ihn als Techniker und Verkäufer am Büchertisch. Die Zeiten von Diakarussellen, relativ einfach zu bedienen, wenn einmal alle Fotos einsortiert sind, waren da schon vorbei. Doch bekanntlich hat es der liebe Erich nicht so mit der Computertechnik. »Die Dinger hassen mich – aber ich sie auch …, und das wissen ›die‹!« Also nahm sich Erich einfach jemanden mit, der diese »Dinger« bedienen konnte.

Beruf oder Berufung?

Diese Tourneen quer durch die Schweiz, Deutschland, Österreich und manch andere Länder waren eine schätzenswerte Möglichkeit, sich ein zusätzliches Taschengeld zu verdienen; sozusagen ein exklusiver Ferienjob. Dazu kamen die brillanten, von Lebensweisheiten strotzenden Erklärungen eines weitgereisten, weisen Mannes. An den Abenden hatten wir unzählige Stunden über Gott, die Götter und die Welt diskutiert. Ich erinnere mich, ihn am Anfang regelrecht mit Fragen gelöchert zu haben. Diese Gespräche haben selbstverständlich meinen damals jungen Geist geprägt und die entsprechenden Weichen gestellt. Und auch heute noch hole ich mir bei Erich Rat, wenn ich einmal irgendwo nicht weiterweiß. Und ich darf in allen Lebenslagen mit einer ehrlichen Antwort rechnen – ob sie mir passt oder nicht! Das ist Freundschaft. Heutzutage sage ich oft: »Ich arbeite nicht für einen Chef, sondern für einen Freund. Ich habe eigentlich keinen Beruf, sondern eher eine Berufung.« (»It's not a profession, it's passion.«)

Schon bald nachdem ich den Pionier der Paläo-SETI-Forschung kennenlernen durfte, begann mein Lebensweg – keineswegs geradlinig, aber immer »auf Sichtweite« – auf den EvDs zuzulaufen. In Kürze:

1999

Ich darf, als 16-Jähriger, die erste Weltkonferenz der A.A.S. in Gelsenkirchen miterleben. Dort treffe ich den damals 85-jährigen amerikanischen Philosophen Prof. Pascal Schievella, einen weiteren langjährigen Miststreiter der amerikanischen A.A.S. (Forschungsgesellschaft für Archäologie, Astronautik und SETI).

Hinsichtlich der interessanten Gespräche mit ihm kann ich mich noch sehr gut an nachfolgenden Satz erinnern, der mich als Jüngling damals sehr beeindruckt hat respektive in Erinnerung geblieben ist: »[...] you know, you young guys: You are going to be 150 years old [...].« (»Wisst ihr, ihr jungen Kerle: Ihr werdet 150 Jahre alt werden [...].«) Aufgrund der heutigen Technik und der fortschreitenden Medizin könnte er jedenfalls recht behalten.

1999–2002

Lehre als Rezeptionist im Fünf-Sterne-Hotel *Beatus* in Merligen am Thunersee.

2002–2003

Quito, für 4 Monate Spanisch-Sprachaufenthalt mit meinem Freund Ramon in Ecuador bei dem ehemaligen Sekretär EvDs, Willi Dünnenberger. Willi lebte damals schon über 12 Jahre in Ecuador und führte dort sein Reisebüro *Positiv Turismo*. 3 Monate lang absolvierten wir täglich die Sprachschule, danach reisten mein Gefährte und ich noch einen Monat durchs Land. Dann ging uns das Geld aus. Das Leben in der Hauptstadt Ecuadors war insgesamt teurer als gedacht. Aber seither sprachen wir fließend Spanisch. Mission erfolgreich!

2003

Servicepraktikum im Fünf-Sterne-Hotel *Ermitage* in Schönried bei Gstaad – im Winter Barkeeper-Ausbildung.

2004

Barkeeper in Thun, Berner Oberland, und nebenbei 600 Lektionen Schulmedizin als Teil der Ausbildung zum Naturheilpraktiker. Aber es kam anders …

Im Herbst 2004 stellte mir Erich bei einem Treffen mit Freunden auf dem Beatenberg die entscheidende Frage: ob ich – im kurz zuvor eröffneten *Mystery Park*, in seinem Büro »in der Kugel über Interlaken« – sein Archiv digitalisieren würde. Dies im Auftrag der Erich von Däniken-Stiftung. 200 000 Bilder, Negative und Dias aus den vergangenen 50 Jahren EvD-Forschungsreisen sollten für die Nachwelt erhalten und aufgefrischt werden.

Nach einigen Jahren – und Jahrzehnten – können sich die Originale verfärben, oder sie hatten auf Reisen oder durch Umzüge Schäden und Kratzer erlitten. Marc Lüthi, ein ebenfalls enger Freund Erichs und »Weichengestellter«, und ich wurden für diese Aufgabe engagiert. Marc hatte vorwiegend die Bilder zu scannen und zu bearbeiten, ich war für die unzähligen Dokumente aus EvDs reichhaltiger Artikelsammlung und Korrespondenz-Archivierung zuständig. Die gigantische Vorarbeit dazu hatten wir dem akribischen Fleiß Willi Dünnenbergers zu verdanken. Er hatte damals das Archiv über Karteikarten organisiert. In der Zwischenzeit habe ich jede einzelne Karte in einer Excel-Liste abgespeichert, so ist nun jedes Stichwort über die digitale Suche schnell zu finden.

Da ich als Kaufmann ausgebildet wurde, unterstützte ich zusätzlich Daniela Gasser, meine Vorgängerin, im täglichen EvD-/A.A.S.-Business. Wir waren ein eingespieltes Team! Unser damaliges Büro müssen Sie sich so vorstellen: ein kreisrunder, ringsum verglaster Raum, ohne Wände, nur im Zentrum das Treppenhaus mit Lift und WC. EvD mit seinem Bürotisch im Norden der Kugel, Sekretariat beim Eingang im Osten, Zwölf-Personen-Konferenztisch im Süden und die »Archivierung« – also Marc und ich – im Westen.

2007

Als EvD und die Stiftung durch den Konkurs des *Mystery Park* viel Geld verloren hatten und die Liquidation eingereicht werden musste, konnte das Mietverhältnis für dieses himmelnahe und schönste Büro der Welt nicht mehr verlängert werden. So transferierten wir EvDs Büro, die Stiftung und die A.A.S.-Zentrale ins Zentrum von Interlaken. Alle mussten sich neu orientieren. Schweren Herzens musste EvD Marc und mir kündigen. Ich war damals gezwungenermaßen einen Tag arbeitslos. Ich wollte nicht zurück in die Gastronomie. Also nahm ich eine Anstellung bei einem Möbelproduzenten in der Region an. Während dieser Zeit, 2007, die durch einen wirtschaftlichen Aufschwung gekennzeichnet war, ergriff ich nach 3 Monaten Fließbandarbeit die Möglichkeit, als Hilfselektriker bei der Firma eines Kollegen einzusteigen. Während dieses ganzen Jahres blieb ich selbstverständlich in Kontakt mit Erich, und er versicherte mir immer wieder, dass ich sein kommender

Sekretär würde. Er wisse dies durch seine Gespräche mit dem »grandiosen Geist der Schöpfung«. Ich war geduldig in meinem Bauarbeiter-Job, und in meinem Umfeld wussten alle, was ich vorhatte. Viele von ihnen schüttelten aber den Kopf, wie ich auf diese simple Aussage vertrauen könne …

Sekretär von EvD

Im Frühjahr 2008 kam der erlösende Anruf: »Ich brauche einen Sekretär für mein Büro!« Bei mir riss der Himmel auf und neue Horizonte kamen in Sicht.

Ich brauchte einige Jahre, bis ich mich mit der komplexen Materie der Paläo-SETI und dem Arbeitsumfeld dieses seit über 60 Jahren ruhelosen Forschers und Schriftstellers richtig auskannte. Dazu kamen die organisatorischen und administrativen Aufgaben, die Terminvereinbarungen und Verhandlungen von Engagements. Die unzähligen Schreiben von Lesern und Informationen, die uns täglich zugetragen wurden. Doch mittlerweile »höre« ich förmlich, was EvD zu dieser Anfrage oder jenem Vorschlag sagt und kann selbstständig reagieren. Durch meine erarbeitete Sicherheit hat mein Freund mehr Zeit, sich seiner Arbeit, welche seine Berufung ist, zu widmen: nämlich Hinweise zu recherchieren und Bücher zu schreiben. Er vertraut darauf, dass ich nach bestem Wissen und Gewissen arbeite. Dieses Vertrauen erleichtert mir meine Aufgaben in höchstem Maße. Ich nenne meine Stellung mittlerweile metaphorisch »Torwächter – Gatekeeper«.

Wer etwas vom Däniken will, muss erst einmal an mir vorbei (Bild Nr. 6).

Bild Nr. 6

Durch meine Arbeit für EvD und unser Thema, die »Paläo-SETI«, haben sich mir immer wieder neue Horizonte eröffnet. Und als heutiger Geschäftsführer der A.A.S. und persönlicher Assistent von Erich liegt es mir sehr am Herzen, die damit verbundenen Informationen weiterhin zu pflegen, weiter am Thema zu forschen und die Erkenntnisse einem breiten Publikum näherzubringen.

Neben der Arbeit für Erich von Däniken als Autor – diese Verantwortung beinhaltet eine Jahresplanung mit Interviews, Events und Vortragsverhandlungen, Bücherlizenzen, Verkaufsabrechnungen und vieles mehr – gibt es noch unsere Forschungsgesellschaft A.A.S. und die Erich von Däniken-Stiftung. Die Aufgabe der Stiftung ist es, Forschungsprojekte zu finanzieren, welche so von öffentlicher Seite nicht unterstützt werden. Zum Beispiel forschen in Nazca und Palpa in Peru auf den bekannten Linien nur Archäologen und Anthropologen. Zum dritten Mal seit 2003 hat nun die EvD-Stiftung eine Forschungsmission mit einem naturwissenschaftlichen Team der HTW Dresden (Hochschule für Technik und Wirtschaft) realisiert. Die Resultate werden im Herbst 2024 erwartet. (Weiterführende Informationen zur Stiftung finden Sie im Internet unter *https://www.evdstiftung.ch/*. Die Übersicht aller Links zu den verschiedenen Organisationen wird im Anhang aufgezeigt.)

Die A.A.S., unsere Forschungsgesellschaft für Archäologie, Astronautik und SETI (Suche nach außerirdischer Intelligenz) ist der dritte Teil meiner Arbeit. Wir geben alle 2 Monate unser Magazin *Sagenhafte Zeiten* heraus. Hier finden Sie auf 32 Seiten die neuesten Informationen zu unserem Thema, Artikel und News von verschiedensten Autoren mit unterschiedlichen Fachrichtungen. Unser Thema betrifft sehr viele wissenschaftliche Bereiche. Dazu aber später mehr.

Seit einigen Jahren betreibe ich nun auch eigene Forschungen, die auf der Arbeit meines Chefs aufbauen. Unter anderem ist eines meiner Steckenpferde die Unterwasserforschung.

Vergessene Vergangenheit in den Tiefen der Meere

Wir haben vor der Küste Maltas gigantische Megalithen und Cart Ruts, sogenannte Karrenspuren, unter dem Meeresspiegel erforscht und vermessen. Diese megalithischen Anlagen wurden erbaut, bevor der Meeresspiegel um 30–50 Meter anstieg. Sie weisen damit auf ein Alter von über 10 000–12 000

Jahren hin. Laut den Experten also auf eine Periode nach der letzten Eiszeit. Wir werden noch weiter tauchen und forschen, um diese Strukturen näher unter die Lupe zu nehmen. Hier interessiert uns vor allem ein gigantischer Block, welcher die Ausmaße von 19 Metern Länge, 15 Metern Breite und 2,5 Metern Höhe aufweist. Dieser Gigablock würde die Ausmaße der Fundamentsteine in Baalbek im Libanon wie auch das Gewicht des größten von ihnen mit rund 1400 Tonnen weit übertreffen. Denn das berechnete Gewicht unseres Gigablocks in den Fluten des Mittelmeers liegt bei 1900 Tonnen. Er ist also nochmals 500 Tonnen schwerer als der »Stein des Südens« im Nahen Osten. Der Gigablock ist freiliegend und konnte daher vermessen werden. Er ist auf der Strecke zwischen dem Steinbruch und dem Tempel liegen geblieben. Das Fundament des später darauf errichteten römischen Jupitertempels besteht aus vielen solchen Stücken.

Dass dieser riesige Stein vor der Küste Maltas nicht mit dem Muttergestein verbunden ist, sondern lediglich auf dem Meeresgrund aufliegt, kann man anhand der klaren Linie an der Unterkante feststellen. Hier kann man mit einer Taschenlampe in den Zwischenraum leuchten und an bestimmten Stellen das Licht auf der anderen Seite sehen. An der Oberseite sind klare Linien, gearbeitete Stufen und Einkerbungen zu finden (Bilder Nr. 7 und 8).

Bild Nr. 7

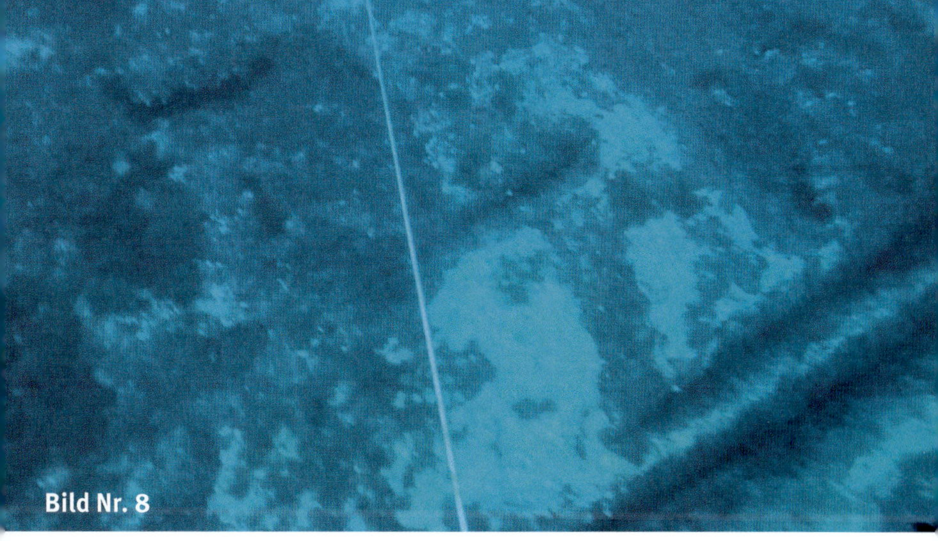

Bild Nr. 8

Diese Entdeckung erwähne ich auch aus einem weiteren Grund. Sie ist sozusagen ein Indizienbeweis, da uns eine Parallele zu Göbekli Tepe in der Türkei aufgefallen ist. Diese Anlage soll mit rund 12 000 Jahren die älteste Kultanlage der Menschheit sein. Sie wurde irgendwann nach Abschluss der Arbeiten und mit voller Absicht wieder zugedeckt. Mit Steinen und Sand konservierten die Menschen der damaligen Zeit diese Rundbauten für eine künftige Generation. Nun sind wir heute so weit und enthüllen diese Hinterlassenschaften ganz vorsichtig. Rätselhaft ist, was hier ans Tageslicht tritt. Eine Zeitkapsel aus vergangenen Jahrtausenden. Typisch an Göbekli Tepe und den umliegenden/dazugehörigen Anlagen sind die T-Pfeiler. Das Alter dieser »Tepes« würde wiederum zu den Unterwasserstrukturen vor Malta passen.

Zurück an diesen Fundort: Dort entdeckten wir unter Wasser einen L-Pfeiler sowie ein abgebrochenes Stück, das, so zeigte sich, perfekt an eine Seite des Monolithen passte – womit schlussendlich ein T-Pfeiler entstehen würde, wie sie in Göbekli Tepe existieren. Wir können dies anhand der Bruchkanten definitiv beweisen. Übrigens: Auf Menorca sind solche T-Pfeiler auch zu finden (Bild Nr. 9).

Was Malta angeht, so müssen wir dort noch viel mehr erforschen. Auch die Nachbarinsel Gozo ist interessant. Dort hatten wir auf einer Tauchweiterbildung den bekannten »Gully«-Tauchspot angepeilt. Das ist eine rechtwinklige, große Nische, die an der Kante des Riffs in den Felsen eingelassen ist. Das Ganze wirkt wie ein antiker Steinbruch, wie wir ihn aus Ägypten oder Südamerika kennen – allerdings unter Wasser liegend. Die Oberkante befindet sich in 9 Metern, die Unterkante in 18 Metern Tiefe. Da aber niemand Steine im Wasser abgebaut haben kann, muss auch hier das betreffende Areal einst

Bild Nr. 9

über dem Meeresspiegel gelegen haben, selbiger also angestiegen sein. Diese rechtwinkligen Ausschnitte im Felsen werden von offizieller Seite gern als »natürliche Erosion« abgetan.

Übrigens werden auf Gozo auch heute noch Steinblöcke zur Baustoffversorgung gewonnen. Hatten unsere Vorfahren in unbekannten Zeiten die Steinqualität bereits erkannt? Und haben wir mit der heute unter der Wasseroberfläche liegenden beschriebenen Nische einen »vorsintflutlichen« Steinbruch vor der Kameralinse und unter unseren Messschnüren? Wichtig an dieser Stelle ist es auch zu wissen, dass es sich hierbei nicht um ein lokal begrenztes Phänomen handelt, sondern dass dies in allen Weltmeeren zu finden ist.

Vor der Coronazeit hatte ich mit meinem Forschungskollegen, Torsten Morawietz, eine Tauchexpedition nach Sri Lanka geplant. Leider hatte ich dann aus beruflichen Gründen keine Zeit, um ihn zu begleiten. Geplant war, vor Ort Hinweisen zu »Ramas Brücke« nachzugehen. Hier soll es unter Wasser Hinweise darauf geben, dass die Legende um den Bau der Landbrücke zwischen Indien und Ceylon durch Hanuman der Wahrheit entspricht. Hanuman ist der hinduistische Affengott.

Veden bedeutet: Wissen. Die Inder konsumieren keine Märchen, wenn sie in den *Veden* lesen. Für sie sind diese Schriften »erhalten gebliebenes Wissen«.

Wir finden aber auch im Bereich von Carnac in der Bretagne (Frankreich) oder vor der Insel Er Lannic mit dem Gavrinis-»Grabhügel« Strukturen, die nicht einmal bei Ebbe über den Wasserspiegel hinaussteigen. Gegenüberliegend im Atlantik haben wir die Karibische See mit der megalithischen Bimini Road.

Im Pazifik kennen wir diesbezüglich Yonaguni (Japan) und Nan Madol (Mikronesien). Die dortigen Basaltsäulenkonstruktionen sollen weit in die Tiefe reichen. Auf bis zu 40 Metern Tiefe sei das Fundament zu sehen.

Im Indischen Ozean liegt Dwarka, eine untergegangene Stadt.

Und was haben eigentlich all diese geraden, überdimensionalen Linien und Strukturen auf dem Meeresgrund bei Google Maps zu bedeuten? Sind es wirklich nur, wie behauptet wird, Sonarreflektionen der Schiffslinien?

Technologische Hochkulturen weltweit? Wo das »geübte Auge« hinblickt …

Eine kleine Auswahl der zahlreichen Beispiele von weltweiten Parallelen gefällig? Wir finden rund um den Globus uralte Relikte aus einer vergessenen Vergangenheit, die technisch anmuten. Nachfolgend ein Beispiel aus Copán in Honduras, Zentralamerika:

Bild Nr. 10 a

Bild Nr. 10 b

Dort erkennen wir Priester- und/oder Göttergestalten, welche Kästen vor der Brust tragen und mit zehn Fingern eine Tastatur bedienen. Mein Mentor ging darauf bereits in vielen Vorträgen und Publikationen ein – aber mir ist noch etwas anderes aufgefallen: Auf den Gürteln oder der Brust dieser Stelen finden sich stilisierte Köpfe mit abstehenden Ohren. In Ägypten tauchen ähnliche Köpfe mit leeren Augen und abstehenden Ohren ebenfalls auf. Interessanterweise erfolgt deren Darstellung immer in Frontansicht – wobei die allermeisten ägyptischen Darstellungen von Menschen und Göttern üblicherweise im Seitenprofil erfolgen. Laut den Ägyptologen bedeuten diese Zeichen/Darstellungen »hineingehen oder hineingeben«. Was soll man damit anfangen? (Bilder Nr. 10 und 11)

Bild Nr. 11 a

Welche Bedeutung hat solch ein Kopf? Könnte es sich um ein technisches Gerät handeln, einen Computer? Können die leeren Augen als Linsen, die abstehenden Ohren als Mikrofone interpretiert werden? Und symbolisiert der Mund die Sprachausgabe respektive den Lautsprecher? (In Copán stünden diese sogar in Bezug zu den stilisierten Tastaturen beziehungsweise »Befehlseingabegeräten«.)

Bild Nr. 11 b

Die Darstellung auf einer ägyptischen Barke in Abydos hat mich an die Argonautengeschichte erinnert, an den Helden dieser Story und an seine Abenteuer. Er und seine Mannschaft hatten einen spre-

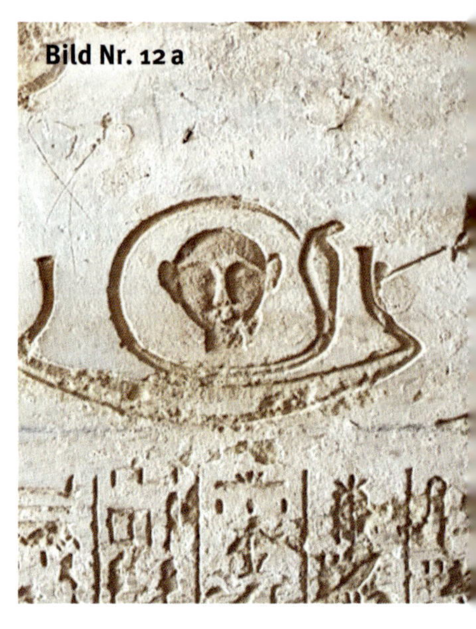

chenden Balken an Bord ihres Schiffes, der sie vor Gefahren warnte und Hinweise gab wie ein heutiges Navigationssystem. Hüben wie drüben finden wir dieselben Darstellungen, dabei hatten diese Kulturen *offiziell* nie Kontakt untereinander und sollen auch zeitlich gesehen Jahrhunderte, wenn nicht gar Jahrtausende auseinanderliegen.

Ein kleines Detail am Rande: Auf den wunderbar gearbeiteten Tempelwänden in ganz Ägypten ist unter den Sonnenbarken der Pharaonen immer das Zeichen für Wasser – eine doppelte Zickzacklinie – abgebildet. Nun sind mir aber mittlerweile zwei Darstellungen dieser Art bekannt, bei denen das Zeichen für Wasser fehlt – nämlich diese hier bei der Abydos-Barke und dann noch jene an der Horus-Wand im Edfu-Tempel. Dort wird die Geschichte überliefert, wie Gott Horus aus dem Himmel herab die Feinde des Pharaos bekämpft – und zwar schneller als der Schall und als das Auge es erfassen kann! Somit muss es sich hierbei um eine andere Art von Schiff handeln. Möglicherweise um ein »Luftschiff«? Zudem: Was ist eigentlich mit dem Begriff der »Sonnenbarke« gemeint? Ursprünglich waren es die »Barken der Götter«, die wie die Sonne glänzten. Später dann symbolisierten sie – »gottimitierend« – den Pharao auf dem Nil. Des Weiteren wird dieser »spezielle Kopf« auf unserer Abydos-Barke durch eine Kobra

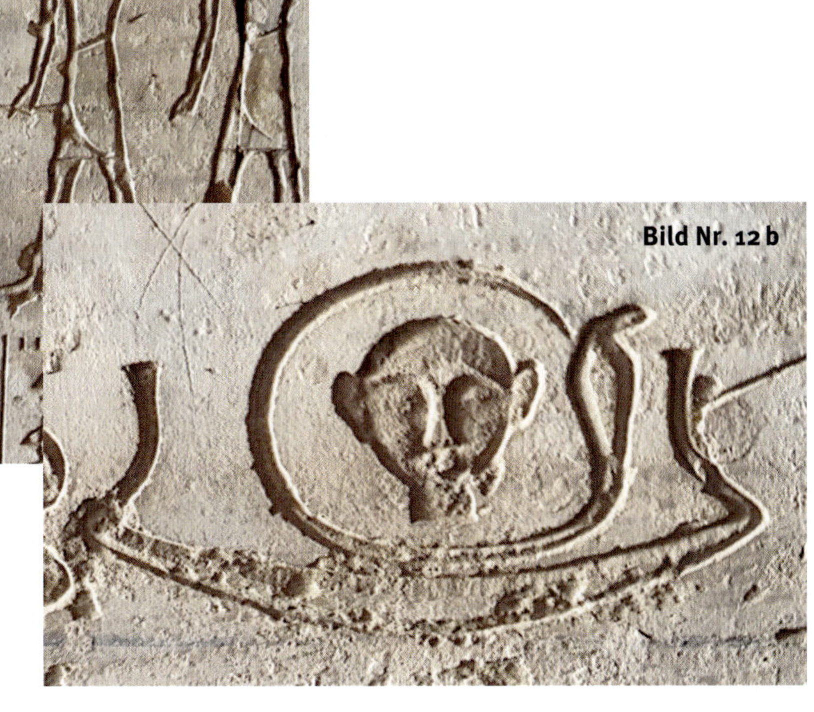
Bild Nr. 12 b

umschlossen/geschützt. Soll das »Achtung, Gefahr bei Missbrauch!« bedeuten? Dies kennen wir doch auch wieder aus der griechischen Mythologie von Phaethon, der die Kontrolle über den Sonnenwagen seines Vaters Helios verliert und zur Erde stürzt (Bild Nr. 12).

Auf einer der letzten Ägyptenreisen hatten wir das neu freigelegte Grab des Pharaos Sekhemkhet besucht. Der Zugang lag Jahrzehnte unter Tonnen von Sand. Erich war in den 1970er-Jahren der Erste, der Farbbilder von dem seltsamen Sarkophag machte, der keinen Deckel, wie wir ihn sonst aus Ägypten kennen, sondern eine vertikale Schiebetür wie bei

Bild Nr. 13

einem Tierkäfig aufwies. Diese Schiebetür war versiegelt, sodass die Fachwelt glaubte, den Sarkophag mit der Mumie des Pharaos Sekhemkhet entdeckt zu haben. Seine Öffnung wurde unter dem Beisein von Vertretern der Presse und der Politik vorgenommen, da man eine Sensation witterte. Am Tag der Öffnung brach man die Siegel und schob die Tür des Sarkophags langsam nach oben. Das Erstaunen war groß, als

Bild Nr. 14

man feststellen musste, dass der steinerne Sarg leer war. Die Presse witzelte seinerzeit deshalb: »Hat sich der Pharao aus dem Staub gemacht?« Der Entdecker Professor Zakaria Goneim war derart deprimiert, dass er sich Tage später mit seinem Körper in den Sarkophag schob. Als er wieder herauskam, war er nicht mehr derselbe: Er hatte einen gläsernen Blick und war nicht mehr ansprechbar. Ein paar Tage später stürzte er sich von einer Nilbrücke in den Tod. Sein Nachfolger machte denselben Fehler, auch er kroch in den Sarkophag hinein, woraufhin er sich durch die Einnahme von Schlaftabletten umbrachte. Mit dieser Story im Hinterkopf inspizierten wir den Sarkophag nur von außen beziehungsweise – hinsichtlich seines Inneren – mittels einer Taschenlampe. Als wir hineinleuchteten, schlug unser Forscherherz höher. Wir erkannten eindeutige Spuren von Kernbohrungen. Kernbohrungen in der Steinzeit? Womit sollten diese ausgeführt worden sein? (Bilder Nr. 13 und 14)

Das Verfahren für Kernbohrungen, wie wir sie heute kennen, wurde erst 1954 patentiert. Bei Kernbohrern kommt ein Stahlrohr, welches an der Spitze mit Diamantsplittern bestückt ist, zum Einsatz. Dieses wird unter hohem Druck in das Bohrgut getrieben. Der Bohrkern bleibt dabei im Rohr und wird bei einer Nichtperforation abgebrochen. Somit sind Kernbohrungen immer an der rillenförmigen Vertiefung am Rand zu erkennen. Im alten Ägypten gab es neben normalen Bohrungen eben auch diese Kernbohrungen. Wir kennen die Spuren dieser hochtechnologischen Hinterlassenschaften aus ganz Ägypten. In Luxor entdeckten wir im Karnak-Tempel die größte Kernbohrung, die wir bis dahin gesehen hatten. Diese hatte einen Durchmesser von 45–50 Zentimetern und wurde von uns unterhalb eines Torsturzes an der südöstlichen Um-

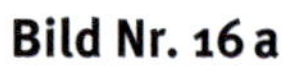

Bild Nr. 16 b

Bild Nr. 16 a

Bild Nr. 15

fassungsmauer auf einer Höhe von 15,8 Metern identifiziert. Kernbohrungen aus der Steinzeit? Verrückte Vergangenheit!

Des Weiteren fielen mir Statuetten im Nationalmuseum von Kairo auf: Sie erinnerten sehr stark an Stelen, wie wir sie auch im Nationalmuseum für Anthropologie in Mexico City finden konnten: Wesen mit Strahlenkränzen, Flügeln usw. Auffallend waren auch die Parallelen der zentralamerikanischen Kulturen zum fernen Indien. Während die Pyramiden in Ägypten die klassische Form eines solchen Gebildes aufweisen, sehen die zentralamerikanischen Pyramiden etwas anders aus: Sie sind oft durch Treppen zu besteigen und tragen an ihrer Spitze ein turmförmiges Gebäude, welches das eigentliche Heiligtum darstellt. In Indien gibt es Ähnliches. Auf dem Dach jeder Stupa, ob vor Jahrtausenden errichtet oder in heutiger Zeit, ziert immer ein Vimana die oberste (heiligste) Stufe. Ein Vimana ist ein Fluggerät der Götter. Ich erinnere an die *Veden* (Bilder Nr. 15–17).

Der von Erich bereits mehrfach erwähnte Prof. Dr. Dileep Kumar Kanjilal, Ordinarius für Sanskrit in Kalkutta, Indien, bewies durch seine Übersetzungen definitiv und endgültig, dass es sich bei den Vimanas um reale Fluggeräte handelte und diese nicht in »die Welt der Visionen und Träume vom Fliegen« abgeschoben werden können. Heute noch verwenden indische Sprachzweige das Wort »Vimana« für zeitgenössische Flugzeuge. Somit sind diese Stupa-Spitzen Imitationen von technischen Gerätschaften, sind also dem sogenannten Cargokult zuzuordnen. EvD ist in zahlreichen Publikationen darauf eingegangen.

Von den spezialisierten Fakultäten wird uns oft vorgeworfen, dass wir solche weltweiten Verbindungen und Parallelen gar nicht ziehen dürften. Weshalb nicht, wenn doch die Ähnlichkeiten derart frappierend sind? Eine der Qualitäten der A.A.S.-Forscher besteht darin, dass wir die Kulturen in einem globalen Kontext betrachten.

Wir weisen einen nexialistischen Ansatz auf – das heißt, wir wissen über vieles einiges und sind daher Allrounder. Doch mit den vielen Spezialisten in unseren Kreisen können wir unsere Kenntnisse auch in Detailbereichen vertiefen. Auf solche Kontakte sind wir angewiesen, da wir als Einzelpersonen nicht alle Disziplinen abdecken können. Dafür gibt es die Forschungsgesellschaft für Archäologie, Astronautik und SETI, welche versucht, solche Fachleute zusammenzubringen und ihre Arbeiten zu publizieren. Ich bin stolz darauf, ein Teil davon zu sein.

Als Folge davon ist es ein persönlich favorisiertes Ziel, einen Paläo-SETI-Lehrstuhl zu installieren. Da sind alle Studenten zugelassen. Ein Chemiker sitzt mit einem Anthropologen zusammen im selben Hörsaal und hört dasselbe Referat. Im Nachgang werden hitzige Debatten geführt. Versprochen! Diese angehenden Spezialisten wissen oft nicht viel über die Fachbereiche ihrer Kollegen. Der Mayaspezialist (Zentralamerika) weiß – wenn überhaupt – sehr wenig über das Fachgebiet seines indischen Pendants. Wir stellen das oft auch auf unseren Gruppenreisen bei Diskussionen fest: Wenn zum Beispiel der Ingenieur und der Physiker konstruktiv miteinander diskutieren, dann ist das nicht nur ein herrlicher Austausch von Informationen, sondern auch eine interessante Form des »Wissen-Schaffens«. Und so sollte es auch in unseren Universitäten zugehen. Was die Erforschung unserer Vergangenheit angeht, so muss die diesbezügliche Forschung alle Fachgebiete abdecken, keines darf ausgelassen und neue müssen ent-

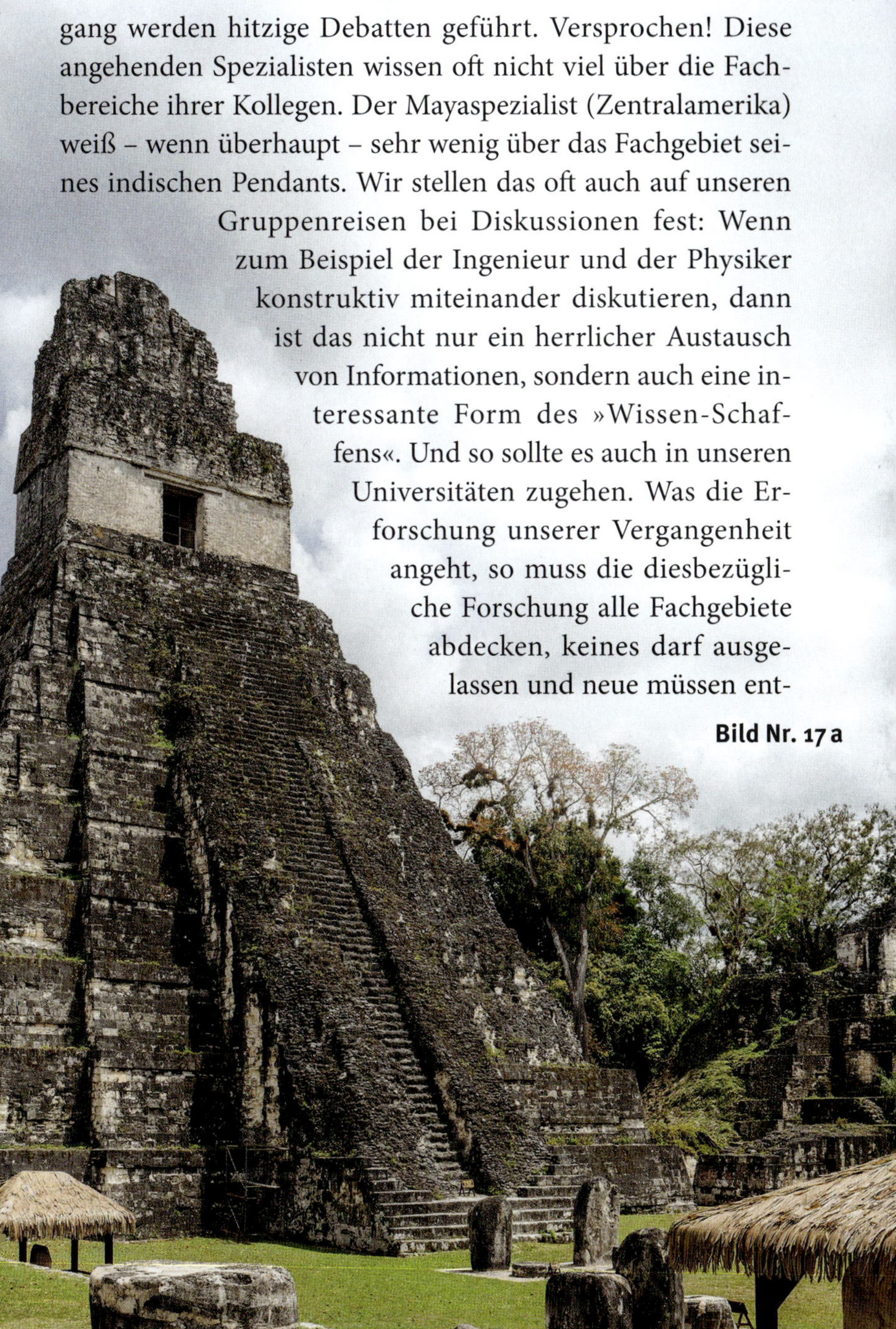

Bild Nr. 17 a

wickelt werden. Inter- und transdisziplinär sind die Schlüsselworte zur Lösung von vielen noch ungeklärten Fragen, die in Bezug auf rätselhafte Fakten existieren.

Bild Nr. 17 b

Megalithe in heimischen Wäldern

Nun aber zu unserer eigenen megalithischen Vergangenheit! Ich möchte Ihnen, verehrte Leser, zeigen, dass man nicht in die weite Welt reisen muss, um auf eine rätselhafte Vorzeit zu stoßen. In den zurückliegenden Jahren habe ich auch einige Forschungen und Expeditionen mit Freunden in unseren Gefilden (Schweiz und Deutschland) unternommen. Darüber gibt es viele Dokumentationen und Vorträge auf dem YouTube-Kanal von Hangar18b (*https://www.youtube.com/@Hangar18b*). Wir waren im Elsass, im Schwarzwald und im Harz, in Norddeutschland, auf den Ostseeinseln und an vielen anderen Orten unterwegs. Leider sind zu unseren vielen Funden oft keinerlei weiterführende Informationen bekannt, und wir sehen nur noch die erodierten Hinterlassenschaften aus einer tiefen, megalithischen Vergangenheit. Da bleibt viel Raum für Spekulationen. Daher konzentrieren wir uns hier auf die Orte und Phänomene, die wir erforscht und zu denen wir Fakten erarbeitet haben.

Achten Sie einmal beim nächsten Sonntagsspaziergang oder der nächsten Wanderung auf Namen wie »Teufelsmauer« oder »Hexenplatz«. Solche Diabolisierungen sind *immer* ein Hinweis auf einen ursprünglich heidnischen »Kultplatz«, der durch die Christianisierung verteufelt wurde. Wenn Sie solche Plätze mit offenen Augen und wachem Verstand besuchen, finden Sie meist Hinweise auf die alte Kultur.

In der Region Solothurn in der Schweiz gibt es einen offiziellen Megalithweg. Den bin ich während zweier Tage mit

Vollgepäck abgewandert, dabei die erratischen Blöcke dokumentierend.

Dazu ein lustiges Detail: EvD hat jahrelang mit der Familie in der Villa Serdang in Feldbrunnen, Solothurn, gewohnt. Keinen Kilometer Luftlinie von seinem Haus entfernt befindet sich der staatlich so benannte Megalithweg. EvD bereiste die ganze Welt und realisierte nicht, dass ein phänomenales Rätsel direkt vor seiner Haustür lag!

Erratische Blöcke sind Granitfindlinge. Diese hier in Solothurn haben während mehrerer Eiszeiten eine 200 Kilometer lange Reise vom unteren Rohnegletscher bis hierher hinter sich gebracht. Diese Steine wurden von unseren Vorfahren verehrt und in astronomisch ausgerichtete Lagen gebracht. Die Frage, die sich in diesem Zusammenhang stellt, lautet auch hier wieder einmal: Wie haben unsere fellbehangenen Steinzeitler solche Schwergewichte bewegt?

Bild Nr. 18

Bild Nr. 19

Ich habe von jeder Station mehr als 200 Bilder geschossen, ringsherum aus allen Richtungen. Meine Freunde von RAMAR haben dann daraus 3D-Modelle errechnet und aufgearbeitet. So wissen wir zum Beispiel von einem Stein, der den Namen »Gnappstein« trägt. Hierbei handelt es sich um einen sogenannten Wankelstein, der ein Volumen von 6,55 Kubikmetern aufweist. Bei einem spezifischen Granitgewicht von rund 2,8 Tonnen pro Kubikmeter ergibt das ein Gesamtgewicht von 18,3 Tonnen. Von Weitem sieht es so aus, als würde die Steinplatte schweben, weil der Granitblock auf einem viel kleineren Sockel liegt. Eben ein typischer Wankelstein. Wenn Sie den Gnappstein aber mit dem großen Block der »Schildkröte«, die gleich zu erläutern sein wird, vergleichen, wird die Sache erst richtig gespenstisch! (Selbstverständlich haben wir auch für diese Formation das Volumen eruiert und mit Drohne und Bodenbildern eine fotogrammetrische Vermessung realisiert.) (Bilder Nr. 18–20):

Der »Schildkröten«-Körper hat ein Gesamtvolumen von 60 Kubikmetern. Bei einem Gewicht von 2,8 Tonnen pro Kubikmeter erhalten wir ein Gesamtgewicht von 168 Tonnen! Der erheblich kleinere Kopf besitzt ein Volumen von immerhin noch 8,6 Kubikmetern und wiegt somit 24 Tonnen. Er ist also schwerer als der vorher angesprochene Gnappstein. (Die

Bild Nr. 20

fertigen 3D-Modelle finden Sie auf unserer Homepage *https://ramar.space/3d-schildchrotstei/* und eine dreiteilige Dokumentationsserie zu dieser Forschung bei Hangar18b.)

Wichtig hier sind aber die Sockelsteine aus lokalem Jurakalkstein. Aufgepasst! Laut der offiziellen Meinung sollen diese Formationen ein Naturphänomen darstellen. Der Gletscher habe, so heißt es, diese Giganten auf dem Mutterfelskalkgestein abgelegt. Dann sei aufgrund der jahrtausendelangen Erosion das weichere Kalkgestein darunter schneller erodiert als der Granit oben und so seien nur diese »Pilzstängel« übriggeblieben. Ähnlich einem sogenannten Gletschertisch. Dies würde heißen, dass diese Sockel mit dem Grundgestein/dem Mutterfels verbunden sein müssten. Aber die Kanten der Sockel sind rechtwinklig und es fehlen die senkrechten Auswaschungen/Erosionen. Zudem konnte ich mit einem einfachen Stock unter das Sockelgestein dringen. Ein Zufall glazialer Natur konnte somit ausgeschlossen werden. Unser ergebnisoffen arbeitender und normaler Menschenverstand hatte also große neue Fragezeichen im Schweizer Jurawald entdeckt. Die Neugierde war angefacht.

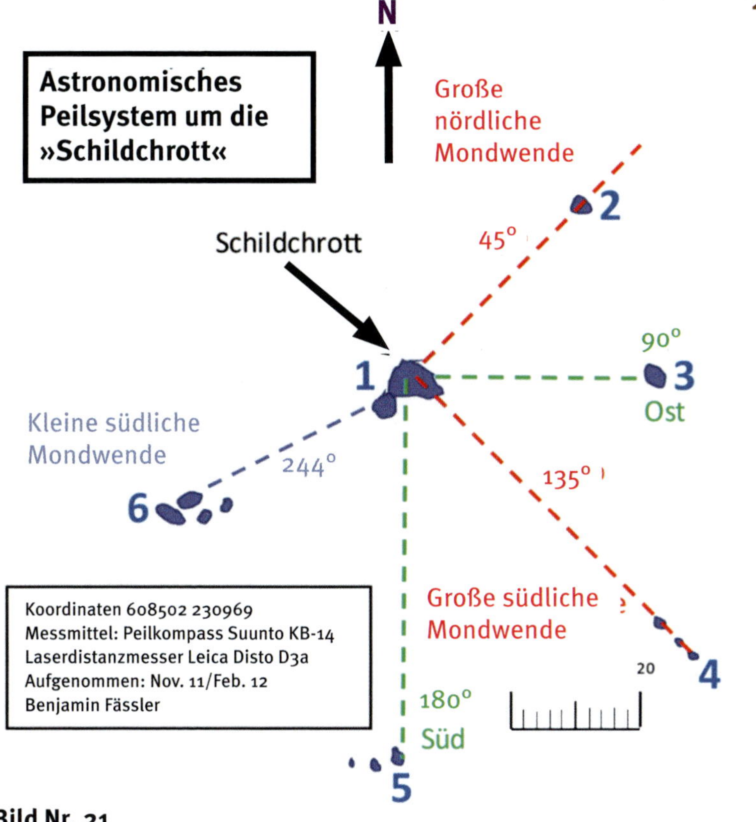

Bild Nr. 21

Im August 2022 hatten wir deshalb eine professionelle Georadaranalyse des Untergrunds machen lassen, um zu beweisen, dass unter den Sockeln loses Gestein oder Humus liegt. Also dass diese Sockel nicht mit dem Muttergestein verbunden sind, wie es von offizieller Seite her behauptet wurde.

Die Messresultate belegten eine 30–50 Zentimeter dicke Erdschicht. Somit folgerten wir, dass diese Giganten nicht zufälligerweise so zum Liegen gekommen waren, sondern dass sie mit voller Absicht derart platziert wurden (darauf wies im Übrigen auch die perfekte astronomische Ausrichtung hin) – in einer unbekannten Vorzeit mit unbekannten Mitteln und Methoden (Bilder Nr. 21–23).

Bild Nr. 22

Genau im Osten befindet sich noch ein Peilstein, der auch aufgebockt an einer Hanglage liegt. Weiteres Detail gefällig? Der ausbalancierte »Schildkröten«-Körper liegt auf einer nur 20 mal 3 Zentimeter breiten Fläche des Kopfsteines auf. Diese raffiniert hergestellte Balance scheint nicht nur seit Urzeiten zu bestehen, sondern auch in der Lage zu sein, Erdbebenwirkungen abzufangen beziehungsweise zu kompensieren, andernfalls wäre der »Kopf« längst nach vorn abgekippt. Hier scheint die Humusschicht als Stoßdämpfer zu wirken. Solothurn ist nicht weit von Basel entfernt. In diesem Gebiet hat es bereits schwere Beben gegeben. Diese naturwissenschaftlichen Messresultate werden wir den lokalen Geologen und Archäologen zusammen mit unserer Schlussfolgerung vorlegen. Auf die Reaktionen sind wir gespannt.

Im Kanton Aargau bei Wohlen liegt die Erdmannli-Formation (Erdmännchen-Formation), welche wir ebenfalls dreidimensional visualisiert haben. Auch davon gibt es eine Dokumentation bei Hangar18b. Dort zeigen wir im Zeitraffer, wie die Sonnenstrahlen zum Frühlingsbeginn um den 20. März

Messbericht – Feststellung Findlingsfundation, Megalithenweg Solothurn

Auftraggeber:	R. Zürcher A.A.S. 3800 Interlaken	**Datum der Messung:** **Datum Bericht:** **Durchführung:**	23. 08. 2022 19. 11. 2022 M. Grab
Bericht Nr.:	13043.001 R01		

Fragestellung:

Es wird vermutet, dass zwei Findlinge, welche zusammen die Formation «Schildchrott» bilden, an ihrer jetzigen Position nicht natürlich durch die Gletscher der Eiszeiten abgelagert worden sind, sondern in prähistorischer Zeit durch Menschenhand gesetzt worden sind. Um diesen Umstand näher zu untersuchen, soll durch Georadarmessungen untersucht werden, wie der Untergrund angrenzend an Felssockeln, auf welchen die Findlinge aufliegen, strukturiert ist.

Georadar-Messung:
Die Messungen wurden am 23. August 2022 durchgeführt. Verwendet wurde das Hi-Pave-Georadar des Herstellers IDS im Dual-Frequenz-Modus mit 400 MHz und 900 MHz Zentralfrequenz. Die Lage der Messlinien wurde mittels einer Totalstation in einem lokalen, nicht georeferenzierten Koordinatensystem eingemessen. Zur lokalen Referenzierung wurden einzelne Kanten der beiden Findlinge gemessen und die Nordrichtung gemäss Karte (B. Fässler, Email vom 25. 08. 2022) eingepasst.

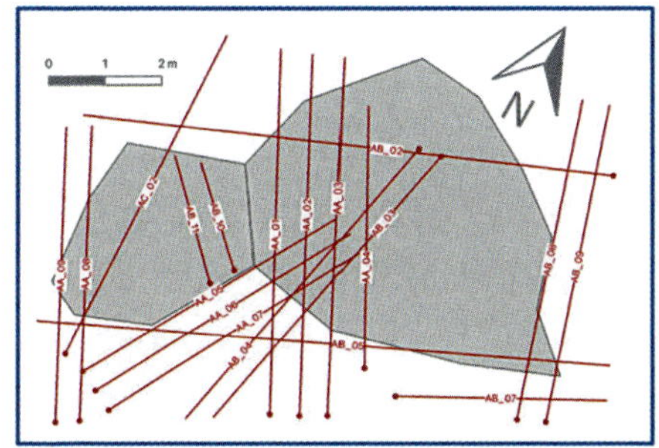

Abbildung 1: Lage der aufgenommenen Radarprofile relativ zur Position der Findlinge (Nordrichtung und ungefähre Form der Findlingrückseite gemäss Plan von B. Fässler, Email vom 25. 08. 2022). Die Startpunkte der Profile sind mit roten Punkten markiert.

Das erzielte Messraster ist in Abbildung 1 wiedergegeben. Es wurden insgesamt 17 Radarprofile an Positionen um die Findlinge und zwischen den Findlingen gemessen, welche frei von Hindernissen waren und so eine Messung zuliessen. Zudem wurden zwei Profile auf dem kleineren der beiden Findlinge gemessen. Am Messtag sowie über längere Zeit vor dem Messtag herrschten trockene Witterungsbedingungen.

terra vermessungen ag
Obstgartenstrasse 7, CH 8006 Zürich
Tel. +41 43 255 20 30

terra vermessungen ag
Ahornweg 3, CH-5504 Othmarsingen
Tel. +41 43 500 10 70

www.terra.ch
terra@terra.ch

Zertifiziert nach:
EN ISO 9001:2015
SGS CH11/0263.00

Seite 1 / 4

Bild Nr. 23

zwischen den Trilithsteinen hindurchleuchten. Sie treffen auf den sogenannten Projektionsstein dahinter und visualisieren mit den letzten Strahlen des Tages einen Wolfskopf (Bild Nr. 24).

Meist sind diese megalithischen Strukturen anonym, das heißt: Es gibt an ihnen keinerlei Schrift und nur selten Symbole. Ich frage mich oft, wenn ich vor ihnen stehe, *warum* und natürlich *wie* unsere Vorfahren diese Arbeiten vollbracht haben – die einfachste Antwort wäre: Weil sie es konnten!

Was wissen wir schon von der Weltansicht und dem Verständnis unserer vor Jahrtausenden lebenden Vorfahren in Bezug auf ihre Umwelt? Vielleicht ist es falsch, dass wir die Vergangenheit immer nur mit den Augen und dem Verstand unserer heutigen Zeit betrachten. Aber wie könnten wir es anders machen?

Was wir definitiv wissen, ist dies: Mit den bisherigen Erklärungen über unsere tiefste Vergangenheit stimmt etwas nicht.

Deshalb gründete ich mit zwei Freunden 2015 das RAMAR-Projekt. Das Palindrom steht für **R**esearch of **A**ncient **M**ysteries and **A**nomalies for **R**eevaluation (Forschung zu antiken Mysterien und Anomalien für eine Neubeurteilung). Der Name ist zwar etwas kompliziert, beinhaltet aber exakt unser Missionsziel. Wir wollen die Fakten zu den Rätseln dieser Welt aufzeigen. Es gibt, ich will es deutlich formulieren, so viel Mist zu unserem doch ernsthaften Thema im Internet. Deshalb haben wir uns auf die Fahne geschrieben, alle Quellen und Fakten zu einem bestehenden Mysterium exakt zu prüfen. *www.Ramar.space* arbeitet diese Informationen für jüngere und junggebliebene interessierte Menschen auf. Informationen der Art, wie sie mein Chef und andere Mitstreiter seit Dekaden sammeln und veröffentlichen, sollen hier in einer digitalen Übersicht zugänglich gemacht werden.

Das Herzstück unserer RAMAR-Plattform ist eine Weltkarte mit Markierungen in vier Kategorien: Sites (Orte), Artefacts (Artefakte), Phenomenons (Phänomene) und UFO

(-Sichtungen – bestätigte oder Massensichtungen). Unter jedem »POI« (Point of interest) findet man die wichtigsten Informationen in Form einer Zusammenfassung mit weiterführenden Quellen zum Thema.

Unter dem Bereich »Edutainment« (»Spaß haben beim Lernen«) haben wir viele verschiedene 3D-Modelle von rätselhaften Orten und Artefakten in dieser Welt zusammengetragen. Viele davon, wie etwa die »Schildkröten«-Formation, haben wir selbst erstellt.

Auf meinen Reisen mit und ohne EvD erstelle ich seit einigen Jahren auch 360-Grad-Videos, davon sind bereits einige auf unserer Plattform online. Und seit dem Sommer 2024 erscheinen auch meine Videodokumentationen von unserer 6-wöchigen Südamerikaexpedition auf dem YouTube-Kanal von Hangar18b.

Bild Nr. 24

Wir von RAMAR realisieren diese Arbeit seit mittlerweile 9 Jahren ehrenamtlich in unserer Freizeit und stecken regelmäßig Geld hinein: das Equipment, die Lizenzen und Softwares sind nicht gratis zu haben. Doch wir tun dies gern und möchten damit unseren Beitrag leisten für die Entwicklung der Menschheit und deren Verständnis von vergangenen Zeitaltern, möglichen Hochzivilisationen und ET-Kontakten seit Entstehung der »ersten Menschen«. Schließlich gilt: »Wir waren nie ein geschlossenes System« (Zitat des Harvard-Professors Dr. John Mack).

Wer uns in unserer Forschung unterstützen möchte: Es gibt einen Donate-Button.☺

Eine Welt voller kosmischer Rätsel und Spuren wartet da draußen auf ihre Entdeckung. Dies führt logischerweise auch über unsere Erde hinaus. In einem meiner mittlerweile zahlreichen Vorträge habe ich bereits ausführlich über »Mondlegenden« und »Sternenreisen in vorzeitlichen Epochen« referiert. Auch über künstliche Strukturen, welche in unserem Sonnensystem auf anderen Himmelskörpern entdeckt wurden. Dazu später mehr.

Nun, die Rätsel auf unserem Globus und darüber hinaus sind groß an Zahl und sehr oft megalithisch. Da stellt sich doch immer wieder die große wiederkehrende Frage des *Warum* und des *Wie*! Wir wissen zu wenig über unsere eigene Vergangenheit, als dass wir uns überhaupt ein akkurates Bild von derselbigen machen könnten. Aber die grandiose Kraft der Neugierde sollte uns antreiben, undogmatisch und ergebnisoffen weiter zu forschen, um Licht in unsere vernebelte Vergangenheit zu bringen.

Ein zusätzliches Projekt, an dem ich beteiligt bin, nennt sich »Abora«. Seit 2021 bin ich in engem Kontakt mit Dr. Dominique Görlitz. Er ist Vegetationsgeograf und hat sich weltweit eingehend mit der Ausbreitung von Pflanzen beschäftigt. Durch seine experimental-archäologischen Forschungen im Kielwasser von Thor Heyerdahl konnte er nicht nur vorzeitliche Handelsrouten über die Ozeane beweisen, sondern hat auch das technische Navigationsproblem eines Schilfbootes auf offener See gelöst. Mit seinem Team (dem Verein für experimentelle Archäologie und Forschung e.V.) plant, produziert und dokumentiert er diese Forschungsexpeditionen. Stand 2024: Das Unternehmen *Abora V* (Name des Schilfbootes), das die Strecke »von Portugal nach Zentralamerika« absolvieren soll, ist in Vorbereitung.

Mit Dr. Görlitz war ich in den vergangenen Jahren viel unterwegs. Zusammen haben wir das Format *Ancient Connections* entwickelt: Dokumentationen, Interviews und Diskussionen mit Forschern aus unterschiedlichen Fakultäten zu den Orten, die wir besuchen und erforschen – dabei aufzeigend, warum wir dort sind und was es an Fragen zu lösen gilt. Dr. Görlitz hat ganz andere Ansichten zu der Vergangenheit unseres Planeten als ich mit meinem Paläo-SETI-Hintergrund. Er schließt Außerirdische keineswegs aus, aber »[…] aufgrund meiner Studien komme ich zu anderen Schlussfolgerungen«. Und das macht es so spannend. Man muss und soll nicht immer gleicher Meinung sein, denn gegensätzliche oder andere Auffassungen erzeugen erfrischende Diskussionen, bei denen neue Einsichten entstehen, aber auch neue Fragen auftauchen.

Die Themen Abora und *Ancient Connections* mit den von uns gewonnenen Forschungsresultaten stellen etwas dar, das vielleicht in einem späteren Buch eingehender behandelt werden kann. Für die Veröffentlichung einiger der brisanten Erkenntnisse ist die Zeit noch nicht ganz reif.

Mein Patron hat mich gebeten, noch mehr über meine Forschungen zu schreiben. Also habe ich mich hingesetzt und nachgelesen, was ich in den vergangenen Jahren für *Sagenhafte Zeiten* verfasst habe. Zudem habe ich meine eigenen Vorträge und Videos auf YouTube – mittlerweile sind es über 50 Stück – angeschaut und mir die Forschungsdetails und die interessantesten Punkte in Erinnerung gerufen. Nachfolgend das schriftliche Resultat dieser Revue.

Europäische Steinzeitheiligtümer und das World Grid

Vortrag beim A.A.S. One-Day-Meeting des Jahres 2017 in Suhl (Thüringen, Deutschland)

Mein Freund und Mentor Erich von Däniken hält mich seit einigen Monaten dazu an, eigene Vorträge zu halten. Durch unsere langjährige Zusammenarbeit habe ich selbstverständlich einiges über antike Rätsel und aktuelle Phänomene lernen dürfen. Ich bin bestrebt, auf der Basis dieser Vorarbeit von EvD und anderen Autoren, sozusagen »den alten Hasen«, meine persönlichen Forschungen zu betreiben. Eines meiner Lieblingsthemen sind schon seit vielen Jahren die sogenannten »Ley Lines« – gitterartige Linien, die sich über den gesamten Erdball ziehen und die sich an bestimmten Knotenpunkten kreuzen. Allerdings gibt es viele verschiedene Systeme, von denen Sie vielleicht schon gehört haben. Hier einige Beispiele dazu:

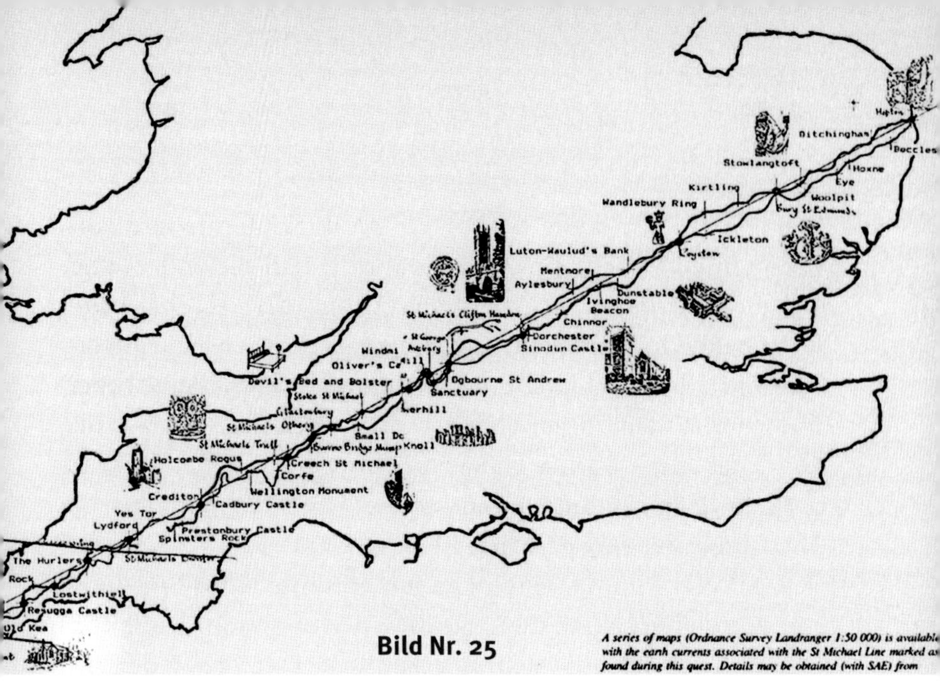

Bild Nr. 25

Alfred Watkins erkannte 1921 bei der Markierung megalithischer Anlagen auf der Landkarte von England, dass sich diese Plätze oft auf geraden Linien befinden. Viele dieser Orte und Kultplätze haben den Wortstamm »-leigh« beziehungsweise »-ley«. (»Ley Lines« wird gern als Überbegriff für jegliche solcher weltweiten Linien benutzt. Der Ursprung aber liegt bei Herrn Watkins in England.) Zum Beispiel gibt es eine gerade Linie, die sich von Hopton im Nordosten über Glastonbury bis an den südwestlichen Zipfel von England zieht. Hier geht die Linie auch über den St. Michael's Mount, eine kleine vorgelagerte Insel. Alle Orte auf dieser Strecke haben eine Verbindung zum Engel Michael. Daher wurde die Linie auch als »St. Michael's Line« bekannt, und der Erzengel Michael hat wiederum mit »Drachen« zu tun. Dieses System umfasst ganz England und kann auch auf Europa erweitert werden (Bild Nr. 25).

Ein europaweites System kennen wir von Xavier Guichard. Er war ein französischer Polizist und Philologe und veröffentlichte 1936 ein über 500-seitiges Werk mit vielen Karten zu den Alaise- respektive »-aise«-Linien. Er hatte nie nach solchen Linien gesucht. Er wollte als Sprachwissenschaftler lediglich herausfinden, welche Wortstämme die verschiedenen Ortschaften in Frankreich haben. Es gab ziemlich viele mit der Endung »-bourg«. Aber ein Wortstamm war markant beziehungsweise stach besonders hervor: Ortschaften mit »-aise«. Der Titel seines Buches lautete: *Eleusis Alésia – Enquête sur les origines de la cilivisation européenne* (Untersuchung über die Ursprünge der europäischen Zivilisierung) [1]

Aus EvDs Publikationen kennen wir eine Nord-Süd-Linie mit den vielen Ortschaften, die diesen Wortstamm »-aise« beinhalten. Ein klares System ist erkennbar über Tausende Kilometer Entfernung hinweg, über die Alpen auf einer geraden Linie – die Orte aufgereiht wie auf einer Perlenschnur hinunter bis zur Stiefelsohle Italiens. Aber dies ist nur ein Zwölftel des Spuks. Andere Linien führen über Griechenland bis nach Ägypten.

Auf einem Luftbild würde das Ganze aussehen wie ein 24-speichiges Rad, welches sich über ganz Europa erstreckt. Dabei kennzeichnet das Dörfchen Alaise im französischen Jura nahe der Schweizer Grenze den Knotenpunkt all dieser Linien. Genauer gesagt kreuzen sich alle zwölf Linien auf dem Hügel Mont Poupet. Behalten Sie diese Information bitte im Hinterkopf. Könnte dies vielleicht ein übergeordnetes System sein? Lassen Sie uns aber vorher noch andere lokale Systeme betrachten (Bild Nr. 26).

Eine vom dänischen Forscher und Piloten Preben Hansson gefundene Linie von Trelleborg nach Delphi kennen die meisten A.A.S.ler. [2] Auf dieser Linie wurden von Stephan Beicher, einem langjährigen A.A.S.-Mitglied, zusätzliche »Wikingerburgen« gefunden.

Es gibt weitere Forscher und Autoren, die Systeme entdeckt haben in ihren jeweiligen Erdteilen, in Neuseeland zum Beispiel der Pilot Bruce Cathie. Er hat herausgefunden, dass es an bestimmten Koordinaten vermehrte UFO-Sichtungen gibt. Hier sprechen wir besser von Koordinaten, da Neuseeland von viel Wasser umgeben ist. Auch in Deutschland hat unter anderem Karl Bedal Scheßlitz in Bayern als Zentrum eines eigenen Systems erkannt. Viele weitere Funde sind hier in Deutschland

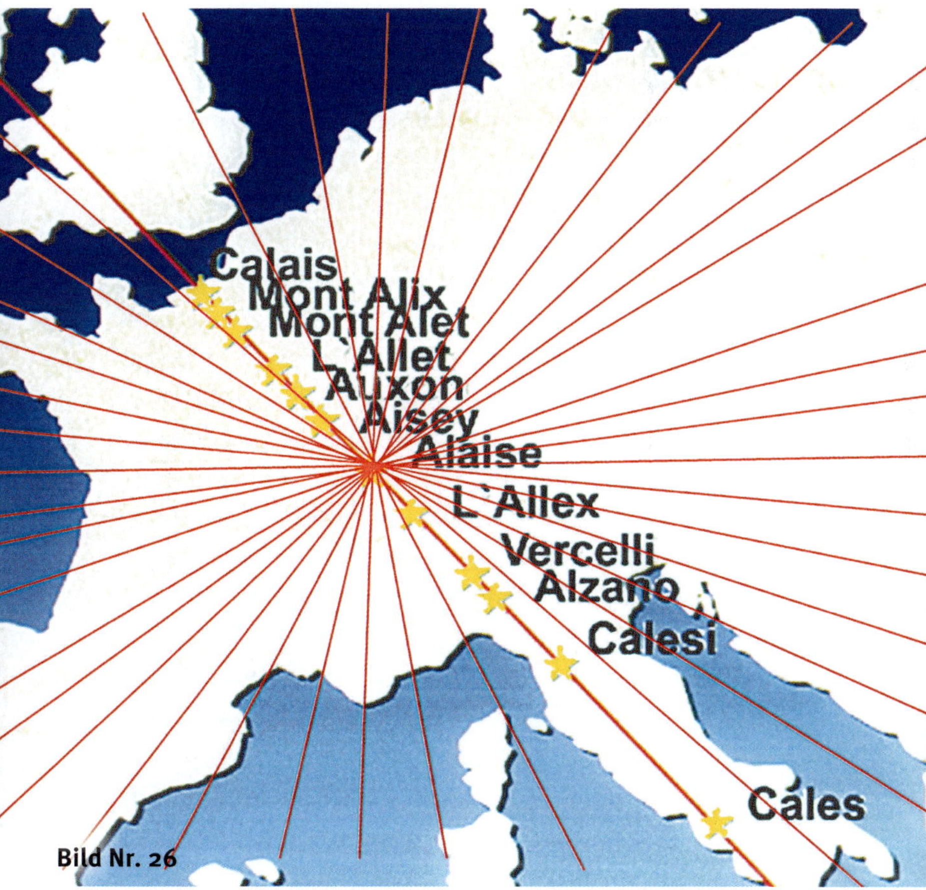

Bild Nr. 26

und über seine Grenzen hinweg zu finden. Der Raum Karlsruhe wimmelt geradezu von geomantischen Besonderheiten.

Darüber hinaus gibt es das Toskana-System in Italien, welches mein Interesse geweckt hat. Das Toskana-Grid von Dr. Peter Hentschel hat EvD in seinem Buch *Der Mittelmeerraum und seine mysteriöse Vorzeit* bekannt gemacht. Hier ein kurzer Auszug:

> *»[…] Peter Hentschel zog Karten zurate und inspizierte mit GPS und Digitalkamera seine immer kurioser werdenden Entdeckungen im Gelände. Dabei kristallisierte sich nach und nach ein System aus lauter gleichseitigen Dreiecken über der Landschaft heraus, wobei zwischen dem einen und dem nächsten Punkt immer eine Distanz von 74 Kilometern oder exakt der Hälfte lag. Dabei ging es teilweise um alte etruskische Orte, die dem Zwölf-Städte-Bund angehörten, um Kapellen, Madonnenschreine oder etruskische Mauerreste. Wobei die christlichen Kapellen oft auf den Überresten etruskischer Kultstätten lagen. Ein Beispiel: Die Distanz von Cortona zu einer bronzezeitlichen Siedlung am Bolsenasee beträgt 74 Kilometer. Von beiden Orten aus lässt sich jeweils eine gerade Linie nach Paganico ziehen. Beide Strecken betragen wiederum 74 Kilometer. An den Punkten liegen Marienkapellen, romanische Kirchen oder etruskische Mauerreste. Oft betrugen die Distanzen von einem Punkt zum anderen 37 Kilometer – die Hälfte von 74 Kilometern. Peter Hentschel, der Ingenieur aus dem Fachbereich Vermessungstechnik, übertrug seine Erkenntnisse auf eine Karte, die ich mit seiner Erlaubnis abdrucken darf. Heraus kam ein Ras-*

ter aus über zwölf gleich weit voneinander entfernten Punkten. Wobei das ganze System streng nord-südlich ausgerichtet ist. (Auf den Knotenpunkten liegen Orte wie San Cristoforo, Cortona, Città della Pieve, Perugia, Todi, Orte, Blera.) Und die Mittellinie dieses Netzes liegt ausgerechnet auf dem zwölften Längengrad Ost. Das auf der Karte entstandene Bild kam dem ›kabbalistischen Lebensbaum‹ sehr nahe.«

Die Etrusker, oder gegebenenfalls schon die »Vor-Etrusker«, bauten polygonale und zyklopische Mauerwerke, wie wir sie auch aus Mykene/Tiryns oder Delphi in Griechenland, aber auch aus Ägypten (Taltempel bei der Sphinx) und aus dem fernen Südamerika kennen. Es ist schlicht ein weltweites Phänomen, ein sogenannter »Fingerprint«.

Auf vielen von diesen Fundamenten stehen heute Kirchen und Kapellen oder heilige Hügelstätten. In diesem Fall in der schönen Toskana. Das macht doch stutzig, und mich interessierte, ob dieses lokale System erweiterbar ist. Nun haben wir verschiedene Systeme erkannt, die jeweils für sich selbst stehen. Und ich dachte mir, es müsste doch möglich sein, einen Zusammenhang herauszufinden, also einen gemeinsamen Nenner zu bestimmen. Also fingen mein langjähriger Freund Ramon und ich an, diese unterschiedlichen Netze auf einer Europakarte einzuzeichnen, im Zentrum des Mont Poupet. So wie Dr. Hentschel dies auf einer Italienkarte gemacht hatte. Durch die Verlängerung der Linien hatten wir nach Kontakt-/Kreuzungspunkten der verschiedenen Systeme gesucht. Schnell hatten wir festgestellt, dass wir auf einer zweidimensionalen Karte mit Lineal über Hunderte und Tausende von Kilometern Distanz die Erdkrümmung nicht berücksichtigen

Bild Nr. 27

Bild Nr. 28

konnten und die Abweichungen der Alaise-Linien zu groß wurden. Also machten wir in digitaler Form, mithilfe von Google Earth, weiter und zeichneten dort diese Linien ein. (Bilder Nr. 27–29)

Bei der ersten Übersicht und durch das Studium der zwölf »Aise-Linien« haben wir auch gesehen, dass diese Siedlungen oft nicht genau auf der Linie liegen, was durch die Topografie erklärbar ist. Auch sind viele von Xavier Guichards angegebenen Namen auf großen Karten nicht eingezeichnet, da es sich um Weiler oder eine lokale Ortsbezeichnung handelt. Weiter muss auch berücksichtigt werden, dass der Zweite Weltkrieg viele Auswirkungen auf die Kartografie und deren Namensgebung hatte.

Welche Karten Herr Guichard zur Verfügung standen, ist mir nicht bekannt und ich muss zugeben, dass ich zwar einfaches Französisch spreche, aber diesen Riesenwälzer nur partiell gelesen habe.

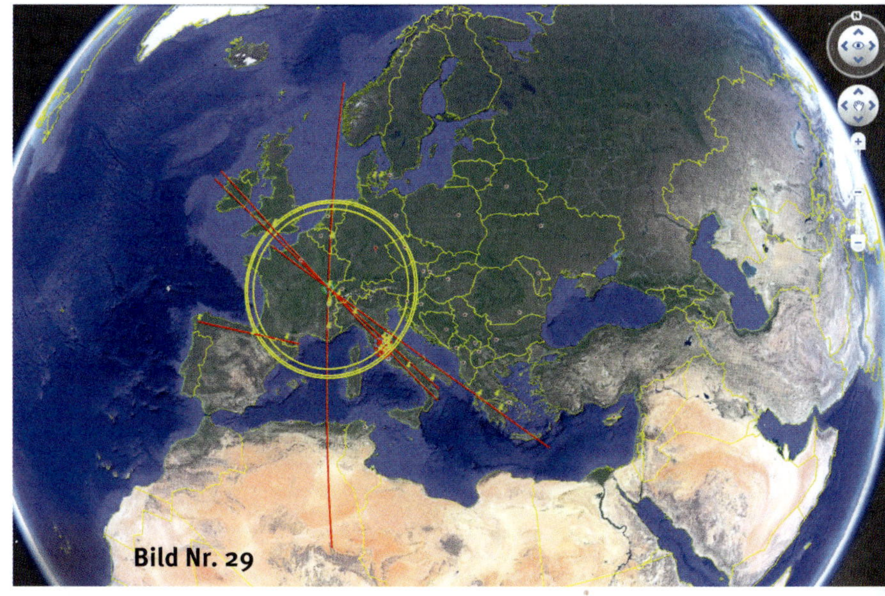

Bild Nr. 29

Der exakte Kreuzungspunkt aller Alaise-Linien ist wie vorher erklärt der Mont Poupet; das Dörflein Alaise liegt 8 Kilometer nordöstlich. Wir waren bei unseren Arbeiten sehr darauf bedacht, möglichst genau zu arbeiten und die Linien so genau wie möglich einzuzeichnen. Dazu muss ich wiederum sagen, dass auch Google Earth leider nicht perfekt ist, da die genaue Form unserer Erde nicht wiedergegeben wird. Kugelrund ist sie leider nicht, sondern eher »birnenförmig«. Wir mussten daher lernen, bestimmte Toleranzen in Kauf zu nehmen und auch Hinweise links und rechts des Weges zu berücksichtigen. Insofern sind es keine klaren Linien, sondern eher Korridore. Dasselbe gilt übrigens auch für das englische System von Herrn Watkins.

Bisher hat sich noch kein sichtbar übergreifendes System herauskristallisiert, dafür müssen noch viele weitere Linien eingearbeitet werden. Aber über einige interessante Fakten sind wir bereits gestolpert. Diese geben uns Hinweise und könnten als Werkzeuge für weitere Forschungen dienen.

Monsieur Guichard listet in seinem Buch genaue Distanzangaben zwischen Ortschaften mit demselben Wortstamm in Kilometern auf. Er spricht aber bei seinen Messungen immer auch von Stadien. Wir haben also diese Kilometerdistanzen durch die Anzahl Stadien geteilt und sind auf einen Wert von 18,5 Kilometern gekommen. Klingelts? Das ist die Hälfte von 37 Kilometern. Die Distanzen in der Toskana betragen jeweils 37 oder 74 Kilometer – also zwei- oder viermal 18,5. Sind wir also über die Forschung von Herrn Guichard auf einen gemeinsamen Nenner mit dem Toskana-System von Herrn Dr. Hentschel gestoßen?

Die Fakten:

1. Die Linie Nr. 8 des Alaise-Systems verläuft genau über Perugia in der Toskana. Die Distanz Alaise–Perugia beträgt 666 Kilometer oder 36 Stadien.
2. Das Dorf Orte in der Toskana liegt zwar nicht direkt auf der Linie Nr. 7 von Alaise her, aber die Distanz beläuft sich wiederum auf 39 dieser Stadien (721,5 Kilometer).
3. Auf der nördlichen Linie Nr. 7 in England liegt Salisbury, welches wiederum in einem System mit Stonehenge steht. Stonehenge und Salisbury Cathedral liegen 6 Meilen voneinander entfernt. Dies sind 9,65 Kilometer, das Doppelte wären 19,3 Kilometer. Aber 800 Meter sind dann doch eine zu große Diskrepanz für eine einheitliche Maßeinheit – schade, hätte ja sein können …

Die Vereinigung des kontinentalen Grids mit der Insel hat also nicht zu 100 Prozent geklappt. Aber dies ist eben Forschung, da gibt es auch Rückschläge. Die Hauptsache ist, dass man den Sachverhalt einmal abgeklärt hat (Bilder Nr. 30 und 31).

Erste Anhaltspunkte sind also geschaffen, und wir werden weiterforschen, einzeichnen und berechnen. Gern möchten wir aber festhalten, dass wir nach Systemen suchen, aber keine Muster aufzwingen wollen. Mit den bekannten Diskrepanzen und den Korridoren lassen sich genug interessante Anhaltspunkte fixieren. Sollten wir vielleicht auch in der

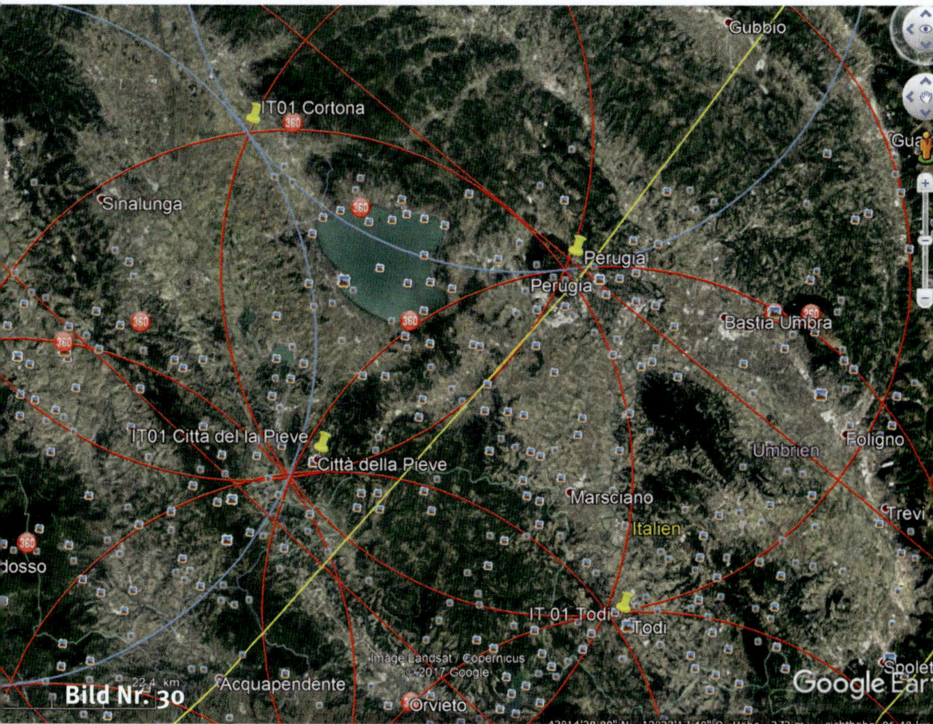

Bild Nr. 30

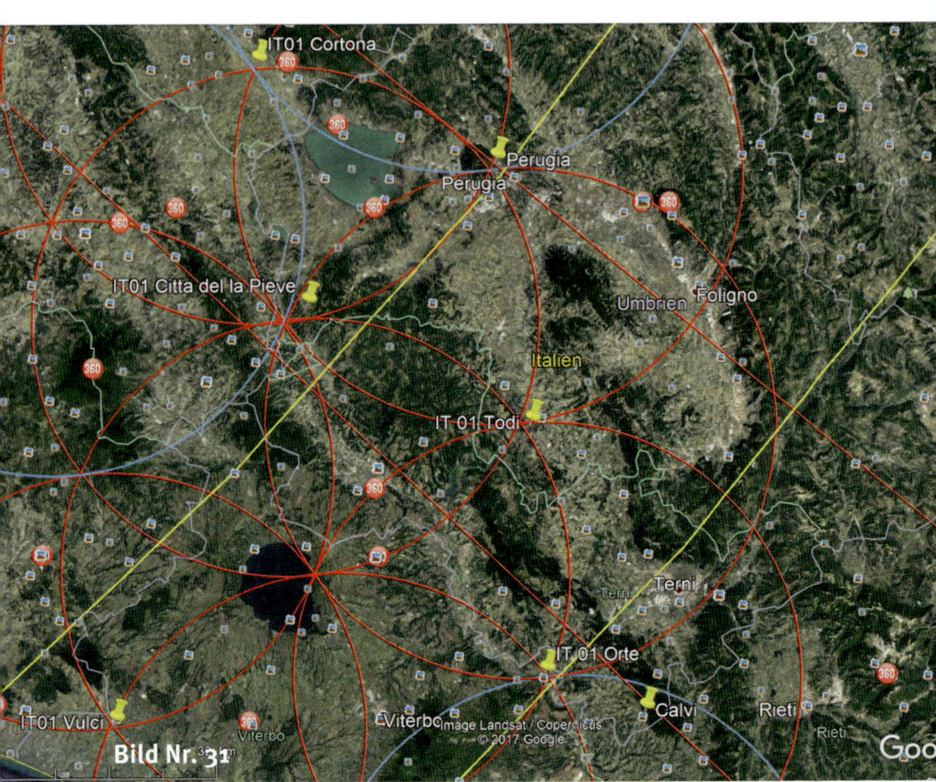

Bild Nr. 31

Toskana im »1-Stadion-Radius« (18,5 Kilometer) suchen? Etruskische Siedlungen müssen in Augenschein genommen und dokumentiert werden. Über die regelmäßigen Distanzen von 18,5, 37 und 74 Kilometern könnten weitere archäologische Punkte gefunden werden. Wie sieht es aus mit 148 Kilometern und anderen Vielfachen? Oder dazwischen mit Vielfachen der Stadien? Dies betrifft auch Kreuzungspunkte in küstennahen Gewässern, die betaucht werden könnten. So lassen sich zwei meiner Steckenpferde kombinieren. Es gibt noch viel zu entdecken, und ich bin gespannt auf die weiteren lokalen, regionalen und auch weltweiten Entwicklungen der Forschungen zur Klärung unserer unbekannten Vorzeit.

50 Jahre *Erinnerungen an die Zukunft* und das 50. A.A.S.-Meeting

Vortrag beim A.A.S. One-Day-Meeting des Jahres 2018 im ehemaligen *Mystery Park* in Interlaken (Schweiz)

Liebe A.A.S-Freunde, Forscherkollegen und Freigeister, willkommen, und schön, dass ihr so zahlreich hergefunden habt. Das zeigt uns, dass nicht nur *Erinnerungen an die Zukunft* vor 50 Jahren den Zeitgeist maßgeblich beeinflusst hat, sondern die A.A.S.-Mitglieder auch zum 50. Male zusammentreffen, um unter Gleichgesinnten interessante Theorien zu erörtern und spannende Diskussionen zu führen. Dieses Thema, welches wir behandeln, ist so weitgefächert. Hier findet sich für jeden etwas, das die Neugierde weckt, und der Austausch persönlicher Ideen untereinander ergibt sehr oft spannende Querverbindungen: Man findet Zusammenhänge, die man allein nicht erkennen konnte, weil man bestimmte Informationen bisher nicht hatte. Deshalb gibt es die Forschungsgesellschaft für Archäologie, Astronautik und SETI mit unserem jährlichen Kongress.

Für mich ist es das 20-jährige Jubiläum als Teilnehmer – und das 10-jährige als Organisator und »Junge für alles«.

50 Jahre *Erinnerungen an die Zukunft* – was für ein ATitel!!!

Ich weiß aus mindestens Tausend Erzählungen, wie EvDs erster Bestseller das Leben vieler Leser verändert hat. Diese Idee hat weltweit die Straßen leergefegt und kontroverse Diskussionen an jeder Ecke entzündet. Die »Dänikenitis« ist damals ausgebrochen (*New-York-Times*-Zitat). EvD war und ist bis heute in aller Munde und seine Theorien sind seither ein Dauerbrenner.

Die Menschheit und der Zeitgeist haben EvD und seiner Forschungsgesellschaft A.A.S. viel zu verdanken, und ich will heute mit diesem Vortrag Erich und den »alten Hasen« unserer Forschungsgesellschaft danken – was einst unmöglich erschien oder als lächerlich abgetan wurde, wird heute immer mehr zur Realität. Der Zeitgeist hat sich eindeutig auf die SETI-Frage (Search for Extraterrestrial Intelligence) eingestellt. Unser Thema ist salonfähig geworden. Jedes A.A.S.-Mitglied und jeder interessierte Geist zählt für die Realität von morgen, da nur ein gebildeter Geist auf diesem Planeten ein Gewinn ist – ob Akademiker oder Handwerker, Bauer oder IT-Mensch. Es braucht jeden von uns, wenn wir der vernebelten und verdrängten tiefen Vergangenheit der Menschheit auf die Schliche kommen wollen. Je mehr wir lernen und erkennen, umso größer und zahlreicher werden die Fragezeichen und möglichen Antworten. Bei diesem Lernprozess entdecken wir, dass so einiges, was uns über die Vergangenheit gelehrt wird, nicht stimmen kann. Aber wenn wir die Missing Links aufspüren, die Lücken schließen und Brücken schlagen, werden wir befähigt, unsere Gegenwart zu verstehen und darauf eine bessere Zukunft aufzubauen. Denn seien wir ehrlich: Momentan sieht's ziemlich düster aus.

Auf diese konstruktive Zusammenarbeit werde ich noch eingehen.

Hier noch ein passendes Zitat dazu von Prof. Dr. John Mack:

> *»Wir sind Teil eines grandiosen Universums, das wimmelt von intelligenten Lebensformen. Von denen wir uns selber abgeschnitten haben.«*

Das muss aufhören.

»World Grid«-Fortsetzung – weitere Punkte zu den Funden von 2017

Den Titel meines Vortrages definierte ich im Frühling mit: »›World Grid‹-Fortsetzung«. Ein ganz kurzer Abriss der Idee, die ich Ihnen schon vor einem Jahr vorgestellt hatte, soll hier für die »Neuzugänge« folgen:

Es gibt weltweit viele regionale Systeme sogenannter Kraftlinien oder überdimensionaler geometrischer Muster von Ortschaften mit demselben Wortstamm und/oder Sakralbauten. Es existieren so viele verschiedene Systeme rund um den Globus, die aber nicht miteinander in Verbindung gebracht werden. Das ist auch verständlich, da schon allein die Erforschung eines lokalen »Grids« enorm aufwändig ist. Dies habe ich auch immer wieder festgestellt, wenn ich für unsere RAMAR-Weltkarte die Orte und Linien in Google Earth nachzeichnete.

Unser Ziel ist es, einen gemeinsamen Nenner für die diversen Systeme zu finden. Ich bin überzeugt, dass sich bei einer Gesamtübersicht eine Matrix herausstellen wird, die vermutlich die Erklärung geben wird, warum dieses System überhaupt existiert. Ist es, wie EvD vorschlägt, der Hinweis zur Suche nach der »Zeitkapsel«, oder sind diese Linien simple Navigationsrouten der »Götter«?

Man stelle sich eine außerirdische Gemeinschaft vor, die sich in einem Mutterraumschiff im Erdorbit befindet – wie wir es aus der indischen Literatur detailliert und von zahlreichen weltweiten Überlieferungen her kennen. Mit dem Auftrag der »Ausbreitung der Intelligenz« im Universum versehen, werden sie wie Ethnologen oder eben Lehrmeister auf die Erde niederfahren. Weltweit lehren sie die ansässigen Stämme die Grundlagen der Zivilisation. Vom Orbit aus spielt es ja keine Rolle, wo man herniedersteigt. Aber es muss sich um ein lohnendes Ziel handeln. Eine zivilisatorische Grundlage muss gegeben sein – soll heißen: Die Menschen müssen genug zu »mampfen« haben. Mit knurrenden Mägen lässt sich keine Kultur aufbauen, oder umgekehrt: Knurrende Mägen erschüttern die Kultur. Also wurden die weltweit bereits bestehenden Gemeinschaften mehrfach besucht und zivilisiert, was die verschiedenen kulturellen Epochen und Zeiträume erklärt.

Da sich alle Beschreibungen der diversen »Götter«-Familien rund um den Globus gleichen, liegt meinerseits die Schlussfolgerung nahe, dass es immer dieselben Lehrmeister respektive »Götter« waren, die unsere Vorfahren besuchten. Die Menschen, die über verschiedene kulturelle Hintergründe verfügten, haben diese Kontakte in ihren Legenden und Mythen überliefert und in ihren Erinnerungen und ihrer Kunst festgehalten. Ein Maya dürfte meiner Meinung nach eine andere bildhafte Erinnerung an ein technisches Gerät gehabt haben, das er nicht verstand, als ein Sumerer rund 3000 Jahre vorher. In meinen Augen ist der griechische Göttervater Zeus derselbe, den die nordeuropäischen Stämme als Odin oder

Wotan kennen. Die Ägypter nannten dieses Wesen Osiris, die Maya Quetzalcoatl oder Kukumatz. Auch die Attribute der jeweiligen Götter passen weltweit zueinander. Thor gleicht Apollon und so weiter.

Ich bin nun vom physischen World Grid auf das mythische abgeschweift. Diese Parallelen und »Netzwerke« gibt es aber eben auf verschiedenen Ebenen.

Zurück zum geodätischen Muster: Da stellen sich uns verschiedene Fragen. Aber vor allem das immer wiederkehrende *Warum*?

Es gibt die Gaia-Theorie, die besagt, dass es sich bei den Schnittpunkten dieser Kraftlinien um »Chakren« der lebendigen Erde handelt. Die Energielinien sind also wie in der chinesischen Medizin Meridiane. Andere erklären das Ganze mittels kristalliner Strukturen und dem Aufbau unseres Planeten. Ob Gaia oder kristalliner Aufbau mit Eigenschwingung lassen wir einmal dahingestellt sein, weil wir dies vorerst ohnehin nicht beweisen können. Wenn wir uns aber an die wissenschaftlichen Tatsachen und den damit verbundenen Erkenntnisgewinn halten, steht Folgendes fest:

Unsere in tiefster Vergangenheit lebenden Vorfahren haben diese Plätze verehrt. Sie haben gewusst, dass es sich hierbei um Orte mit speziellen Qualitäten handelt. Sie haben auf ihnen megalithische Konstruktionen errichtet, und um diese Orte entstanden die Kulturen. Im Kleinen wie auch im Großen. Wie beim System der russischen Forscher Gontscharow, Makarow und Morosow liegen diese Kardinalschnittpunkte – und somit die Orte, auf denen große Zivilisationen entstanden – auf zwölf um den Globus gelegten Fünfecken. Interessanterweise wissen wir dies bereits von Platon, der uns erklärt, wir müssten uns die Erde als Ball aus zwölf Lederstreifen vorstellen. Oder meinte er Fünfecke, und die Übersetzung hat Streifen daraus gemacht? (Bild Nr. 32)

Warum also haben unsere Vorfahren diese Orte verehrt und bebaut? Geomanten und »Feinfühlige« stellen an diesen Orten seit jeher das Auftreten von speziellen Energien fest. Nun wurden diese Forschungen in den zurückliegenden Dekaden leider immer sofort in die esoterische Ecke geschoben, ähnlich wie bei unserer Thematik wurde der Begriff »Pseudo-« vorangestellt.

Nun lassen sich in der heutigen Zeit aber diese Schwingungen und Impulse nachweisen. Die technologische Entwicklung lässt es nunmehr zu, feinste Anomalien zu messen. Werner Betz vom Ancient Mail Verlag hat in seinem Buch *Kräfte aus dem Nichts?* die Grundlagen erklärt und die empirischen Beweise erbracht. Es gibt also zu diesem Thema einen wissenschaftlichen Erkenntnisgewinn. Was einst als lächerlich abgetan wurde, ist heute beweisbar.

Also: Es ist festzustellen, dass die meisten dieser seit Menschengedenken heiligen Orte erkannt und durch sakrale Bauten beschützt wurden – und werden. Wir kennen Ähnliches in Bezug auf die Madonnenerscheinungen der Neuzeit. Warum will irgendeine überirdische Macht, dass *genau* an diesem oder jenem Ort eine Kapelle, ein Schrein oder ein Altar gebaut wird? Geht es vielleicht darum, diese Orte zu schützen? Damit sie fortwährend als Gebets-, Meditations- oder Pilgerplätze verehrt werden können und die abgestumpften Menschen kein Haus darüber bauen oder gar eine Müllhalde anlegen?

Eine Frage, die sich auch Bernd Grathwohl in seinen Büchern stellt – ich kann seine Werke wärmstens empfehlen. Sind die Bauwerke und markanten Punkte, welche auf einer Karte geometrische Formen ergeben, als Orientierungspunkte und Einflugschneisen gedacht?

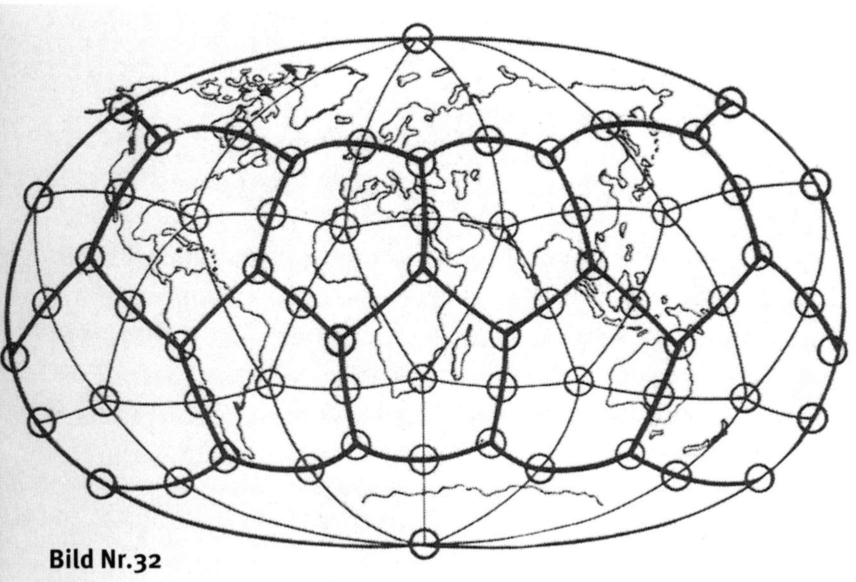

Bild Nr.32

Aus dem äthiopischen »Buch der Könige«, dem *Kebra Negest*, entnehmen wir die Geschichte von König Salomon, der »primitive« Flugwagen besessen hat. Zitat:

> *»Von dort kamen sie an einem Tage nach dem Land Ägypten, dessen Name Mesrin ist. Und so sahen die Kinder der Würdenträger Israels, dass sie an einem Tage eine Strecke von 13 Tagen zurückgelegt hatten, ohne müde zu sein, zu hungern oder zu dürsten.«*

Vom Himalaya über Pakistan, den Iran und die Sinai-Halbinsel ziehen sich die Takthi al Suleiman – Tempelkomplexe auf Bergspitzen in regelmäßigen Abständen, die dem König Salomon geweiht sind – wie auf einer Perlenschnur. Es handelt sich um Tempel, in denen Feuer und Wasser verehrt wurden. Aus diesem Grund hat EvD in seinem Buch *Prophet der Vergangenheit* bereits im Jahr 1979 spekuliert, dass diese Orte als Tankstellen für eine Dampfmaschine gedient haben könnten.

Als ich für RAMAR die sogenannte Alison-Linie (nicht Alaise-Linie) eingezeichnet habe, stellte ich mir wieder einmal die Frage: Braucht eine außerirdische Flugtechnik landgebundene Orientierungspunkte? Wohl kaum. Eine Art Heißluftballon, wie ihn Salomon besessen haben soll, aber mit ziemlicher Sicherheit.

Diese Alison-Linie scheint mir eine Mischung aus Landmarken und kulturellen Highlights: Von der Osterinsel aus gestartet und Nazca überfliegend, gelangt man über die Region um Cuzco über das grüne Meer des Amazonas zum Amazonas-Delta. Den Kurs beibehaltend, reist man über die atlantischen Kapverden, erreicht die afrikanische Küste und passiert südlich das »Auge von Afrika«. Über das Tassili-Gebirge in Algerien (mit der Felszeichnung des 6 Meter hohen sogenannten »Marsgottes«) weiterfliegend, kreuzen wir das Nildelta in Mittelägypten; auf dem Weg nach Mohenjo-Daro in Pakistan finden wir Orte im Korridor dieser Linie, wie Petra, Ur in Mesopotamien und Persepolis im Iran. Weiter geht es über Indien – Landmarke südlich des Ganges-Deltas – nach Angkor Wat. Über Nordmalaysia geht's entlang Neuguinea, über Neukaledonien zurück über den Pazifik nach Easter Island (die Osterinsel) – »den Nabel der Welt«. Eine Linie rund um den Globus, welche wichtige kulturelle Regionen auf der Welt offenbar verbindet.

Immer noch die Gedanken an den Flugwagen Salomons im Kopf habend, ist mir etwas Interessantes in Bezug auf diese Strecke aufgefallen: Die Königin von Saba war die Geliebte von Salomon, ihr Name war Bilqis, und sie soll eine Riesin gewesen sein. Die Ortsbezeichnung »Sabah« habe ich in der Libyschen Wüste gefunden. Aber auch in Malaysia. Vorher habe ich über die markanten Hinweise in Wortstämmen geschrieben. Haben diese Orte, entfernungsmäßig durch »einen halben Globus« getrennt, vielleicht etwas mit der Königin von Saba zu tun? Der Geliebten von Salomon, der technische – wohl aber keine hochtechnologischen – Flugwagen besaß?

Hiermit kämen wir wieder in ein anderes World Grid – das der Spracharchäologie. Dies müsste unbedingt auch berücksichtigt werden in Betrachtung der weltweiten »Netzwerke«. Wussten Sie zum Beispiel, dass Finnisch nicht mit den anderen slawischen Sprachen, sondern mit Ungarisch verwandt ist? Wussten Sie zudem, dass ein Ungar sehr schnell Ketschua von den südamerikanischen Indios lernen kann? Und zwar deshalb, weil viele Wörter und die Grammatik beider Sprachen einander ähnlich sind. Von wem wissen wir das? Von Dr. Juan Moricz, welcher EvD auf die Tayos-Höhlen in Ecuador aufmerksam gemacht hatte. Ist dies alles vielleicht ein Relikt aus der Zeit vor der großen Sprachverwirrung? Erinnern Sie sich an den »Turmbau zu Babel«? Zuvor: eine Welt, eine Sprache. Friede, Freude, Eierkuchen. Danach: lauter desaströse Ereignisse und nur noch Missverständnisse. Die im Übrigen bis heute anhalten!

Bezüglich eines Zusammenhangs zwischen den Regionen »Schwarzes Meer« und »Westküste von Südamerika« möchte ich noch erwähnt haben, dass bei einigen verlängerten Schädeln, die sich im Juan Navarro Museum in Paracas, Peru, befinden, DNS aus der Kaukasusregion nachgewiesen werden konnte. Unsere Erkenntnis aus diesem Umstand müsste die sein, dass die einzelnen Kulturen niemals als geschlossene Systeme betrachtet werden sollten. Wenn schon von wissenschaftlichen Untersuchungsmethoden die Rede ist, dann sollten diese inter- beziehungsweise transdisziplinär und voll umfänglich zum Einsatz gelangen. Wir müssen in solchen Fällen *alle* empirischen Beweise berücksichtigen und in Kontext zueinander bringen. Dogmen, wie es sie zuhauf gibt, dürfen beim »Wissen-Schaffen« nicht toleriert werden.

Eines steht fest, und ich wiederhole dies auch immer wieder: All diese aufgezeigten Verbindungen und diese »Grid-Themen« sind von den zu untersuchenden Aspekten her so umfangreich, dass ich/wir über jede Hilfe froh bin/sind. Falls also jemand von Ihnen sich mit einem Netzwerk besonders gut auskennt, oder allenfalls sogar schon eine KMZ-Datei (für Google Earth) besitzt, teile man uns das doch bitte mit, damit wir diese Informationen auf unserer Weltkarte sammeln und wiedergeben können.

Und somit befinden wir uns inmitten des nächsten »World Grids«. Nämlich der von EvD und der A.A.S. sowie befreundeten Organisationen und Mitstreitern gebildeten Community (Gemeinschaft). Aufgrund der heutigen technologischen Möglichkeiten wird es immer einfacher (aber auch komplexer), international zu agieren, sich auszutauschen oder Forschungen zu teilen. Die weißen Flecken auf unserer Wissensweltkarte sind noch so groß, dass die Lösung der damit verbundenen offenstehenden Fragen zeitmäßig viele Forschergenerationen auslasten wird. Und daher lautet eines meiner erklärten Ziele, Kontakte, die ich aufgrund meiner Arbeit habe, direkt miteinander zu verknüpfen. Oft lassen sich Synergien erkennen oder es wird nach einem spezifischen Kontakt gefragt. Dann schließe ich engagierte Forscher gern kurz, da ich mich nicht um alle Details unseres transdisziplinären Erkenntnisgewinns selbst kümmern kann. »Zusammen sind wir stärker, besser und weiser.«

So ergaben und ergeben sich verschiedene Teams und Konstellationen, die gemeinsam ein Thema erforschen oder eine Idee verfolgen und realisieren. Wenn nun die Entdeckungen und Schlussfolgerungen dieser Zusammenarbeit mit der Gemeinschaft geteilt werden, wird das Potenzial vervielfacht. Die Devise lautet: Kooperation statt Konkurrenz.

Es muss auch darum gehen, die technologischen Vorteile zu nutzen. An der Brücke der Generationen muss gebaut werden. Während ältere Jahrgänge gern Bücher lesen, sind die junge und die jüngste Generation vor allem digital unterwegs. Die Informationen, die in den vergangenen 50 Jahren erarbeitet wurden, interessieren auch viele junge Geister. Aber sie lesen keine Bücher mehr und benötigen daher einen zeitgemäßen Zugang zum Thema, sodass in ihnen das innere Feuer der Neugierde entfacht werden kann. Vielleicht schlägt der eine oder andere auch deswegen später eine forschende Laufbahn ein.

Wie hat einmal ein schlauer Mensch formuliert: »Meinungen ändern sich nicht, sie sterben aus.« Daher ist es an uns, offenen Geistern eine undogmatische Sicht der Dinge zu vermitteln und dort Weichen zu stellen, wo es noch nicht zu spät ist.

Letztlich können wir mit dem erarbeiteten Wissen der zurückliegenden 50 Jahre mittels einer verjüngten Community von Gleichgesinnten mehr bewegen und den Zeitgeist mitformen. Schließlich hat jede Generation ihre Blütezeit und Verantwortung.

Und wenn wir auf die vielfältigen Projekte von Autoren und Forschern und deren Publikum schauen, erkennen wir, dass der Altersdurchschnitt in den vergangenen Jahren massiv gesunken ist. Dies hat sicherlich mit der erfolgreichen Serie

Ancient Aliens des History Channel in den USA zu tun, aber auch mit den neuesten Veröffentlichungen von UFO-Dokumenten und anerkannten Sichtungen. Auch hier wiederhole ich mich gern: Unser Thema ist salonfähig geworden! Dafür einen großen Dank an die jungen, neugierigen und forschenden Geister – ihr seid die Zukunft. Und ein wiederholter, noch größerer Dank geht an die »alten Hasen« für ihre Wegweisungen, ihre Pionierarbeit und die gezeigte Zivilcourage der zurückliegenden Dekaden.

Diese »Bridging Generation«-Idee ist eigentlich eine Grundhaltung, welche wir in unseren Teams in den vergangenen Jahren immer mehr gefestigt haben. Vor 20 Jahren durfte ich viel von meinem ersten Mentor Erich von Däniken und später von meinem zweiten Mentor Luc Bürgin (1970–2024) lernen. Ähnlich verhält es sich jetzt in Bezug auf das Hangar18b-Projekt und Frau Dr. Helen Wider, mit der meine Mitstreiter und ich oft unterwegs sind. Von Helen und ihren Freunden des ehemaligen Megalithen-Vereins haben wir sehr viel über unsere vergessene Vergangenheit in den heimischen Wäldern lernen dürfen.

Mit Frau Dr. Wider besichtigen wir bei jeder sich bietenden Gelegenheit Schweizer Erdställe und prähistorische Orte. Unser lieber Freund Reinhard Habeck unterstützt und fördert unsere Generation mit weiterführenden Informationen. Mit Werner Betz sind wir immer mal wieder unterwegs im Feld und lernen Neues kennen über seine Messungen.

Es ist uns sehr wichtig, diese erarbeiteten Informationen zu bewahren, damit wir und spätere Generationen nicht immer wieder von vorn anfangen müssen, sondern auf einer soliden Grundlage weiter aufbauen können.

Stichwort »Vergessene Vergangenheit in unseren Wäldern« – ist dazu noch ein bisschen mehr gefällig an Informationen? Die »Schildkröten«-Formation hatte ich ja bereits erwähnt. Es gibt jedoch noch so einiges mehr. Befassen wir uns dazu einmal mit den beiden Rheinflanken: Elsass und Schwarzwald.

Vergessene Vergangenheit in unseren heimischen Wäldern

Vortrag beim A.A.S. One-Day-Meeting des Jahres 2021 in Leipzig (Deutschland)

Guten Abend, verehrte Freunde der A.A.S.! Wie wir alle in den vergangenen Wochen und Tagen festgestellt haben, ist es eine große Herausforderung, ein solches Meeting wie heute während dieser unsicheren Coronazeiten durchzuführen. Ich danke Ihnen allen sehr herzlich, dass Sie sich – entgegen aller Widrigkeiten – entschlossen haben, dabei zu sein, und für alle entstandenen Probleme bitte ich um Verständnis.

An meiner Stelle war ein Referat von Luc Bürgin geplant. Mit einem »blutenden A.A.S.-Herzen« musste er sein Referatsangebot vor einer Woche zurückziehen. Aus privaten Gründen ist es ihm nicht möglich, eine Quarantäne zu riskieren. Somit habe ich mich entschieden, an seiner statt über meine aktuellsten Forschungen zu berichten. Vergangenen Mittwoch habe ich mir die Zeit genommen, den Vortrag zusammenzustellen. Ich hoffe, Luc Bürgin damit würdig zu ersetzen.

Wie Sie vielleicht aus meinen EvD-Logbüchern in *Sagenhafte Zeiten* wissen, fielen sämtliche geplante Veranstaltungen und Reisen in diesem Jahr ins Wasser. Neben den vielen Bereichen, welche EvD betreffen, hatte ich mit meinem Forscherfreund Ralf Ruppert auch eine Irland-Expedition geplant. Bis 1 Woche vor der geplanten Abreise hatten wir noch gehofft, dass die Reiserestriktionen aufgehoben würden. Leider war dies dann nicht der Fall, doch verschoben ist nicht aufgehoben, und wir hatten bereits einen Plan B vorbereitet.

Damit mir die Decke im Büro nicht auf den Kopf fällt, habe ich im Sommer einige naheliegende Ziele angesteuert. Mit meinen Freunden Ralf Ruppert, Patrick Wenger und seinem Sohn Anael besuchte ich im Juli die Pfalz in Deutschland und einige Punkte im Elsass.

In der Pfalz haben wir in der Nähe von Bad Dürkheim den historischen Wanderweg »abgeklappert«. Dort finden sich im Hügelwald Relikte aus einer unbekannten Zeit. An einer Stelle wird von einem römischen Steinbruch gemunkelt; es handelt sich um eine sehr kleine Abbaustelle im Mutterfels. Hier finden wir wieder die altbekannten, typischen Meißelspuren. Diese Spuren können aber, laut einem professionellen Steinmetz, nicht vom Abbau herrühren. Weshalb aber verziert man einen Steinbruch im Nachhinein? Leider gibt es wenig Geld für die Erforschung prähistorischer Orte in Deutschland. »Die Römer« hingegen haben eine starke Lobby. Deshalb wird auf den sie betreffenden Gebieten stark geforscht und eine Menge Geld investiert.

An anderer Stelle fanden wir eine Treppe, die ins Nichts führte. Eine Treppe ins Nirgendwo? Das kann doch nicht sein! Welcher ist dann der Zweck der Konstruktion, wo ist das dazugehörige Gebäude? Gab es eine Tür? War es überhaupt ein »Zugang« oder wurde dieser Stein zum Beladen von Lasttieren genutzt?

Ich versuche auf solchen Expeditionen immer beide Füße auf dem Boden zu halten und gemäß des »Ockham'schen Rasiermesser«-Prinzips die naheliegendste, logischste Lösung als die potenteste anzuerkennen. Das ergibt stets schöne Diskussionen, wobei ich als geübter Fantast auch gern einmal den »Advocatus Diaboli« gebe: Es macht mir Spaß, »vernünftige« Widerworte zu geben, um mein Gegenüber in seiner Erklärung/Schlussfolgerung herauszufordern. Ich finde ein solches Verhalten sinnvoller, als wenn wir alle gleichmäßig ins »Traumhorn« blasen.

Solche Treppen sind uns auch aus anderen Teilen der Welt bekannt, wie zum Beispiel aus Spanien, Kolumbien und diversen anderen Orten auf diesem schönen blauen Planeten.

Darüber hinaus haben wir in diesem Wald gigantische Felsblöcke – »Teufelsmauern« genannt – besucht. Erinnern Sie sich, dass solche Diabolisierungen stets ein Hinweis auf einen ursprünglich heidnischen Platz sind? Zurück führt uns der Weg über eine der sogenannten »Römerstraßen«, die von der offiziellen Archäologie fälschlicherweise immer mit den weltweit verbreiteten Cart Ruts gleichgestellt werden.

Wir haben es uns zur Angewohnheit gemacht, und instruieren entsprechend auch alle unsere Forscherfreunde, dass jede Spur gemessen werden soll. Die römischen Karren besaßen ein Einheitsmaß, damit sie auch die Straßen in den Städten mit den »Prototypen der Zebrastreifen« passieren konnten. Dies waren erhöhte Steinquader, die das Überqueren der Straße trockenen Fußes ermöglichten:

»[…] Diese Spurrillen waren so genormt, dass sie genau den Radabstand der römischen Wagen hatten. Dieser war 1,20 Meter breit. Zwischen den Spurrillen waren an steilen Stellen auch Stufen in den Fels gemeißelt, die Tier und Mensch besseren Halt boten […].« (Zitat nach *https://www.roemerstrasse-via-claudia.de/*)

Interessant für uns sind die Sätze zwei und drei des Zitats:

1. Spuren, die breiter oder schmaler als 120 Zentimeter sind, müssen genauer untersucht werden. Eine Abweichung über die Jahrhunderte hinweg ist einzurechnen, aber es gibt Spuren, die über diese Diskrepanz (etwa eine Breite von 110–130 Zentimetern) hinausgehen.

2. Auf den »uns suspekten Cart Ruts« gibt es keinerlei Spuren von Zugtieren oder Menschen respektive anderweitiger Bearbeitung, die auf ein »Zugsubjekt« hinweisen würden. Wir messen immer gleich: von der Außenkante der linken Spur zur Innenkante der rechten Spur – oder andersrum. (Würde man von der Mitte zur Mitte messen, würde dies den Aufwand erhöhen und das Fehlerpotenzial steigern.) So erreichen wir eine Durchschnittsmessung, die, je nach zur Verfügung stehender Zeit und beabsichtigtem Aufwand, alle 2–5 Meter vorgenommen wird. So lässt sich jeweils schnell erkennen, ob die Erosionen, also die abgeflachten Kanten, der römischen Einheit entsprechen oder nicht. Selbstverständlich darf dabei nicht vergessen werden, dass diese Routen um Hügel herum, an Steilhängen und in schwierigem

> Gelände über Jahrhunderte, wenn nicht gar Jahrtausende hinweg benutzt worden sind.

Auf dem Mont Donon im Elsass wollten wir eigentlich das Modell des Tempels – eine Rekonstruktion von 1869 – mithilfe unserer Drohnen und Kameras vervollständigen. Patrick Wenger, mein derzeitiger Tauchpartner, hatte schon im Jahr zuvor ein 3D-Modell davon zu erstellen versucht. Leider spielte aber das Wetter nicht mit und so entstanden nur »mystische« Bilder im Nebel.

Ein eindrückliches Original stellt hier eine riesige Felsplatte dar, welche über das restliche Sockelgestein hinausragt. Die Platte ist in vier gleichgroße Teile zerbrochen, und die Brüche zeigen nicht genau, aber ungefähr in die vier Himmelsrichtungen. Dies haben wir selbstverständlich kontrolliert. Nicht mit einem Handy-Kompass, sondern mit zwei verschiedenen Wanderkompassen. Die Frage, ob diese Plattform einen natürlichen Ursprung hat oder auf eine künstliche Entstehung zurückgeht, können wir nicht schlüssig beantworten. Aber dass sie und die gesamte Bergspitze bereits von unseren keltischen und gallorömischen Vorfahren verehrt und für Rituale verwendet wurden, steht aus archäologischer Sicht fest (Bild Nr. 33).

Als Nächstes stand die riesige »Heidenmauer« auf dem Mont Sainte-Odile auf dem Programm. Auch hier verschwindet der Ursprung im Dunst der Jahrtausende. Sicher ist, dass dieser Ort schon immer ein heiliger war und lange vor den Christen der ganze Berg umfriedet wurde. Zu welchem Zweck, haben wir uns gefragt. Denn heute gibt es innerhalb der Mauern keine Quelle, die einer Schutzburg dringend bedürfte. Obwohl hier nicht an allen Teilen der 10 Kilometer langen Mauer von zyklopischer Bauweise gesprochen werden kann, ist es die

Bild Nr. 33

Ausdehnung, die einem den sprichwörtlichen Atem verschlägt. Konstant 160 Zentimeter dick und mit einer heutigen Höhe von 3–6 Metern wirkt die Mauer sehr beeindruckend, wenn man an ihr entlangwandert. Geschätzte 300 000 Blöcke wurden hier verbaut – zum Teil in steilstem Gelände –, und man fragt sich, wie eine solche Transport- und Bauaktion in den alten Zeiten überhaupt möglich gewesen ist. Vergessen darf man aber auch nicht, dass diese Mauer über Jahrhunderte hinweg ausgebaut und verbessert wurde.

Manch einer mag hier einwenden, dass auch die antiken Griechen und später »die Römer« riesige Tempelsäulen von den Inseln in Griechenland oder Obelisken aus Ägypten nach Rom transportiert haben. Es bleibt aber die Frage: *wie*? Hat jemals irgendjemand der studierten Herrschaften einen Trans-

port von 460 Tonnen Gewicht (Lateranischer Obelisk an der Piazza San Giovanni – schwerster ägyptischer Obelisk in Rom) von Alexandria nach Rom bewerkstelligt? Sicher nicht! Und wie will man den Transport eines solchen Kolosses in den wilden Gewässern der Ägäis vollzogen haben? Klar, die heutigen Experten behaupten, man habe den Block »im Wasser zwischen zwei Schiffen, verbunden mit Seilen, die einen Großteil des Gewichts auffangen« transportiert. Eine sehr schöne, aber doch nur theoretische Vorstellung. Wer von den heutigen Spezialisten hat das von ihnen Behauptete je praktisch ausprobiert? Niemand! Hingegen waren »die Alten« Meister ihres Faches: in der Steinmetzkunst, in der Logistik und in der Navigation. Unsere Vorvorderen setzten solche Projekte einfach um, weil sie es konnten: Man denke in diesem Zusammenhang nur einmal an den Transport der Steinungetüme im Libanon, Stichwort »Baalbek«! Unsere heutige, allein selig machende Technik käme hingegen wohl schnell an ihre Grenzen!

Einen Familienausflug oder auch eine mehrtägige Wanderung entlang der Zyklopenmauer des Mont Sainte-Odile kann ich jedem wärmstens empfehlen, der sich einmal ein Bild von den vergessenen Relikten unserer Vorfahren machen will. In diesem Gebiet gibt es auch schöne Dolmen und viele magische Plätze. Es wimmelt hier von Legenden. Insgesamt ist es ein sehr mystischer Ort.

Immer wieder kommen wir auf dieselbe Frage zurück: *warum*? Warum hat man ausgerechnet hier an diesem Ort gebaut? Was ist hier vor Jahrtausenden passiert, dass man ausgerechnet an diesem Platz keine Mühen und keinen Aufwand jeglicher Art gescheut hat, ein so riesiges Bauwerk zu errichten? Fest steht, dass »die Römer« wie auch später die Merowinger und noch später die katholische Kirche die Mauer immer wieder restauriert haben. Somit war die ganze Anlage über Jahrtausende hinweg in Betrieb. Ich bin immer noch mit der Aufarbeitung dieses Themas beschäftigt und werde deshalb den Odilienberg nochmals besuchen.

Als weitere Expedition wird das »Säuliamt«, eine Region bei Zürich, auf dem Programm stehen. Auch dort wimmelt es von Steinreihen, Menhiren und Hinterlassenschaften einer uns nicht vermittelten Vorzeit (Quelle: Richard Walker, *https://www.ursusmajor.ch/astrospektroskopie/richard-walkers-page/index.html#4070109c3b0b6ae04*).

Der Schwarzwald soll laut offizieller Lehrmeinung erst zu Beginn des frühen Mittelalters besiedelt worden sein. Vorher hätten die undurchdringlichen Wälder die Menschen von jeglicher Besiedelung abgehalten. Dass diese Auffassung nicht stimmen kann, belegen unzählige Steinformationen und Relikte, welche heute noch in einem der letzten deutschen Urwälder verborgen liegen. Mehr und mehr kommen diese zum Vorschein, werden jedoch nicht als künstliche Steinformationen erkannt oder aus Unwissen vernichtet. Ein trauriges Beispiel ist an einem der zerstörten Steinkreise von Blasiwald zu erkennen: Hier wurde Aushub vom Bau von Einfamilienhäusern einfach auf dem uralten Doppelkreis abgelagert. Solche 8-förmigen Steinanlagen kennen wir übrigens auch von Cromeleque dos Almendres in Portugal und anderen Orten in der Welt. Oft sind solche Steinkreise nicht nur »Kreise«, sondern Mehrfachringe beziehungsweise Ellipsoide.

Meine erste Literatur zum Schwarzwald war das Buch *Magisch – Mystisch – Megalithisch. Die rätselhafte vorchristliche Vergangenheit von Süd- und Hochschwarzwald* der Herren Weis und Amruth. Ich dachte mir Wochen vorher auf der Elsass-Expedition: Wenn es hier von vorzeitlichen Strukturen nur so wimmelt, dann müsste dies doch auch auf der anderen Rheinseite der Fall sein. Im flachen Schwemmland dazwischen wirst du nichts mehr finden, aber hoch in den Hügeln müsste es doch etwas geben … Und so gelangte ich über Internetrecherchen zu diesem Buch, welchem dann Wanderbücher und weitere Quellenliteratur folgten.

Da sich Ralf Ruppert eingehend mit nordischer Mythologie und uralten Orten in Deutschland beschäftigt, bedurfte es keiner Überredungskünste, um sein Interesse für eine Expedition zu wecken. Begleitet wurden wir von unserer irischen Kollegin Linda Masterson – wir konnten ja nicht nach Irland reisen. Sie aber nach Deutschland. Crazy!

Bild Nr. 34

Zusätzliche lehrreiche Unterstützung erhielten wir von Walter Knaus. Er beschäftigt sich seit über 30 Jahren mit Schalensteinen und deren potenzieller astronomischer Ausrichtung.

Walter gab uns viele Hinweise über Orte und Schalensteine, die wir in unserer Reiseplanung berücksichtigten. Spontan entschied er dann, uns auch an verschiedene Orte im Schwarzwald zu führen und uns seine Kenntnisse über die astronomisch orientierten Schalensteine zu vermitteln. Es entwickelten sich angeregte Diskussionen, aus denen interessante neue Erkenntnisse resultierten. Insgesamt besuchten wir auf dieser Reise 58 Standorte in 17 Tagen, wobei ich nachfolgend nur die Rosinen herauspicken werde.

Im Überblick lässt sich feststellen, dass auffallend viele Steine und Schalen auf das Equinox, also die Tagundnachtgleiche, ausgerichtet sind. Diese Peilungen ergeben mit dem Kompass aber nicht, wie zu erwarten wäre, 90 Grad (Ost) und 270 Grad

(West), sondern immer jeweils 89 Grad und 271 Grad. Dieser Umstand ist höchst interessant und durch die Physik der Lichtbrechung erklärbar. Das bedeutet wiederum, dass die damaligen Beobachter auf das Grad genau ihre Schalen ausgerichtet haben. So ließen sich auch exakt Sonnenaufgang oder -untergang bestimmen, was bei 180 Grad nicht darstellbar wäre. Dies verkompliziert zwar die Ausmessungen, macht aber eine präzisere Aussage über den Zweck einer Peilung möglich.

Des Weiteren sind auch Winter- und Sommersonnenwenden markiert sowie die großen und kleinen Mondwenden. Eine große Mondwende findet nur alle 18,6 Jahre statt. Wenn man von einer geschätzten Lebenserwartung der Menschen von 40 Jahren zu dieser Zeit ausgeht, könnte eine Person eine solche Mondwende höchstens zweimal in ihrem Leben beobachtet haben. Was uns zu dem Schluss führt, dass das Wissen um dieses besondere Ereignis von Generation zu Generation weitergegeben wurde. Ob dieses Wissen nur mündlich vermittelt wurde oder ob unsere damaligen Vorfahren doch eine Schrift kannten, darüber lässt sich nur spekulieren. Auch hierzu gibt es interessante Literatur.

Walter hat seine Vermessungsarbeit mit uns jeweils an den Steinen wiederholt. Heißt: Er hat Schalen mit weißen Murmeln markiert und die Kompasse darauf ausgerichtet. So konnten wir von ihm die Praxis der Vermessung lernen. Ich habe mit meiner Drohne dann Bilder von der Gesamtanlage erstellt, und so bekamen wir eine ganz andere Sicht auf die Situation. Walter hatte sich vorher mit Gestänge und improvisiertem Kamerakörbchen beholfen – er nannte seine Einrichtung »Steinzeitdrohne«. Und so erhielten wir altes Wissen im Gegenzug für unseren Einsatz moderner Technik – eine eindeutige Win-win-Situation (Bild Nr. 34).

Mein persönliches Highlight der Reise fanden wir in einem abgelegenen Waldstück in der Gemeinde Schonach bei Triberg: einen gewaltigen Dolmen, vergessen von der lokalen Bevölkerung. Ein Gymnasiallehrer fand diesen nur durch Zufall bei einem Spaziergang. Der Gang zwischen den beiden tragenden Steinen ist genau auf den Mondaufgang zur großen nördlichen Mondwende ausgerichtet. Dass dieses Gebilde eine natürliche Laune der Natur sein soll, rückt somit in den Bereich der Unwahrscheinlichkeit. Zudem belegen Mauerreste an der Seite, dass dieser Ort definitiv in grauer Vorzeit bekannt war und genutzt wurde.

Oftmals sind wir über Stock und Stein – abseits aller Pfade – durch die Wälder gestreift auf der Suche nach in den Büchern beschriebenen Standorten. Einer davon war die Zyklopenmauer beim Bübleshof in der Region Schluchsee. Zwar hatten wir aus den Publikationen eine ungefähre Erläuterung des Ortes entnommen, aber ohne Wegbeschreibung in Form von »nach« oder »von« ist eine exakte Lokalisation in der lebendigen Natur dann doch sehr schwierig. So stapften wir an diesem Tag fast 3 Stunden lang durch den Wald, an Abhängen entlang auf der Suche nach dieser ominösen Riesenmauer. Kurz bevor wir die Suche abbrechen wollten, wurden wir fündig. In der Nähe eines kegelförmigen Peilsteins versteckte sich diese Mauer, welche mit heutigen Mitteln in dem schwer zugänglichen Gelände kaum zu bauen wäre. Die Freude war riesig. Wir konnten 110 sichtbare Blöcke zählen, wobei die Mauer eine Länge von 20 Metern bei einer Höhe von bis zu 4 Metern aufwies. Diese Mauer, oder besser gesagt Terrasse, unterscheidet sich markant von den anderen unzähligen Mauern in der Gegend, welche für Viehzäune oder Parzellenabgrenzungen gehalten werden – obwohl ihre Verläufe zu diesem Zweck auch nicht nützlich zu sein scheinen.

Es wimmelt in unseren heimischen Urwäldern tatsächlich von kaum bekannten steinernen Zeugen einer vergessenen Vergangenheit. Wir hatten zu wenig Zeit, um alle Orte zu finden! Es gibt also noch viel mehr von ihnen …

Auf dem Weg ins Elsass besuchten wir den Siebenfelsen von Yach bei Freiburg im Breisgau. Es handelt sich um eine sogenannte »Wollsackformation« (spezielle Verwitterungsform von Gestein). Dort sind auf einem Nebenstein Schalen zu finden, welche genau in Richtung Sonnenuntergang zur Sommersonnenwende zeigen. Zudem ist – mit ein bisschen Fantasie – seitlich am Felsen ein Gesicht zu erkennen, welches ebenfalls in die Richtung des Sonnenuntergangs mit dem sehr niedrigen Horizont über der Rheinebene blickt.

Kurioserweise habe ich hier meine Drohne nicht zum Fliegen gebracht. Ob dies mit der geomagnetischen oder geoelektrischen Beschaffenheit des Ortes in Zusammenhang steht, gilt es noch herauszufinden.

Die folgenden Tage im Elsass waren weiterhin mit vielen Kuriositäten gefüllt. Walter Knaus führte uns zu »altverehrten Orten« in magischer Kulisse. Auch hier fanden sich wieder astronomisch orientierte Schalensteine, wohin das Auge blickte. Sobald man darauf achtete, waren diese Vertiefungen in einer Vielzahl zu finden. Es galt aber herauszufinden, ob diese Schälchen durch aus dem Felsen herausgebrochene größere Steine entstanden waren oder ob sie künstlich eingeschliffen wurden. Oft war diese Unterscheidung sehr schwierig. Eine menschliche Aktion ließ sich für gewöhnlich nur durch eine bestätigte Ausrichtung beweisen.

Falls Sie an »Hexen«- oder »Teufels«-Plätzen Schalensteine finden, dann können Sie sehr einfach mit einem Kompass die exakte Richtung eruieren. Ziehen Sie eine Linie zwischen den beiden potenziellen Punkten. Bitte tun Sie das mit einem Zollstock und Kreide (oder mit einem Bindfaden, keinesfalls invasiv!) und legen Sie den Kompass parallel dazu. Was ergeben Ihre Zahlen/Grade? Das ist ein kleines Abenteuer für Jung und Alt, direkt vor Ihrer Haustür. Mit Ihren Kindern, Enkeln oder Freunden.

Im Elsass haben wir auch an 2 Tagen den Tännchel bewandert. Dies ist ein »heiliger Berg«, der in einem exakten Dreieck mit dem Chalmont und der Hohkönigsburg liegt. Hier taucht man ein in eine sagenhafte Welt von Märchen und Mythen. Die Plätze dort sind alle mit Namen bedacht, die an eine nebulöse Vergangenheit erinnern. »Rocher des Géants« (Gigantenfels), »Venuskopf«, »Geisterquelle« oder »Titanenfelsen«. Auch hier haben wir wieder eine Unzahl sehr interessanter Objekte und Formationen gefunden, was aber den Rahmen dieser Darstellung sprengen würde. Sobald ich diesen mysteriösen Berg – der sich nebenbei gesagt auch mit unzähligen UFO-Sichtungen schmückt – weiter erforscht habe, werde ich sicherlich ausführlicher über ihn berichten. Interessante Zusatzstory: Marc Schultz war jahrzehntelang Förster am Tännchel und hatte eines Tages Schatzräuber gestellt, welche kuriose Stelen ausgegraben hatten und diese abtransportieren wollten (Luc Bürgin berichtete darüber in einem seiner Bücher). Diese Stelen zeigten seltsame »außerirdische« Gesichter und fliegende Scheiben über einer Hügelkette. Wo sind jene Fundstücke heute? Im Keller des Museums von Strasbourg, Frankreich, verschwunden! Offiziell ist nichts mehr darüber zu erfahren. [14]

Die Drachenhäuser von Euböa

Forschungsbericht in *Sagenhafte Zeiten*, Nr. 5/2018

Auf einer meiner ersten eigenen Auslandsexpeditionen führte es mich zusammen mit Giorgio Tsoukalos, dem Star der *Ancient-Alien*-Serie und langjährigen EvD-Freund, nach Griechenland. Ziel: Hinweise, die es seit Jahren zu eruieren galt, aufzufinden und zu dokumentieren. Diese wurden vorher geografisch eingekreist. Anschließend wurde die Reiseroute geplant, um sie zu Fuß im gebirgigen Griechenland besuchen zu können.

Im Sommer 2017, als wir Giorgio wieder einmal in der kalifornischen Wüste beim »Contact in the Desert«-Event trafen, entschied er, dass er mitkommen wolle auf die A.A.S.-Gruppenreise nach Griechenland im April 2018. Reisen mit Erich sind immer genial und »Gio« – als halber Grieche (väterlicherseits) – kam sofort die Idee, dass wir beide schon vorher nach Griechenland reisen könnten, um einigen Hinweisen vorab nachzugehen. Erich mit seinen fitten 83 Jahren geht nicht mehr auf mehrstündige Exkursionen im Felde, freut sich aber über jede neue Information.

Ich selbst hatte bereits mehrere Orte in Griechenland zusammengetragen, die in unseren Kreisen kaum bekannt sind und einer Untersuchung harrten. Die Beschreibung des ersten Teils meiner Griechenlandreise, als ich allein auf der Insel Naxos neuen Spuren hinterherjagte, würde den Rahmen dieser Darstellung sprengen, zudem hatten sich keine großen Mysterien herausgestellt. Interessant fand ich allerdings eine unvollendete Statue, die nicht ganz aus dem Felsen herausgearbeitet wurde. Die Arbeiten wurden eingestellt, nachdem es einen

Riss gegeben hatte. Ähnlich wie beim unvollendeten Obelisken in Assuan dienen solche »Unfälle« dem Verständnis der damaligen Arbeitsweisen. Darüber hinaus gab es in einem kleinen Museum eine interessante Ausstellung über die jüngsten Forschungen an einer prähistorischen Siedlung. Die Forscher hatten herausgefunden, dass *Homo sapiens* zusammen mit Neandertalern am selben Standort gelebt hatten.

Montag, 16. April 2018: Ankunft in Athen. Giorgio abholen und los nach Chalkis – die Stadt, welche Euböa vom Festland trennt, beide miteinander verbunden durch eine 40 Meter lange Brücke. Die Römer hielten diesen Ort für verflucht, weil das Wasser je nach Gezeiten in beide Richtungen fließt. Unterwegs in den frühlingshaften Landschaften besprachen wir die letzten Details unseres Programms. Hauptziel war Karystos ganz im Süden der Insel.

Auf Expeditionen muss immer mit Zufällen und spontanen Änderungen gerechnet werden. Daher ist es unabdingbar, vorher einen Plan mit Eckdaten, Orten, Anreise- und Übernachtungsmöglichkeiten zu haben – angepasst kann immer werden. Aber eine strukturierte Basis entspannt die Logistik bedeutend.

In Chalkis wurde also wie geplant übernachtet, um am nächsten Tag auf dem Weg gen Süden den Ort Styra »anzustyren«. Dort wollten wir unsere ersten »Dragospiti« – Drachenhäuser – finden: die drei Häuser von Palli Laka im Hinterland von Styra und das Drakospito *irgendwo* an der Hauptstraße gelegen. Vorher habe ich mit allen möglichen Mitteln im Internet und mit Karten versucht, den genauen Standort der Häuser einzukreisen. Über eine Wanderkarte mit Wegbeschreibung im Netz wurde ich dann »theoretisch« fündig. In der Praxis wurden wir dann vom Leben gelenkt. In einer sinnigen Weise. *Vom Kleinsten zum Größten.*

Drachenhäuser – was muss man sich darunter vorstellen und was weiß die Wissenschaft darüber? Die wissenschaftlichen Erkenntnisse sind rar. Fest steht, dass die zyklopischen Gebäude als Tempel benutzt wurden, von der archaischen bis in die klassische Zeit – was im Rückschluss bedeutet, dass sie schon vor diesen Zeiten entstanden sein müssen. Es gibt über 25 Drachenhäuser auf der südlichen Inselhälfte Euböas. Es existiert keine klare Überlieferung, wer diese genialen Gebäude erbaut hat und zu welchem Zweck. Da es kaum gesicherte Informationen darüber gibt, ranken sich Legenden und Mythen um die heiligen Berge und ihre Dragospiti. Der Fotograf Vassilis Kalalougas schrieb in seinem Werk *Die Drachenhäuser von Euböa* – eines der wenigen Bücher, das man über diese Thematik findet – in der Einleitung:

> *»Sie sind vermutlich ein unbekanntes Detail des altgriechischen wissenschaftlichen Denkens. Ihre Bauweise ist beeindruckend. Die Steinblöcke der Mauern sind perfekt einander angepasst und die Dachplatten auf meisterhafte Weise zur Mitte aneinander geneigt. Diese Bauweise heißt Kragentechnik […]. Drachen? Befinden wir uns vielleicht zwischen Legende und Wirklichkeit? Das Gerücht über diese übernatürlichen Wesen geht seit Jahrtausenden in den Bergen des südlichen Evia (Euböa) um.«* (Legenden, wie wir sie ja aus aller Welt kennen.)

Es gibt unzählige Theorien über die Erbauer und den Zweck der Anlagen. [15] Diese reichen von astronomisch ausgerichteten Observatorien über karische Sklavenbauten bis hin zu Viehställen. Einige schreiben sie den Dryopen, einem helleni-

schen Volksstamm, oder den Pelasgern zu. Diese hätten die Spiti als Heiligtümer zu Ehren von Zeus und Hera Teleia (Die perfekte Hera) erbaut. Aber: »Die wissenschaftliche Forschung kann den wirklichen Zweck dieser Gebäude kaum erhellen.« [16]

Und dies ist genau die Mischung, welche uns umtriebigen A.A.S.-Geister beflügelt. Dem Kern der Mythologie auf den Grund zu gehen und mit sachverständigem, rationalem Denken die Schleier der Vergangenheit zu lüften. Mit Spezialisten

Bild Nr. 35

die Möglichkeiten auszuloten, um den sich langsam herausschälenden Kern der Überlieferungen zu finden. Ein Kern, der sehr oft auf eine hohe Technologie in nicht überlieferter Vergangenheit hinweist.

Am Straßenrand hinter einer Kurve fanden wir endlich das erste »Dragospito«. »Nun werden wir endlich sehen, warum wir hier sind.« Mit einem breiten Grinsen im Gesicht näherten wir uns dem Objekt unserer Begierde. Nun standen wir vor diesem ersten (kleinen) Drachenhaus. Der lokale Stein war ein

Glimmerschiefer, welcher vorzugsweise den natürlichen Schichten entlang bricht. Daraus lassen sich Platten herstellen, die sich versetzt schichten lassen. Der Eingang erinnerte an die Bauweise von Dolmen: zwei große Stützpfeiler mit mächtiger Deckenplatte. Das System war schon beeindruckend, erschien allerdings nicht übermenschlich. Selbstverständlich haben wir auf die Details und die möglichen »Zusatzecken« geachtet und diese auch gefunden, wie unser Bildmaterial belegt. Diese Steine wurden definitiv geschnitten. Beim Meißeln wären die Platten immer wieder der Länge nach aufgebrochen (Bild Nr. 35).

Nach einer kleineren Odyssee – denn in Griechenland wird auf dem GPS alles als Straße bezeichnet, auch wenn man für manchen Weg einen Traktor oder Geländewagen bräuchte – kamen wir am Ausgangspunkt der Wanderbeschreibung an. Zu Fuß erreichten wir nach circa 30 Minuten Aufstieg die »Palli Laka«-Drachenhäuser. Die drei Gebäude waren in Form eines Hufeisens gebaut, wobei das obere, bei einem quadratischen Grundriss von 6,5 mal 6,5 Metern, einen runden Innenraum aufwies. Dieser erinnerte an ein Observatorium (Bild Nr. 36).

Die beiden unteren Häuser wiesen einen rechteckigen Grundriss in Falllinie des Hanges von 12,4 mal 6,2 Metern auf. Warum mussten die dort verbauten Steine so groß sein? (Wir erledigen vergleichbare Arbeiten heute mit Baggern und Zement.) Nun, die Größe der Steine hatte wohl ebenso wie ihre vielen Ecken und Winkel den Hintergrund, dass die Gebäude erdbebensicher errichtet werden mussten. – Nach dem Drohnenflug um die ganze Anlage war auch das Bildmaterial gesichert. EvD berichtete in seinem Buch *Neue Erkenntnisse* darüber.

Bild Nr. 36

Die Inspektion des Steinbruches direkt oberhalb der Gebäude erwies sich als lohnend. Wir konnten nachvollziehen, wie die Steinschichten aus dem Muttergestein herausgebrochen wurden. Aber es taten sich auch einige Rätsel auf. Der Stein wies Sägespuren gegen die natürliche Schichtung auf, wie von einer heutigen Trennscheibe verursacht. Aber wer hatte im angenommenen Spätneolithikum Steinsägen in diesen Dimensionen verwendet? Und aus welchem Metall? Bronze? Und mit Mindestblattlängen von über einem Meter?! Diese Fragen mussten noch mit einer Fachperson abgeklärt werden! Beim nächsten Besuch sollte zudem auch ein Geologe dabei sein. Aber dass hier gesägt wurde, steht eindeutig fest (Bild Nr. 37).

Dann fiel uns ein viereckiges Loch auf. Dieses befand sich in einer natürlichen Felsspalte im Muttergestein. Mit meinem Schweizer Messer entfernten wir mühsam die darin befindli-

Bild Nr. 37

che Erde. Als wir aber – bedingt durch die Größe beziehungsweise Kleinheit des Werkzeugs – nicht mehr weiter mit dieser Arbeit fortfahren konnten, stellten wir fest, dass die gesamte Bohrung mit unseren heutigen Mitteln so nicht möglich wäre. Es gibt keine viereckigen Krummbohrer. Und der 90-Grad-Eintrieb wird durch den zu kleinen Zwischenraum der natürlichen Spalte verunmöglicht.

Erfüllt mit neuen Impressionen, bildhaften Gedanken und noch mehr Fragezeichen im Kopf genossen wir den Abend im idyllischen Hafenstädtchen Karystos – mit herrlicher Kost von Feld und Meer und selbstverständlich griechischem Wein. Zum Schlummertrunk setzten wir uns auf die Terrasse des Hotels am Meer und erlebten dabei eine schicksalshafte Begegnung mit einer älteren Dame.

Wir erfuhren, dass sie Schriftstellerin war und ursprünglich aus New York kam, aber schon seit Jahrzehnten diese Berge bewanderte. Somit war das Thema gegeben, und sie erzählte uns alles, was sie über den ominösen Ochi-Berg – dem Hauptziel unserer Expedition – wusste. Wir waren davon ausgegangen, dass »Ochi« auf Griechisch »Nein« bedeutet, die von uns anvisierte Erhebung also »Nein-Berg« oder »Wo du nicht hinsollst«-Berg hieß. Melanie Wallace aber belehrte uns, »Ochi« werde vom altgriechischen Wort »Oheva« abgeleitet. Dies bedeute so viel wie fahren, reiten, springen. Die Legende erzähle, dass sich Göttervater Zeus und die Göttin Hera auf diesem Berg zum ersten Mal vereinigten. Man habe auch eine Hera-Statue gefunden, welche heute im lokalen Museum liege. Sie instruierte uns, wie wir am besten dort hinkommen würden, und gab uns weitere wertvolle Tipps.

Am nächsten Morgen ließen wir uns die Fahrtstrecke noch einmal genau erklären. Der Hotelbesitzer gab gern Auskunft anhand einer Landkarte, die in der Hotelhalle hing. Gespannt fuhren wir also los mit dem Wissen, dass auf den Bergen ringsherum riesige Windkraftanlagen gebaut wurden. Wir sollten uns nicht aufhalten lassen, sondern Touris spielen. Wir lachten noch darüber, dass Giorgio nicht Griechisch sprechen dürfe – da tauchte auch schon der erste Arbeiter auf, der uns schief ansah. Wir fuhren einfach weiter und winkten nett …

Unweit von der Stelle, an der wir unser irdisches Gefährt hatten stehen lassen, gab es einen wundervollen märchenhaften Kastanienwald, den wir durchwanderten. Mit dem Frühlingsduft, den Farben und den Bächlein fühlten wir uns wie auf einer Schweizer Alp. Dann folgte der steinige Anstieg. Ein Wanderweg war kaum zu erkennen, doch wir sahen immer wieder »Steinmännchen«, welche die Richtung angaben. Wir stellten uns vor, hier in dichtem Nebel zu stecken – es wäre verheerend! Gott Aiolos sei Dank! Er blieb uns an diesem Tag gnädig, auch wenn er uns mit einem eisig-bissigen Starkwind herauszufordern versuchte. Über einen mondlandschaftlichen Sattel stiegen wir in konstantem Schritt dem felsigen Gipfel

Bild Nr. 38

entgegen. Die innere Spannung stieg, und die Vorfreude trieb uns voran. Als Erstes stießen wir auf eine Kapelle, welche dem Heiligen Elias geweiht war. Elias? Da läuten doch die Entrückungsglocken! Zur Erinnerung: Elias ist dereinst mit einem feurigen Wagen in den Himmel gefahren.

Die Kapelle mit vier umliegenden Räumen, die für Pilger vorgesehen sind, ahmte den Schichthaus-Stil des urtümlichen Drachenhauses nach. Diese Bauweise war aber keineswegs vergleichbar mit dem, was wir 200 Meter weiter fanden: Wir standen vor dem Drachenhaus des Mt. Ochi auf 1400 Metern Höhe über dem Meeresspiegel. Ein magischer erster Eindruck. Die gigantischen – oder eben zyklopischen – Steinquader lagen perfekt geschichtet und verschränkt in- und übereinander. Ihre Dimensionen, die geraden Linien und Winkel, waren der einzigartige Kontrast, welcher das Bauwerk von dem umliegenden Gestein abhob. Wie eine kreatürliche Ordnung inmitten des natürlichen umgebenden Chaos. Und ein Beweis für technologische Genialität in einer fernen ungreifbaren Vergangenheit. Ehrfürchtig betraten wir den mächtigen Eingang des 12,7 mal 7,7 Meter großen Gebäudes. Wir standen in einer riesigen Halle (Bild Nr. 38).

Man kam sich sehr klein vor und bestaunte die schwebenden Giganten über sich. Wie nur wurde dieses grandiose Werk vollbracht, auf einem kargen Berg, unter schlechtmöglichsten Bedingungen? Für jeden Hebekran hätte man Bäume auf den Gipfel tragen müssen, jedes Werkzeug, jedes Seil, Essen, Wasser etc. hätte dort hinaufgemusst – unvorstellbar! Auch wenn zur Bauzeit eine andere Vegetation und andere Klimabedingungen herrschten, das Ungetüm blieb bautechnisch rätselhaft. Die größte Deckenplatte über dem Eingang maß 4 mal 2 mal 0,34 Meter. Wir suchten die Wände ab und

Bild Nr. 39

fanden unzählige Platten, die zum Zwecke der besseren Verkeilung mehreckig gebaut waren. Jeder Block ein Einzelstück (Bilder Nr. 39 und 40).

Damit wir eine Übersicht über das ganze Gebäude und vor allem die megalithischen Decksteine erhielten, entschied ich mich trotz des starken Windes meine Drohne steigen zu lassen. Der Winddruck war enorm, und zweimal kamen zum Endorphin noch Adrenalinstöße ins Blut, weil ich fast die Kontrolle über mein Forschungswerkzeug verlor. Nach kurzer Flugzeit konnte ich dann aber auch diese Mission erfolgreich beenden und dachte mir, dass ich die Drohne nun auch noch im Inneren des Gebäudes einsetzen würde, um alle Wände und die Decke zu filmen für die 3D-Animation. Denkste!

Bild Nr. 40

Kein Signal, obwohl alle Verbindungen, wie zum Beispiel die GPS-Position, in Ordnung waren. Das Ding hob nicht ab. Dieser Effekt war für mich nicht neu, ich erlebte ihn bereits zweimal auf dem ersten Teil meiner Reise auf Naxos: beim Kouros – der Statue – und beim Demetertempel.

Zurück in Athen, vor der Ankunft der Gruppe mit EvD, machten wir uns noch auf die Suche nach einer Zyklopenmauer. Giorgio hatte schon vor Jahren von ihr gehört und auch Bilder im Internet gefunden. Nach eigenen Recherchen im Netz und auf Google Maps verfügten wir über nähere Anhaltspunkte. Tags darauf fanden wir die Mauer tatsächlich. Die Bilder sprachen für sich. Wir haben uns sehr darüber gefreut, EvD mitsamt der Gruppe während des Akropolis-Rundgangs die neue Entdeckung präsentieren zu können. Die Basismauer der »Pnyx« hat auch unseren lieben Mentor beeindruckt (Bild Nr. 41).

Bild Nr. 41

Mondlegenden

Vortrag beim A.A.S. One-Day-Meeting des Jahres 2019 in Hannover (Deutschland)

Liebe A.A.S.-Freunde, schön, dass Ihr wieder einmal so zahlreich erschienen seid. Ich hoffe, Ihr habt heute viel Neues erfahren von meinen Vorrednern und konntet diese intensiven Informationen auch genießen.

Kurz zum Logo unseres diesjährigen One-Day-Meetings: Ich habe diese ägyptische Maske im Frühjahr auf einer Ägyptenreise im Museum in Kairo entdeckt. Leider stand aber kein Text dabei und ich habe einige Mühen gehabt, etwas darüber herauszufinden. Unser Guide Sameh hat dann in Erfahrung bringen können, dass es sich um eine Totenmaske handeln soll. Diese wurde in Sakkara gefunden und wird auf 3000 v. Chr. datiert.

Hinter Erich von Däniken und mir liegt wieder ein ereignisreiches Jahr. Die Details dazu erfahren Sie ja immer in meinem Logbuch in *Sagenhafte Zeiten*. Dieses Jahr waren wir zweimal mit vierzig Gästen in Ägypten, und mit weiteren vierzig Reisegefährten kommen wir gerade aus dem Mayaland in Zentralamerika zurück. Wir freuen uns immer über die ausgelöste Faszination, welche solche Reisen bei unseren Teilnehmern bewirkt. Und auch wir selbst finden immer wieder neue Zusammenhänge und unbekannte Objekte.

Eines davon möchte ich hier kurz präsentieren: Nicht nur im archäologischen Museum in Kairo, sondern in ganz Ägypten fallen diese Figuren aus der Reihe. Diese zwerghaften, untersetzten Gestalten mit ihren runden Gesichtern und für Ägypten atypischen Körperformen. Der offizielle Name für die jeweils dargestellte Gottheit lautet »Bes«. »Bes war eine Schutzgottheit, deren Fratze die bösen Geister und Mächte, aber auch gefährliches Getier wie Schlangen und Skorpione erschrecken sollte.« Dieser Gott wird mit dem »Schutz vor wilden Tieren in der Nacht« in Verbindung gebracht und als »Wächter vor bösen Einflüssen« beschrieben. Er wurde deshalb von werdenden Müttern und im Zusammenhang mit der Geburt des Nachwuchses verehrt. Nun haben mich diese Darstellungen einerseits an das *Gilgamesch-Epos*, namentlich an Enkidu, wie auch an Exponate in Griechenland erinnert. In den Museen von Athen und Olympia werden diese Darstellungen als »Gorgonen« betitelt. Medusa als prominenteste Vertreterin der Gorgonen ist ja allgemein aus der griechischen Sagenwelt bekannt. Ihr Blick ließ Gegner versteinern (Bilder Nr. 42 und 43).

Bild Nr. 42

Griechenland und Ägypten haben eine lange gemeinsame Geschichte und einen regen Austausch untereinander gepflegt; der gesamte zivilisatorische Einfluss stammt aus

Mesopotamien. Somit ist der Vergleich vielleicht nicht verwunderlich, aber die alternativen Interpretationen in den verschiedenen Ländern erstaunlich. Erinnern Sie sich noch? Zeus – Odin – Osiris.

Wenn wir von einem weltweiten Austausch oder »Reisenden in fliegenden Wagen« ausgehen, sollten wir hier auf die Legenden über antike Mondlandungen eingehen. Die Quellen dazu erhielt ich von unserer langjährigen Chefredakteurin Gisela Ermel. Danke Gix!

Bild Nr. 43

Waren die US-Amerikaner 1969 nicht die Ersten auf dem Mond? War schon jemand vor ihnen dort? Astronautengötter und/oder von ihnen mittransportierte Erdenbewohner?

Es ist doch erstaunlich, warum sich jemand in ferner Vergangenheit überhaupt vorstellen konnte, der Mond sei besuchbar. Noch erstaunlicher ist das Zitat aus der indischen Schrift *Kaushitaki Upanishad* (diese entstand um circa 800 v. Chr. und gehört zum *Rigveda*): »Fürwahr, der Mond ist die Tür zur Himmelswelt.« Und das ist heute aktueller denn je. Ausgerechnet China, das momentan in Sachen Mond die Nase vorn hat – erste Landung auf der Rückseite des Mondes, Plan einer Mondstation usw. –, bewahrt offenbar Erinnerungen an den Mond, die es in sich haben. Nachfolgend einige Beispiele aus der antiken Literatur.

Seit dem Altertum haben sich die Chinesen den Mond von legendären Gestalten oder Göttern bevölkert oder bewohnt vorgestellt. Schon lange vor der Tang-Zeit war der legendäre »Mondpalast« Traumziel einer Reise dorthin.

In der Han-Dynastie weitverbreitet war die Geschichte über Tung-Fang Shuo, der während seiner außergewöhnlichen Exkursionen auch den Mond besucht haben soll. Die Legende überdauerte bis in den *Taoistischen Kanon*. [3] Seit uralten Zeiten wurde der Mond als lohnendes Ziel abenteuerlicher Reisen durch die Lüfte angesehen, als eine im Äther schwimmende felsige Insel. In Gedichten, Prosastücken und Romanen wird die Welt auf dem Mond ausgemalt als sichtbares und keineswegs unerreichbares Feenland. Er galt als Außenposten der »Königlichen Mutter des Westens« Xiwangmu, einer Göttin, die zwischen den himmlischen und den irdischen Reichen verkehrte.

Im Buddhismus kennt man einen »Mondpalast«, eine Wohnstätte des Mondherrschers – ein Bauwerk aus Silber und Kristall. Heute lautet der Name des Mondpalastes Guanghan-Palast. [4]

In der späteren Blütezeit des Taoismus wurden die überlieferten Mondbesuche umgedeutet durch eine astrale Theologie und Philosophie. Es wurde versucht, diese Mythen und Berichte allegorisch, symbolisch oder spirituell zu deuten. Man tat damit dasselbe wie unsere *Bibel*-Gelehrten, die irgendwann anfingen, die Berichte über Weltraumreisen von Henoch, Hesekiel oder Abraham psychologisch und metaphysisch zu deuten – hier auf jedes dieser Beispiele einzugehen, würde den Rahmen dieses Vortrages sprengen. EvD hat diese biblischen Gestalten in seinen Büchern und Vorträgen mehrfach durchleuchtet.

Gab es echte Mondreisen? Das wollten die Gelehrten nicht glauben. Sogar den guten alten Mondpalast – den sie noch als den »Palast der Weiten Kälte« kannten – verlegten sie in ihren philosophischen Schriften kurzerhand vom Mond in unsere eiskalte Arktis. Die Mondbesucher der alten Texte wurden transformiert in Geistwesen: »[…] da sei kein Mensch in Fleisch und Blut zum Mond gereist, sondern nur seine Seele […].« Das kommt einem doch von unseren *Bibel*-Interpretationen nur allzu bekannt vor.

Einer ihrer alten Meister, so heißt es in einer taoistischen Schrift, sei im Geiste zur »Mondbasilika der Weiten Kälte« gelangt und habe dort in einer Sakristei heilige Texte vom Herrscher des Universums erhalten. Esoterische Umdeutungen uralter Mythen wurden und werden praktiziert, der Mond wird nun angesehen als Residenz großer Geister in einem »unfassbaren Himmel«. Da waren wohl die physischen »Götter« schon zu lange wieder weg gewesen …

In anderen Texten lauten die Stories ganz anders, wie die des Tang-Ministers Lou Chi, der in einem Vehikel zum Mond flog und sich gegen die Kälte mit einer »Ölhaut« schützen musste. Auf dem Mond fand er Bauwerke und Türme eines riesigen Palastes, allesamt erbaut aus durchsichtigem Quarzgestein. In einer Kristallhalle wollte er die Mondgöttin getroffen haben. Diese schlug ihm vor, bei ihr auf dem Mond zu bleiben, doch Lou Chi lehnte ab, er wollte lieber zur Erde zurückkehren.

In der modernen Raumfahrt finden diese Namen wieder Verwendung: Die chinesische Forschungseinrichtung zur Entwicklung einer Mondbasis, die den Namen *Yuegong-1* (Mondpalast) trägt, wurde nach dem gleichnamigen Palast aus den alten Mythen benannt. Das Labor wurde in der Wüste getestet und sollte die Frage klären, wie man künftige Astronauten, die auf dem Mond leben werden, mit Luft, Wasser und angepflanzter Nahrung versorgen könnte. Auch die Raumsonde *Chang-E* wurde nach einer Mondreisenden benannt.

Hou Yih war der Ingenieur des legendären chinesischen Kaisers Yao (vierter der fünf Urkaiser, 2353–2234 v. Chr.) und soll auf einem »Himmelsvogel« zum Mond geflogen sein. Dieser seltsame »Vogel« unterrichtete ihn über astronomische Dinge. Hou Yih erforschte den Weltraum, indem er »den Strom aus leuchtender Luft« bestieg. Ist damit ein Düsenstrahl gemeint? Er flog in den Weltraum, wo er »die rotierende Bewegung der Sonne nicht mehr wahrnahm«. Korrekt: Nur im Weltraum vermag man die tägliche Bewegung der Sonne nicht wahrzunehmen. [5] Übrigens erinnert die Beschreibung des »autonomen Vogels« an das Gefährt der hinduistischen Gottheit Vishnu: nämlich »Garuda«.

Auf dem Mond sah Hou Yih den »wie von Eis erstarrt wirkenden Horizont« und erreichte dann den »Palast großer Kälte«. In der Sammlung Alter Erzählungen, die im 4. Jahrhundert von Literaten in China aus noch älteren Quellen zusammengestellt wurde, ist die Geschichte auch vorhanden. Hier heißt es, er sei zusammen mit seiner Frau Tschang-No zum Mond geflogen. In der Nacht sei ein riesiges Schiff mit hellen Lichtern draußen auf dem Meer erschienen. Es konnte zum Mond und zu den Sternen fahren, daher war sein Name »ein Schiff, das zwischen den Sternen hängt« oder »Schiff zum Mond«. Es soll 12 Jahre lang gesehen worden sein. [6]

Auch Chang E., die Gemahlin des Hou Yin, habe einen Flug zum Mond unternommen und beschrieb ihn als »leuchtende, wie Glas schimmernde Kugel von gewaltiger Größe und beträchtlicher Kälte«. Sie soll in das Schloss auf dem Mond eingezogen sein und lebe seither dort als Mondfee. Dieses »Schloss« trägt den Namen »Guanghan Gong«, was Mondpalast bedeutet.

Die Vorgeschichte des Ganzen: Ihr Gemahl Hou Yih hatte von der »Herrscherin des Westlichen Paradieses« – der oben erwähnten Xiwangmu, einer »Mond«-Göttin – eine Unsterblichkeitspille bekommen. Chang-E stahl diese und floh damit zum Mond. Schweifen wir kurz ab: Hat nicht in der nordischen Mythologie eine Göttin ihre »goldenen Äpfel« verloren, welche ihrer göttlichen Familie die Unsterblichkeit garantierte?

Chan-E, jetzt wohnhaft auf dem Mond, soll einst Besuch bekommen haben von Kaiser Hsüan-tsung und zwei Begleitern. Dieser Hsüan-tsung war Kaiser von China in der Zeit von 713–751 n. Chr. [7] Das bedeutet also rund 3000 Jahre später. Ich erinnere: »[…] Hou Yih war der Ingenieur des legendären chinesischen Kaisers Yao (vierter der fünf Urkaiser, 2353–2234 v. Chr.) […].«

Bis heute bewahrt ist die Legende über die Mondreise des Kaisers. Der Text geht zurück bis auf die Tang-Zeit. Die Story liest sich wie folgt:

> *»Im 6. Jahr der Regierungsdevise ›Aufbrechender Urbeginn‹ beging der Kaiser zusammen mit dem ›Himmelsmeister‹ Shen und dem Taoisten-Meister Hung Tu-k'o das Mondfest. Als es Abend geworden war, vollführte der Himmelsmeister eine Zauberei, durch die alle drei auf einer Wolke hinauf zum Mond fuhren. Zuerst durchschritten sie ein riesiges Tor. Dahinter erblickten sie im Glanz von Edelsteinen eine Anzahl fliegender und schwebender Paläste, die unaufhörlich auf- und niederschaukelten. Ein eisiger Hauch machte ihnen zu schaffen und ein Nebelregen durchnässte ihre Kleider. Nach einer Weile sahen sie plötzlich einen Palast vor sich aufragen, an dem eine Tafel angebracht war, wo-*

rauf zu lesen stand: ›Palast des weiten Frostes und der klaren Leere‹. Die Soldaten, die vor dem Portal Wache standen, machten einen sehr ehrfurchterbietenden Eindruck: Ihre weißen Schwerter blitzten. Von der Ferne aus wirkten sie wie aus Eis und Schnee.

Die drei Mondbesucher blieben eine Zeit lang unten am Palast stehen und konnten nicht hinein, dann aber führte der Himmelsmeister den Kaiser hinauf. Ihre Körper schwebten nun, als träten sie auf Nebel oder Dunst […], als sie ihre Blicke abwärtsrichteten, war ihnen, als läge über 10 000 Meilen hingestreckt eine Fläche mit gläsernen Felsen vor ihnen, zwischen denen sich Unsterbliche auf Wolken dahingleitend oder auf Kranichen reitend wie im Spiel umherbewegten.«

Diese Beschreibung wiederum erinnert mich an die verrückten Flugbewegungen zeitgenössischer UFO-Sichtungen. Die sehen zum Teil auch aus, als würden sie (miteinander) spielen: Zickzackflüge, verbunden mit unmöglichen Beschleunigungen und Formationen. Aber weiter im Text:

»[…] bald aber schon drängte der ›Himmelsmeister‹ zur Rückkehr, und so sausten denn die drei wie in einem Wirbelsturm wieder hinab auf die Erde.« [8]

Vergleichbare Mythen finden wir auch in Indien: Chandra, Gott auf dem Mond, vermählte sich mit 27 Töchtern der Erdenfrau Daksha. Er liebte aber nur eine, Rohini. Die von diesem Paar abstammenden Kinder heißen »Kinder des Mondes« und bilden eine berühmte Herrscherfamilie. Nach Chandra wurde das indische Monderkundungsprogramm Chandrayana benannt, »Candrayana« heißt im Sanskrit »Mondfahrzeug«. Das Programm beinhaltet einen Mondorbiter sowie künftige Landesysteme und Rover-Fahrzeuge. Und nach dem aus der indischen Mythologie stammenden Begriff »Rohini« (für rote Kuh) wurden Raketen der Indian Space Research Organisation benannt. Die entsprechende Raketenbaureihe trägt dabei die Buchstaben »RH« für Rohini.

Auch Afrika ist in Bezug auf das Thema »Mond« vertreten: Den afrikanischen Massai kommt ein neuzeitlicher Mondbesuch ganz selbstverständlich vor, denn astronautische Unternehmungen dieser Art sind ihnen aus ihren eigenen Sagen und Legenden bekannt. Und die Dogon aus Mali, die den meisten von uns ein Begriff sind, wissen, dass der Mond trocken und tot ist. Dies lernten sie von ihren Lehrmeistern, den Nomo. [9]

Zahlreiche weitere Beispiele sind noch in den Sammlungen von Karl F. Kohlenberg zu finden, den EvD weiter oben zitiert hat. [10]

Auch aus Polynesien kennt man mit dem Mond verbundene Überlieferungen:

Samoa: Die beiden Buben Purifanga und Tafalin sollen den Mond besucht haben. Purifanga kletterte einfach an einem Baum hinauf, während Tafalin »vom Rauch eines mächtigen Feuers« hinaufgetragen wurde. Die Bewohner der Samoa-Inseln kennen einen auf einem hohen Berg liegenden Ort, den sie »Aufgang zum Himmel« nennen, dort stand der Baum Toamarama, was »Baum des Mondes« heißt. [10]

Tahiti: Hina lebte zusammen mit ihrem Bruder Ru. Gemeinsam erforschten sie das Universum, bis sie den Mond fanden und Hina wünschte, dort für immer zu bleiben. [11]

Und was das Malaiische Archipel angeht, zu dem unter anderem Borneo gehört, so kennen die dort ansässigen Ngadju-Dajak einen »Herrn des Mondes«, den Himmelsmann Djangga, der eine Erdenfrau heiratete. Bevor sein Sohn Silai zur Welt kam, verschwand er wieder im Himmel. Später soll ihn sein Sohn auf dem Mond besucht haben und einige Jahre geblieben sein. Hinauf kam Silai angeblich mit dem »König der Raben«, der ihn in 3 Tagen dorthin flog. Abgesetzt wurde Silai in einer Mondstadt. Später kehrte er mit Geschenken beladen wieder auf die Erde zurück. [12]

Im Süden Borneos kennt man eine weitere Mondgeschichte: Der Herrscher »von Himmelland auf dem Mond« ließ für seine Tochter dort droben einen Palast bauen. Die Tochter konnte von dort aus sowohl alles auf Himmelland als auch auf der Erde sehen (vielleicht über Monitore?). Als sie wieder einmal die Erde besuchte, gelang es ihr nicht mehr, zum Mond zurückzufliegen und sie musste bei uns bleiben. [13]

So weit nur ein paar Beispiele aus der antiken Literatur und den rund um die Welt existierenden Überlieferungen.

Derartige Schilderungen erfreuen mein Herz. Wenn wir bei solchen Beschreibungen die »Sci-Fi-Brille« aufsetzen, ergibt alles einen weitaus verständlicheren Sinn. Logischerweise *konnten* die fleißigen Übersetzer vor 150 und mehr Jahren nicht das gleiche Bild erhalten wie wir Heutigen. Unsere Vorväter kannten weder die Luft- noch die Raumfahrt. Es ist Zeit, diese teils sehr exakten Umschreibungen für etwas, das der jeweilige Reporter nicht verstand, neu zu beurteilen. Einem jeden von uns sind nur die Worte des eigenen Lern- und Erfahrungshorizonts gegeben. Verständnis, Sprache und Überlieferung sind maßgebliche Probleme bei der Auseinandersetzung mit diesen Themen. Dies wurde von unseren Forschern innerhalb der A.A.S. erkannt und wird seither auf Basis wissenschaftlicher Methodik berücksichtigt.

Eines ist sicher: Wer in Urzeiten des Schreibens mächtig war, der erfand keine Märchen. Es ging beim Verfassen von Texten und Abhandlungen immer um Tatsachenberichte, wobei die schriftliche Sprache zu Beginn noch vom buchhalterischen Verwendungszweck zur Geschichtsschreibung weiterentwickelt werden musste. Und das bedeutete Schulen, Bildung, Versorgung, was gleichbedeutend war mit Kultur! An diesem Prozess waren die Lehrmeister maßgeblich und weltweit seit Anbeginn der Zivilisation beteiligt. Die irrige Annahme von einer kontinuierlichen Expansion und Progression einer Gesellschaft ist scheinbar das erklärte Ziel, gleichzeitig aber das gefährlichste Problem unserer heutigen Zivilisation. Alle denken unter anderem deshalb, es gehe immer »aufwärts«; geistig derart ausgerichtete Menschen brauchen zum Beispiel jedes Jahr eine Gehaltserhöhung. Denken und handeln ganze Gesellschaften nach dem Prinzip »immer mehr, immer schneller, immer weiter«, dann werden Essenz und Basis aller bisher erbrachten Werte und Leistungen in *allen* Bereichen ausgebeutet/ausgehöhlt und ihr Lebenskern entfernt. Die Gier hat letztlich das Gehirn gefressen. Wodurch ist das Römische Imperium untergegangen? Aufgrund der Dekadenz und des Größenwahns vieler Einzelner. Weshalb konnte das Inkareich von Pizzaros »Piratengruppe« übernommen werden? Weil sich seine Einwohner in Zeiten höchster Not untereinander nicht einig waren und sich bestimmte Gruppen einen Vorteil versprachen, wenn sie mit den neuen Herren zusammenarbeiten würden.

Die Geschichte zeigt: Es gab bereits viele hochstehende Zivilisationen auf der Erde, doch keine hat die Zeiten überdauert. Heute finden wir ihre – oft rätselhaften – Relikte und versuchen diese Puzzleteilchen zu einem Gesamtbild zusammenzusetzen, um den Aufstieg und Untergang dieser Kulturen nachvollziehen zu können. Warum tun wir dies? Nun, vielleicht in der Hoffnung, es »in der nächsten Runde« besser machen zu können als unsere Altvorderen. Indes sollten wir uns dabei keinen allzu großen Illusionen hingeben, denn manche zivilisationsverändernde Erscheinung liegt außerhalb menschlicher Beeinflussungsmöglichkeiten. So würde zum Beispiel ein extrem schwerer Sonnensturm, der sich heute, also in der Gegenwart, ereignet, ausreichen, um unsere technische Kultur wieder auf den Stand der Steinzeit zurückzukatapultieren.

Doch lassen Sie uns hoffnungsvoll in die Zukunft blicken: Aufgrund der aktuellen Technik in Form von Weltraumsonden oder Hochleistungsteleskopen sind wir in der Lage, die Himmelskörper in unserem Solarsystem und darüber hinaus immer besser zu analysieren. Diese Forschungsbemühungen bringen auch immer mehr Anomalien und Strukturen zum Vorschein, die nicht mehr mit einer natürlichen Erklärung abgetan werden können, sondern auf künstliche Eingriffe hindeuten. So existieren Kreise auf dem Mars oder grellleuchtende Rechtecke auf dem Asteroiden Ceres, die aus dem Rahmen des für gewöhnlich Erwartbaren fallen. Hier sprechen vor allem die Bilder von besagten Strukturen wie auch anderen Anomalien für sich, die aber leider aufgrund ihrer Vielzahl nicht in dieses Buch aufgenommen werden können. Schauen Sie sich deshalb bitte meinen Vortrag dazu an, der beim A.A.S. One-Day-Meeting im Jahr 2019 gehalten wurde und im Internet auf YouTube unter diesem Link verfügbar ist:

https://www.youtube.com/watch?v=_6jBpYowJdM.

Oder betrachten Sie das Video über die Marsanomalien, das von meiner Freundin und RAMAR-Mitbegründerin Selina Rüegg entdeckt wurde:

https://www.youtube.com/watch?v=XLwviAJDnCc&t.

Kennen Sie die *Sagenhafte-Zeiten*-App?

Bei dieser geht es uns darum, die gesammelten Artikel der Gemeinschaft der A.A.S. aus über 50 Jahren Forschung einem breiteren, auch jüngeren Publikum in digitaler Form zugänglich zu machen.

Das Praktische dabei ist, dass man durch einfache Stichwortsuche sofort jeden Beitrag zu einem Thema findet. Man erinnert sich zum Beispiel, schon einmal etwas von einem Arjuna bei uns gelesen zu haben, weiß aber nicht mehr, in welcher Ausgabe das war: Man gibt das Schlagwort ein, und alle Artikel ab Ausgabe 01/2012 der *Sagenhafte Zeiten*, welche dieses Wort im Inhalt haben, werden gelistet. (Das Archiv wird stetig erweitert durch Einbeziehung älterer Ausgaben.) Somit ist diese App ein gutes Forschungs- und Recherchewerkzeug. Probieren Sie es doch einmal aus!

Literatur- und Quellenverzeichnis

Erich von Däniken

[1] Apelt, Otto: *Platon – sämtliche Dialoge. Kritias und Timaios*, Neuauflage, Hamburg 1988.

[2] »Die Bibliothek der steinernen Bücher«, in: *Sputnik*, 4/1981, Moskau, UdSSR.

[3] Brief von Frau Ursula Burgwedel vom 28. Januar 1982, Archiv EvD.

[4] Brief von Herrn Heinz Winter vom 5. April 1992, Archiv EvD.

[5] »Steinregen«, in: Magazin der Bausparkasse Schwäbisch Hall, Nr. 3, 1983.

[6] Bürgin, Luc: »Burrow's Cave. Eine sensationelle Entdeckung in Amerika«, in: *Fremde aus dem All*, München 1995.

[7] Scherz, J. und Burrows, R.: *Rock Art Pieces from Burrows' Cave,* Marquette, USA, 1992.

[8] Dougherty, Cecil N.: *Valley of the Giants*, Texas, USA, 1971.

[9] Rießler, Paul: *Altjüdisches Schrifttum außerhalb der Bibel*, Augsburg 1928.

[10] Bezold, Carl: *Kebra Negest. Die Herrlichkeit der Könige*, München 1905.

[11] Childress, David Hatcher: »The Evidence for Ancient Atomic Warfare«, in: *Nexus*, Vol. 7, No. 5, August/September 2000.

[12] Bharadwaaja, Maharishi: *Vymaanika Shaastra*, übersetzt von Josyer, G. R., Mysore, Indien, 1973.
[13] Laufer, Berthold: »The Prehistory of Aviation«, in: *Field Museum of Natural History, Anthropological Series*, Vol. XVIII, No. 1, Chicago 1928.
[14] Fischinger, Lars: »Das Rätsel von Aiud«, in: *Sagenhafte Zeiten*, Nr. 5/2010, Beatenberg, Schweiz.
[15] Fischinger, Lars: *Verbotene Geschichte*, München 2010.
[16] Hapgood, Charles H.: *Maps of the Ancient Sea Kings*, Philadelphia, USA, 1966.
[17] Charroux, Robert: *Phantastische Vergangenheit*, Berlin 1974.
[18] Grimal, P.: *Mythen der Völker*, Band II, Frankfurt 1967.
[19] Tamisier, Maurice: *Voyage en Arabie*, Band I, Paris 1840.
[20] Maltzan, Heinrich von: *Meine Wallfahrt nach Mekka*, herausgegeben von Gernot Giertz, Tübingen 1882.
[21] Burtin, Richard F.: *Personal Narrative of a Pilgrimage to Al-Madinah & Meccah,* Vol. III, London, England, 1856.
[22] Rihani, Ameen: *Around the Coasts of Arabia*, London, England, 1930.
[23] Mandel, Gabriel: *Das Reich der Königin von Saba*, Bern, Schweiz, 1976.
[24] Kohlenberg, Karl F.: *Enträtselte Vorzeit*, München 1970.
[25] Däniken, Erich von: *Götterdämmerung*, Rottenburg 2010.
[26] »5000-year-old mummy has an artificial heart«, in: *Weekly World News*, USA, 22. Juni 1986.

[27] Crawford, Harriet: *Subterranean Britain. Aspects of Underground Archaeology*, London, England, 1979.
[28] Roy, Chandra: *The Mahabharata*, Vol. V: *Drona Parva*, London, England, 1889.
[29] *Gilgamesch, Epos der alten Welt*, Bern, Schweiz, 1960.
[30] Sitchin, Zecharia: *Der zwölfte Planet*, München 1979.
[31] *Diodors von Sicilien Geschichts-Bibliothek,* 1. Buch, übersetzt von Dr. Adolf Wahrmund, Stuttgart 1866.
[32] Däniken, Erich von: *Wir alle sind Kinder der Götter*, München 1987.
[33] *Der Große Brockhaus*, Wiesbaden 1955.
[34] Nietzsche, Friedrich: *Der Antichrist*, Weimar 1894.
[35] Däniken, Erich von: *Der Tag, an dem die Götter kamen*, München 1999.
[36] Lehmann, Walter: *Die Geschichte der Königreiche von Colhuacan und Mexico,* Stuttgart 1938.
[37] Ivanoff, Pierre: *Maya – Monumente großer Kulturen*, Luxemburg, 1974.
[38] N'Diaye, Tidiane: *Der verschleierte Völkermord*, Hamburg/Berlin, 2010.
[39] Reinhardt, Volker: *Der nach den Sternen griff. Giordano Bruno – ein ketzerisches Leben*, München 2024.
[40] Ribi, Thomas: »Sein Kampf für die Freiheit endete auf dem Scheiterhaufen«, in: *Neue Zürcher Zeitung* vom 15. Juni 2024.
[41] Däniken, Erich von: *Alles Evolution – oder was?*, Rottenburg 2020.
[42] Zillmer, Hans-Joachim: *Irrtümer der Erdgeschichte*, München 2001.
[43] Huthmann, Jürgen: »Catequilla oder die Mitte der Welt«, in: *Sagenhafte Zeiten*, Nr. 6/2003, Beatenberg, Schweiz.

[44] Däniken, Erich von: *Unmögliche Wahrheiten*, Rottenburg 2013.
[45] Bingham, Hiram: *Machu Picchu. A Citadel of the Inca*, Oxford, England, 1930.
[46] Tsoukalos, Giorgio in der Serie *Ancient Aliens* des History Channel (USA) vom 25. Juni 2024.
[47] de Castro y del Castillo, Antonio: *Teatro Eclesiástico de las Iglesias de Perú*, Madrid, Spanien, 1651.
[48] Stübel, Alfons und Uhle, Max: *Die Ruinenstätte von Tiahuanaco im Hochlande des alten Perú*, Olten 1976.
[49] »Monsoon-driven Saharan dust variability over the past 240 000 years«, in: *Science Advances*, 2. Januar 2019, USA.
[50] Däniken, Erich: *Erinnerungen an die Zukunft*, Düsseldorf 1968.
[51] Kastilan, Sonja: »Neue Methode kann Erbgut in großem Maßstab verändern«, in: *Die Welt* vom 27. Juni 2024.

Ramon Zürcher

[1] Guichard, Xavier: *Éleusis-Alasia. Enquête sur les origines de la civilisation européenne*, Abbeville, Frankreich, 1936.
[2] Hansson, Preben: *Und sie waren doch da. Sie kamen von den Sternen*, Bayreuth 1990.
[3] Textsammlung der Ming-Dynastie, circa 15. Jahrhundert n. Chr., in Auftrag gegeben vom damaligen Kaiser.
[4] Bauer, Wolfgang: *China und die Hoffnung auf Glück*, München 1971.

[5] Krassa, Peter: … *und kamen auf feurigen Drachen. China und das Geheimnis der Gelben Götter*, Wien 1984.

[6] Tomas, Andrew: *Wir sind nicht die Ersten*, Bergisch-Gladbach 1979.

[7] Wilhelm, Richard: *Chinesische Märchen*, Düsseldorf, Köln 1979.

[8] Bauer, Wolfgang: *China und die Hoffnung auf Glück*, München 1971.

[9] Temple, Robert: *Das Sirius-Rätsel*, Neustadt 1977.

[10] Kohlenberg, Karl F.: *Enträtselte Vorzeit*, München, Wien 1970.

[11] Sarah Bartlett: *The Mythology Bible*, New York 2009.

[12] Schärer, Hans: *Die Gottesidee der Ngadju Dajak in Süd-Borneo*, Leiden, Niederlande, 1946.

[13] Rinne, Olga: *Der verlorene Himmel*, Darmstadt, Neuwied 1985.

[14] Bürgin, Luc: *Rätsel der Archäologie: Unbekannte Entdeckungen, Unerforschte Monumente*, München 2003.

[15] Kalalougas, Vassilis: *Die Drachenhäuser von Euböa*, ISBN 960-429-069-X, 1998.

[16] Siehe dazu *https://de.wikipedia.org/wiki/Drachenh%C3%A4user* (abgerufen am 30. Juli 2024).

Bildquellenverzeichnis

Erich von Däniken

Bilder 1, 3 und 5: Archiv Erich von Däniken
Bild 2: Jürgen Huthmann, Taunusstein (Deutschland)
Bild 4: NASA, Washington

Ramon Zürcher

Bilder 6–24, 26–31, 33–43: Ramon Zürcher
Bild 25: Alfred Watkins
Bild 32: Gontscharow, Makarow und Morosow
Bild 16: shutterstock / Kit Leong
Bild 17 a: shutterstock / Andreas Wolochow
Bild 17 b: shutterstock / pjhpix

Links zu den Internetplattformen

https://www.sagenhaftezeiten.com/
https://daniken.com/
https://www.evdstiftung.ch/
https://ramar.space/
https://www.hangar18b.com/
https://abora.eu/

Die Weltbestseller

zu den ungelösten Rätseln der Vergangenheit

»Zahlreiche bisher unerklärlich scheinende archäologische Funde und viele Hinweise in den ältesten Schriften der Menschheit veranlassten Erich von Däniken, den ungelösten Rätseln der Vergangenheit nachzuspüren. Er gelangte dabei zu verblüffenden Erkenntnissen, die ein Anstoß sein könnten, unsere bisherigen Vorstellungen von der Frühgeschichte auf unserer Erde zu überprüfen. Sie eröffnen auch erregende Ausblicke auf die technischen Entwicklungen von heute und morgen.«

Die lebhaften Diskussionen um Erich von Dänikens Forschungen und Entdeckungen haben seit dem Erscheinen seines ersten Buches *Erinnerungen an die Zukunft* im Jahr 1968 nicht nachgelassen. Jahr für Jahr wächst die Schar seiner Anhänger. Seine ersten achtzehn Werke, die diese Welle angestoßen haben und die weder sprachlich noch in der Sache ihren brisanten, spannenden und auch immer noch sensationellen Charakter eingebüßt haben, werden in diesem dekorativen Schuber neu aufgelegt. Der Text dieser Liebhaber-Edition entspricht in allen Bänden den Originalen. Die Verwendung eines hochwertigen Bilderdruckpapiers garantiert ein einmaliges Leseerlebnis.

18 Bände in dekorativem Schuber • Paperback
insgesamt ca. 4400 Seiten • durchgehend farbig illustriert
ISBN 978-3-864451-86-7